Olaf-Axel Burow

Ich bin gut – wir sind besser
Erfolgsmodelle kreativer Gruppen

Klett-Cotta

Für Sarah

Klett-Cotta
© J. G. Cotta'sche Buchhandlung Nachfolger GmbH, gegr. 1659,
Stuttgart 2000
Alle Rechte vorbehalten
Fotomechanische Wiedergabe
nur mit Genehmigung des Verlags
Printed in Germany
Umschlag: Finken & Bumiller, Stuttgart,
unter Verwendung einer Abbildung von gettyone stone /
© Darren Robb
Gesetzt aus der Officina Serif
von Offizin Wissenbach, Höchberg bei Würzburg
Auf säure- und holzfreiem Werkdruckpapier gedruckt
und gebunden von Clausen & Bosse, Leck
ISBN 3-608-94006-5

Die Deutsche Bibliothek – CIP-Einheitsaufnahme
Ein Titeldatensatz für diese Publikation ist bei der
Deutschen Bibliothek erhältlich.

Inhalt

1. **Wie Kreative Felder entstehen**   7
   Was die Beatles, Apple und Microsoft verbindet   9
   Wie das Kreative Feld der Beatles funktionierte   26
   Fazit: Wie entstehen Kreative Felder?   47

2. **Co-Kreativität – ein Erfolgsprinzip der Wissensgesellschaft**   53
   - Salks Traum von kollektiver Kreativität   55
   - Kreativität und Gesellschaft   66
   - Das vereinheitlichte Feld   68
   - Zwingt die Wissensgesellschaft zu Co-Kreativität?   69

3. **Grundtypen von Kreativen Feldern**   71
   Paar-Kreativität   72
   Team-Kreativität   81
   Netzwerk-Kreativität   98
   Virtuelle Kreativität: Durch Cyberspace zu kollektiver Intelligenz   107
   Die „Lernende Organisation" als Kreatives Feld   119
   - Orte der Kreativität: Haus der Zukunft und Stadt des Wissens   125
   - Kreativitätskreise   129

4. **Kreative Felder in der Praxis**   135
   Werkzeuge zur Initiierung Kreativer Felder   138
   Das Erfolgsteam   156
   Dialoggruppen   162
   Die Zukunftswerkstatt   170
   - Wie läuft eine Zukunftswerkstatt ab?   176
   - Wie Zukunftswerkstätten wirken   195
   - Anwendungsbereiche   197
   Die Zukunftskonferenz: Wie man Zukunft (er-)finden und gestalten kann   200
   Vor der dritten Revolution? Die Perfect Product Search Conference   222
   Das Open Space-Forum   235

5. Service 253
Kommentierte Literaturauswahl 253
Internet-Adressen 258
Kontaktadressen 259
Moderatorenausbildung und Moderatorenvermittlung 260

Literaturverzeichnis **263**
Personenregister **275**
Danksagung **278**

> „"Was hältst du davon?', fragte mich John sichtlich nervös, nachdem er zu Ende gespielt hatte ... Benommen erwiderte ich: ‚Das war stark. Das ist wirklich ein starker Song. Wie willst du ihn machen?' ‚Ich dachte, das sagst du mir!' konterte er lachend."
>
> John Lennon im Gespräch mit George Martin

1. Wie Kreative Felder entstehen

Gibt es verallgemeinerbare Faktoren, die uns Hinweise dafür geben, wie das Neue in die Welt kommt? In diesem Kapitel vertrete ich die These, daß die Entstehung der Musik der Beatles, die Entwicklung des Personalcomputers und die Gründung von Microsoft einen vergleichbaren Ursprung haben. Auf den ersten Blick handelt es sich um völlig disparate Bereiche, und Sie werden sich zu Recht fragen, was die Erfindung eines neuen Musikstils, die Entwicklung des Personalcomputers und die Gründung einer Erfolgsfirma miteinander verbindet. Wie ich zeigen werde, besteht der gemeinsame Hintergrund dieser drei Erfindungen, die auf unterschiedliche Weise unser Leben nachhaltig geprägt haben, in den Voraussetzungen, die zu ihrer Entstehung beigetragen haben: Alle drei Erfindungen sind Ausdruck eines besonders strukturierten Kreativen Feldes.

Dieses Buch ist der zweite Band einer Untersuchung zur Theorie und Praxis Kreativer Felder. Im ersten Band (Burow 1999) „Die Individualisierungsfalle – Kreativität gibt es nur im Plural" habe ich anhand der Geschichte der Comedian Harmonists unter Einbezug der Feldtheorien Lewins und Bourdieus eine *Theorie Kreativer Felder* entwickelt. Ich plädiere dort für einen Abschied vom Geniekult und zeige, daß überragende schöpferische Leistungen oft weniger Ergebnis einer Einzelleistung sind, sondern sehr viel sinnvoller aus den Kräften eines koordinierten sozialen und kulturellen Hintergrundfeldes erklärt werden können. Erst in der *Beziehung* kann mein unerschlossenes kreatives Potential freigesetzt werden. Ja, in einem entsprechend gestalteten Kreativen Feld können sogar vermeintliche Schwächen zu Stärken werden. Fast jeder von uns kann zu schöpferischen Leistungen beitragen, wenn es ihm gelingt, ein günstiges Feld mit passenden Synergiepartnern zu schaffen oder zu finden. Kreativität – so meine Kernthese – ist häufig ein Effekt von Feldern, in denen soziale und kulturelle Kräfte so koordiniert sind, daß ihr Zusammenwirken etwas Neuartiges entstehen läßt. Erst wenn wir uns aus der Individualisierungsfalle befreien und lernen, die Chancen zu nutzen, die in der Co-Kreativität, in der inspirierenden Begegnung mit anderen liegen, werden wir unsere unerkannten schöpferischen Kräfte freisetzen.

Im vorliegenden zweiten Band möchte ich nun die Faktoren, die zum Entstehen Kreativer Felder beitragen, beleuchten. Wir verfügen, wie ich zeigen möchte, über vielfältige Formen Kreativer Felder, die wir nutzen können, von der Paar-, der Team-, der Netzwerk- und der digitalen Kreativität bis hin zur „Lernenden Organisation" sowie „Häusern der Zukunft" und „Kreativitätskreisen". Diese Analyse von „Grundtypen Kreativer Felder" mündet in die Darstellung von Erfolgsmodellen kreativer Gruppen, mit deren Hilfe wir das ungenutzte Potential von Paaren, Teams und Organisationen freisetzen können. Mit dem Erfolgsteam-Konzept, Dialoggruppen, der Zukunftswerkstatt, der Zukunftskonferenz (Future Search Conference), der Perfect Product Search Conference und der Open Space Technology beschreibe ich direkt umsetzbare Verfahren, mit deren Hilfe Sie dasjenige Kreative Feld initiieren können, das Sie zur Lösung Ihrer Probleme benötigen. Soweit der Überblick. Doch jetzt möchte ich auf meine Eingangsfrage eingehen: Was verbindet die Beatles, Apple und Microsoft? Eine knappe Nachzeichnung dieser Erfolgsgeschichten wird uns einige der Faktoren erhellen, die das Auftreten von Neuem und die Erschließung kreativer Potentiale begünstigen. Wir werden schrittweise nachvollziehen, wie ein Kreatives Feld entsteht, die wichtigsten Faktoren kennenlernen und damit „Instrumente" erhalten, mit denen wir selbst Kreative Felder identifizieren und initiieren können.

Was die Beatles, Apple und Microsoft verbindet

> „Paul hatte immer eine Antwort auf Dinge,
> die mich neugierig machten
> (und außerdem eine tolle Sammlung von Science-Fiction-Büchern).
> Ich verstand mehr von Mathe als Paul,
> und ich wußte von allen, die er kannte,
> am besten über Software Bescheid.
> Wir waren füreinander so etwas wie interaktive Quellen."
>
> Bill Gates

Beginnen wir zunächst „klassisch" und betrachten wir einige Aspekte der Lebensläufe des Beatles John Lennon und des PC-Erfinders Steve Jobs. Was ergibt sich? In der Tat fallen mir in den Lebensläufen des von vielen als Genie betrachteten Komponisten Lennon und des visionären Marketingspezialisten Jobs erstaunliche Parallelen auf: Beide wachsen als „schwierige" Kinder in komplizierten und unübersichtlichen Familienverhältnissen nicht bei ihren leiblichen Eltern auf. Lennon lebt bei der Schwester seiner Mutter und Jobs bei Adoptiveltern. Auf beide trifft die Beobachtung des Kreativitätsforschers Gardner zu, daß kreative Persönlichkeiten oft Entbehrungen in ihrer frühen Kindheit bezüglich emotionaler Nähe hinnehmen mußten. Beide verbindet aber eine Reihe von typischen Erfahrungen und Verarbeitungsweisen, die nicht in Übereinstimmung mit gängigen Kreativitätstheorien stehen und deren Analyse zu einer neuen Sicht von Kreativität führt. Betrachten wir zunächst die frühe Kindheit Lennons, um dann Parallelen zu Jobs zu ziehen.

John Winston Lennon wird am 9. Oktober 1940 während eines deutschen Luftangriffs in Liverpool geboren. Sein Vater Freddy, der Schiffskellner auf der Atlantikroute war und oft bei Bordkonzerten spielte, verschwand schon kurz nach der Geburt. Seine Mutter Julia hatte nach Lennons Auskunft „Schwierigkeiten mit dem Leben fertig zu werden" und übergibt John ihrer Schwester Mimi, die sich fortan um den Jungen kümmert.

So wächst Lennon elternlos, aber dennoch behütet im kleinbürgerlichen Milieu eines Liverpooler Vorortes auf. 1946 taucht sein Vater überraschend auf, verbringt mit seinem Sohn einen Urlaub und stellt ihn vor die Wahl, mit ihm nach Neuseeland auszuwandern. Da sich die Eltern nicht einigen können, soll er selbst entscheiden. Er entscheidet sich zuerst für den Vater, doch als Julia wortlos das Haus verläßt, rennt er ihr hinterher. Dieses traumatische Erlebnis, verbunden mit dem Gefühl der Verlassenheit, prägte John Lennons weiteren Weg.

Zunächst setzt er seine unterdrückte Trauer aggressiv um und führt eine Bande von Jugendlichen an, die ihre Umwelt terrorisiert. John wird zum Klassenclown und ein gefürchteter Prügler. Seine Einsamkeit kompensiert er durch Lesen und das Schreiben von Geschichten. Schon früh ist er von seiner Begabung überzeugt:

„Leute wie ich erkennen ihr sogenanntes Genie mit zehn, neun, acht Jahren. Ich fragte mich immer: Warum hat mich niemand entdeckt? Sehen sie nicht, daß ich klüger bin als alle in dieser Schule? Daß die Lehrer auch doof sind? Daß sie nur Informationen hatten, die ich nicht brauchte" (Posener 1987, S. 16)

Als Ausweg aus der Enge seiner Verhältnisse beschließt er als Heranwachsender – größenwahnsinnig, aber von seinen Möglichkeiten überzeugt –, Millionär zu werden, wobei ihm der Weg zunächst egal ist. Die Schule ist ihm lästig, sie langweilt ihn. Er verläßt sie 1957, ohne die Abschlußprüfung in einem einzigen Fach bestanden zu haben. Diese negativen Schulerfahrungen verarbeitet er in seinem Lied *Working Class Hero*:

They hurt you at home and they hit you at school
They hate you if you're clever and they despise the fool
(Sie tun dir weh zu Hause, in der Schule schlagen sie dich
Sie hassen dich, wenn du klug bist, den Dummen verachten sie)

Der Direktor seiner Schule ist von Lennons Talent überzeugt und vermittelt ihm die Aufnahme an der Liverpooler Kunsthochschule: „Kunst war das Einzige, was ich machen konnte, und mein Direktor sagte, wenn ich nicht zur Kunstschule ginge, könnte ich genauso gut mit dem Leben Schluß machen... Ich blieb fünf Jahre und machte Werbegraphik. Um ehrlich zu sein, fand ich alles genauso schlimm wie Mathe und Naturwissenschaften. Und die konnte ich nicht ausstehen. Ich fiel durch alle Examen. Ich blieb, weil es besser war, als arbeiten." (The Playboy Interviews, S. 19)

Steve Jobs und John Lennon
– zwei hoffnungslose Außenseiter?

Charakteristisch für die Entwicklung des heranwachsenden Lennon und für die Verarbeitung seiner traumatischen Kindheit sind folgende Punkte:

- Aufwachsen unter schwierigen sozialen Bedingungen
- Verlassenheitsgefühle und soziale Isoliertheit
- Kompensation durch aggressives Verhalten
- Schulschwierigkeiten, Ablehnung des schulischen Lernmodells
- unangepaßtes, unkonventionelles Verhalten
- Glauben an sich selbst und eine höhere Aufgabe („Vision")
- Unbeirrte Suche nach einem Feld, in dem die eigene Berufung gelebt werden kann

Diese Punkte lassen sich – in etwas anderer Nuancierung – auch bei dem 15 Jahre später, am 24. Februar 1955 geborenen Steve Jobs finden. Anders als bei Lennon ist unklar, wer der leibliche Vater Jobs war. Einem Gerücht zufolge soll er aus einer Affäre seiner Mutter mit John Doe, einem Gastprofessor einer kalifornischen Universität, hervorgegangen sein. Sicher ist aber, daß „die Mutter gegen Ende der Schwangerschaft das Sorgerecht für ihren Sohn an eine Adoptivagentur abtrat. Diese wiederum vermittelte den Säugling an ein Ehepaar in San Francisco." (Young 1989, S. 24).

Sein Biograph beschreibt Steve als eine ziemliche Nervensäge, intelligent und leicht hyperaktiv. Das Kind wurde verwöhnt, die Disziplin war lasch und Steve fand heraus, daß er „durch häufiges Schreien seinen Willen durchsetzen konnte – dies war noch Jahre später einer seiner Charakterzüge." (Young, S. 24)

Steve entwickelte sich zu einem schwierigen Einzelgänger, der nichts von einem echten Gruppenmitglied hatte und sich wie ein ständig schreiendes Kind benahm. Schon als Kind faszinierte ihn die Welt der Elektronikbastler im Silicon Valley. Als er mit zwölf den ersten Computer sah, war er begeistert: „Ich erinnere mich an den Abend. Sie zeigten uns einen ihrer neuen Schreibtischcomputer und ließen uns auf ihm spielen. Ich wollte unbedingt einen haben." Sein Herumstreunen bei den Garagenbastlern führte dazu, daß er sich schon früh ein für sein Alter ungewöhnliches Fachwissen aneignete, was aber seine soziale Isolation noch verstärkte. Ein Mitschüler erinnert sich: „Die halbe Zeit konnten wir nicht verstehen, wovon er überhaupt redete ... Er zeigte mir Dinge, die ich nicht verstehen konnte, mit all dem elektronischen Zeugs, das er sich besorgt hatte. Dann ging ich nach Hause zu meinem Vater und sagte: ‚Er lügt schon wieder'." (Young, S. 31)

Dieselbe Isolation erfuhr er auch in den beiden Grundschulen, die er besuchte. Ähnlich wie Lennon entwickelte er sich zu einem Schüler, der es sich, seinen Lehren und Mitschülern gleichermaßen schwer machte:

„Als Klassenclown und intelligenter Eremit, der hinter den erwarteten Zielen zurückblieb, beugte er sich nicht der Autorität der Lehrer und weigerte sich irgend etwas zu tun, was er für Zeitverschwendung hielt. Seine Mutter hatte ihn gelehrt zu lesen, bevor er in die Schule ging, und demzufolge war er dann in der Schule schrecklich gelangweilt und verwandelte sich in eine kleine Nervensäge." (Young, S. 31)

Lennon und Jobs rebellierten beide gegen eine bürokratisierte Schule, die einseitig an vergleichbaren Leistungen orientiert ist, sie aber zugleich auch unterforderte. Beide zeichnet die Ablehnung sozial akzeptierter, normierter Formen des Aufwachsens aus und eine intuitive Suche nach etwas anderem. Ebenso wie Lennon gerät Jobs mit seiner Rebellion in Gefahr, auf die schiefe Bahn zu geraten: „In der dritten Klasse ... war Steve der Anführer einer Gruppe, die Bomben explodieren und Schlangen in der Klasse herumkriechen ließ." (Young, S. 31)

Bis zum sechsten Schuljahr verschärft sich sein Verhalten und den Adoptiveltern wird schlagartig bewußt, „... daß ihr Sohn, der schon vorher ein disziplinarischer Problemfall gewesen war, auf dem besten Weg war, ein richtiggehender jugendlicher Straftäter zu werden." (Young, S. 34)

Sie beschlossen, in eine Gegend zu ziehen, in der Steve aufgrund der sozialen Zusammensetzung weniger gefährdet zu sein schien. Aber in der Oberschule hielten seine sozialen Probleme an, zumal er ein Jahr jünger als seine Mitschüler war, weil er ein Schuljahr übersprungen hatte. Bei all den Schwierigkeiten gab es doch ein Hoffnungszeichen, dessen Bedeutung aber weder seine Eltern noch die Pädagogen erkannten: Elektronik erwies sich als ein ausgezeichnetes Betätigungsfeld für einen schwierigen Außenseiter.

Man muß kein früher Meister sein

John Lennon und Steve Jobs scheinen – aus traditioneller pädagogischer Perspektive – auf dem Weg zu schwierigen Schulversagern zu sein. Nichts in ihren Lebensläufen – betrachtet man sie bis hierher – deutet darauf hin, daß jeder von den beiden, auf seine eigene Weise, schon bald zu überragenden schöpferischen Leistungen beitragen wird. Wieviele Heranwachsende stehen in einer ähnlichen Situation: scheinbare Schulversager, aggressive Außenseiter, unverstanden von ihrer Mitwelt und unfähig, den Anforderungen eines durchrationalisierten Schulsystems gerecht zu werden. Nur wenige werden die Abwertungs- und Ausgrenzungsprozesse unbeschadet überstehen und soviel Selbstbehauptungsfähigkeit aber auch Glück haben, wie Jobs und Lennon. In normierten Schulsystemen, die einseitig auf einen verkürzten Leistungs- und Effizienzbegriff setzen, die SchülerInnen in das Korsett von Zentralabitur und nivellierenden Evaluationsverfahren zwingen, wird man genau diejenige Kreativität töten, die wir bräuchten und an der Jobs und Lennon gerade wegen ihrer mangelnden Anpassungsfähigkeit festhalten konnten. Ihre beiden Lebensläufe zeigen – stellvertretend für eine Vielzahl anderer – daß Eltern, Pädagogen aber auch Personalchefs sich oft zu sicher sind in der vorschnellen Beurteilung von Heranwachsenden, die Wege gehen, die nicht unseren konventionellen Vorstellungen entsprechen.

So möchte ich einigen Einsichten der Kreativitätsforschung, wie sie Howard Gardner anhand einer Analyse der Lebensläufe von Einstein, Freud, Picasso und anderen gezogen hat, in einem entscheiden Punkt widersprechen: Man muß kein früher Meister sein, um später zu kreativen Leistungen durchzudringen. Gute Schulleistungen in der Kindheit, überragende Fähigkeiten in kreativen Bereichen und Ähnliches sind keine notwendigen Voraussetzungen, um später kreativ zu sein. Im Unterschied zu den „Schöpfern der Moderne", waren meine „Paare" keine „frühen Meister" auf ihrem Gebiet. Zwar verfügten beide über ein gewisses Maß an Intelligenz, aber es gibt kein Anzeichen für überragende kreative Leistungen in der frühen Kindheit, wie sie Gardner etwa bei Picasso konstatiert. Ganz im Gegenteil bereiten beide ihren Erziehern und Lehrern überdurchschnittliche Schwierigkeiten und sind komplizierte, sensible Außenseiter, von denen wohl kaum einer ihrer Zeitgenossen überragende Leistungen erwartet hätte.

Hier zeigt sich: Wir machen einen Fehler, wenn wir das Potential von Kindern und Jugendlichen nur aufgrund von aktuellen Schulleistungen und Verhaltensauffälligkeiten prognostizieren. Was jemand aus seinem Potential macht, hängt – wie wir gleich sehen werden – nicht nur von seiner Begabung ab, sondern vor allem auch von den sozio-kulturellen Feldern, in denen er sich bewegt und die er mit andern bildet.

Der inneren Berufung folgen

Aus der Feldperspektive könnte man auch eine veränderte Sicht einiger der Verhaltensauffälligkeiten von Jobs und Lennon gewinnen, die mit Einsichten der Kreativitätsforschung übereinstimmt: So hat Gardner aufgrund seiner Analyse der Lebensläufe herausragender Persönlichkeiten festgestellt, daß kreative Menschen sich schon früh großen Spannungen zu ihrem Umfeld aussetzen. Er bezeichnet dies als Fähigkeit zur Asynchronie, zum Aushalten von Widersprüchen und Gegensätzen. Vor diesem Hintergrund fällt auf, daß Jobs und Lennon einen großen Abstand zu konventionellen Mustern des Heranwachsens halten und schon früh durch ein extravagantes Verhalten auffallen.

Wer wäre schon darauf gekommen, daß aus Jobs, der ungepflegt im Hippie-Look herumlief, einmal der visionäre Erfinder des objektgesteuerten PCs werden würde, zumal dieser sein Heil zunächst auf offenkundigen Abwegen, wie etwa einer Reise zu indischen Gurus, zu suchen schien. Sein Biograf charakterisiert diese Seite seiner Persönlichkeit: „Diese Individualität und der nonkonformistische Geist charakterisieren Steve Jobs während seiner ganzen Schulzeit in der High-School. Isoliert durch seine Jugend und durch die besondere Aufmerksamkeit, die er als geförderter Schüler genoß, war dies eine Verhaltensweise, zu der er durch die liberaleren Lehrer in Homestead ermutigt wurde. Er marschierte nach seiner eigenen Musik und in einem Amerika, das sich gerade vom Konformismus der sechziger Jahre ab- und der Individualität der siebziger Jahre zuwandte. Steve erkannte schnell die Werte der Gegenkultur, die ihn anzogen – Individualität, das Anzweifeln von Autoritäten, bewußtseinserweiternde Drogen –, ohne jedoch die Ethik der Hippies jemals ganz anzunehmen." (Young, S. 41 ff.)

Er lief in den zerschlissensten Hosen herum, war abenteuerlustiger als seine Mitschüler, durchstreifte ziellos die Bay Area auf der Suche nach neuen Facetten des Lebens: „Ich wurde high, ich entdeckte Shakespeare, Dylan Thomas und das ganze klassische Zeugs. Ich las Moby Dick und kam zurück als Oberschüler, der Kurse im kreativen Schreiben nahm ... Ich interessierte mich für östliche Mystik, die zu jener Zeit aufkam. In Reed gab es einen fortwährenden Zustrom von Leuten, die sich dort kurz aufhielten, wie zum Beispiel der LSD-Guru Timothy Leary, der Harvard-Dozent und Mystiker Richard Alpert, Baba Ram Dass und der Dichter Gary Snyder. Es war die Zeit, als jeder Collegestudent ‚Be Here Now' und ‚Diet for a small Planet' las." (Young, S. 65)

Unter dem Druck der Globalisierung und der Konkurrenz der nationalen Standorte gewinnen Konzepte aus der Wirtschaft in den neunziger Jahren in wachsendem Maß Einfluß auf Bildungsinstitutionen. Als zentrale Erfolgskriterien gelten plötzlich Zielstrebigkeit, Schnelligkeit und Effizienz. Doch die Umwege, die Lennon und Jobs machten, zeigen, daß wir mit solchen kurzsichtigen Lösungen fehlgehen. Die Entwicklung echten Schöpfertums setzt die Möglichkeit voraus, Um- und Abwege zu gehen.

„Seiner inneren Entdeckung nachzugehen, trug wenig dazu bei, daß sich Steve bei seinen Lehrern beliebt machte. Am Ende seines ersten Semesters konnte er nur spärliche Erfolge vorweisen; und der Druck seiner Eltern, sich zu entwickeln und etwas aus den Tausenden von Dollar zu machen, die sie für seine Erziehung ausgaben, hatte nur zur Folge, daß er das Gegenteil tat. Mit dem für Steve Jobs typischen Eigensinn zog er sich von der Schule zurück. Er verließ nicht den Campus, sondern lebte fortan in Studentenbuden, die von anderen Studenten freigemacht worden waren, um eigenen Interessen nachzugehen. Ein Jahr später verließ er den Campus endgültig." (Young, S. 65)

Und auch beim jungen Lennon, der – glaubt man seinen Biografen – oft in Schlägereien verwickelt war, hätte wohl kaum ein Musikpädagoge ein musikalisches Jahrhundertgenie heranwachsen sehen. Seine Jugendzeit vertrödelt Lennon mit scheinbaren Nebensächlichkeiten. Und selbst die gutgemeinten Versuche eines verständnisvollen Pädagogen, der ihn zum Besuch der Kunstakademie animiert, lenken Lennon nicht in die vorgeformten Bahnen einer traditionellen Bildungskarriere. So wie Jobs Weg den Bildungsvorstellungen widerspricht, die wir uns von jemanden machen, der ein erfolgreicher Manager der entstehenden PC-Industrie werden wird, so scheint auch Lennon sich zunächst nicht die notwendigen Kenntnisse anzueignen, etwa in Form einer soliden Musikerausbildung. Ganz im Gegenteil: So konnte Lennon zu Beginn seiner Karriere kaum Gitarre spielen, was ihm Paul McCartney erst richtig beibrachte, und auch Steve Jobs hätte mit seinen visionären Ideen über einen einfach zu handhabenden Personalcomputer nichts anfangen können, wäre er nicht auf den Technikfreak Wozniak gestoßen, der die nötige technische Intelligenz besaß, um aus seiner Vision ein reales Produkt zu machen. Was ist also das Erfolgsgeheimnis dieser Außenseiter, die zu Beginn ihres Lebensweges eher als Versager erscheinen?

Der Synergiepartner

Ein Wendepunkt in den zunächst als problematisch erscheinenden Lebensläufen von Jobs und Lennon ist die Begegnung mit ihrem alter ego: Beide finden – ebenso wie Bill Gates – schon früh einen Synergiepartner, der ihnen nicht nur dabei hilft, ihre sozialen und fachlichen Defizite zu überwinden, sondern der dazu beiträgt, daß sie ihre innere Berufung leben können. Jobs und Lennon waren beide Suchende, doch ihre Suche erhält in dem Moment, wo sie Partner finden, eine Richtung und ein Ziel. Neben der persönlich stabilisierenden Freundschaft entsteht ein *Verhältnis der kreativen Konkurrenz,* der gegenseitigen Herausforderung und Ergänzung, die beide zu Höchstleistungen anspornt.

Irgendwann formt sich in Jobs ziellos erscheinenden Suchen die Idee, einen Personalcomputer zu bauen. Doch trotz seiner Kenntnisse in Elektronik hätte der sprunghafte Jobs nicht das Durchhaltevermögen und die technische Fähigkeit gehabt, diese Idee auch umzusetzen. Er brauchte dazu ein alter ego, das er in dem Technikbastler Steven Wozniak fand. Umgekehrt hätte aber Wozniak allein nie das visionäre Sendungsbewußtsein des Marketing-Talents Jobs besessen, das nötig war, um einen solchen genialen Wurf zu wagen. Und man kann auch darüber spekulieren, ob sich Paul McCartney ohne seinen anregenden, aber auch herausfordernden, anstrengenden und verletzenden Widerpart Lennon zu solchen musikalischen Höhen hätte aufschwingen können.

George Martin (1997, S. 132 f.), der es besser als andere wissen muß, meint:

„John wäre vielleicht schließlich eine Art Lou Reed oder Bob Dylan geworden und hätte irgendwie Protestlieder gesungen. Paul hätte wahrscheinlich sichere Hits, populäre, weiche, melodische Songs, geschrieben, denen aber die beißende Schärfe fehlen würde, die er von John absorbierte."

Das, was wir im nachhinein als kreatives Genie künstlich konstruieren, erweist sich hier als Ergebnis einer Kombination unterschiedlicher Persönlichkeiten, die es verstehen, ihre Stärken und Schwächen zunächst in einem *Paar-Feld* miteinander synergetisch zu koordinieren, so daß etwas Neues entsteht, das weit über ihre eigenen begrenzten Fähigkeiten hinausreicht. Dabei gilt: Beide Partner sind zur optimalen Entfaltung ihrer Kreativität aufeinander angewiesen. Im Kapitel *„Paar-Kreativität"* werde ich zeigen, daß die Theorie des Kreativen Feldes auch *eine* Erklärung für den Erfolg der Gründer von Microsoft liefern kann. Wer Bill Gates programmatisches Buch „Der Weg nach vorn" aufmerksam liest, wird mit einer Reihe von Äußerungen zu seinem Lebensweg konfrontiert, die belegen, daß der ebenso bewunderte wie verhaßte Multimilliardär sehr wohl ahnt, welchen Umständen er seinen erstaunlichen Erfolg verdankt. Nicht von ungefähr habe ich dieses Kapitel mit einem Gates-Zitat eingeleitet, das sich auf alle drei Kreativitätspaare anwenden läßt und das ein grundlegendes Muster offenbart.

Wenngleich Bill Gates in behüteteren Verhältnissen als Jobs und Lennon aufgewachsen ist, so zeigt sich doch auch in seinem Lebenslauf die überragende Bedeutung einer frühen Freundschaft, in der sich zwei Jugendliche in kreativer Konkurrenz gegenseitig herausfordern.

Erst in der Zusammenarbeit mit einem oder mehreren Synergiepartnern zeigt sich, daß das scheinbar eigensinnige Verhalten bis hin zur Entwicklung marottenhaft anmutender Züge eine wichtige Voraussetzung dafür sein kann, daß aus der Mischung unverwechselbarer Egos im Team etwas Neues entsteht. John Lennons Potential kann sich erst in der Begegnung mit Paul McCartney entfalten; Bill Gates entwickelt seine Ideen erst im Austausch mit seinem Freund Paul Allen; Steve Jobs ist erst in der gemeinsamen Arbeit mit Steven Wozniak in der Lage, eine realisierbare Vision zu entwickeln. Wir sehen: Nicht das Talent des Einzelnen ist ausschlaggebend. *Worauf es ankommt, ist die richtige Mischung*. Diese Einsicht enthält eine eminent wichtige Botschaft für uns alle: Auch wenn wir unter unseren Begrenzungen leiden und anscheinend nicht besonders kreativ sind, so können wir doch nie wissen, was an ungenutztem Potential in uns steckt. Erst wenn wir unser alter ego, also die für uns passenden Synergiepartner gefunden haben, können wir gemeinsam entdecken, wozu wir fähig sind. *Der Königsweg zur Entdeckung und Freisetzung von ungenutzten kreativen Potentialen besteht daher darin, Synergiepartner zu suchen und mit ihnen Kreative Felder zu schaffen.*

Die richtige Mischung ist entscheidend

> „Allein schon, weil wir uns begegneten, gehörten John und ich zu den glücklichsten Menschen des zwanzigsten Jahrhunderts. Die Partnerschaft, die Mischung war unglaublich."
> (McCartney in: Miles 1998, S. 11 f.)

Wie eine solche Mischung entsteht und welche Auswirkungen sie auf beide Partner hat, können wir am Beispiel von Lennon & McCartney verfolgen:

John fing an, Gitarre zu spielen und gründete seine eigene Band. 1957 lernt er Paul McCartney kennen, dessen Können ihn beeindruckt. Paul ist John musikalisch weit überlegen, spielt als Sohn eines Jazzmusikers perfekt Gitarre, Klavier und Trompete und verfügt über die Fähigkeit, selbst komplizierte Melodien und Harmonien herauszuhören und nachzuspielen. John überwindet seine Rivalitätsgefühle und nimmt Paul in seiner Band auf. Er legt damit den Grundstein für eine jahrelange *produktive Konkurrenz,* die sie beide zu den erfolgreichsten Songschreibern aller Zeiten machen sollte.

Der Rock'n Roll artikuliert das Lebensgefühl einer ganzen Generation, die gegen die Enge und Langeweile der restaurativen Nachkriegsgesellschaft aufzubegehren begann. Aufgewachsen im Schatten der Atombombe, umgeben von einer sinn- und haltlosen Konsumkultur, konfrontiert mit einer heuchlerischen Scheindemokratie, brach die kritische Jugend auf und suchte nach einem eigenen Lebensstil und neuen Werten. Lennon ist auf der Suche nach sich selbst: „Es war Elvis, der mich süchtig nach Beatmusik machte. Ich hörte ‚Heartbreak Hotel' und dachte: ‚Das ist es'. Ich fing an, mir Koteletten wachsen zu lassen und diese ganzen Sachen. Rock 'n Roll war echt, alles andere war unecht... und Echtheit dringt zu Dir durch, ob Du es willst oder nicht. Du erkennst etwas darin, das wahr ist, wie alle wahre Kunst. Was immer auch Kunst sein mag, lieber Leser, OK? Wenn es echt ist , ist es einfach, in der Regel, und wenn es einfach ist, ist es echt, so etwas..." (Lennon 1981, S. 105 f.)

Doch seine Suche ist erst erfolgreich, als er auf sein alter ego trifft: Paul McCartney bringt John das Gitarrespielen bei und eröffnet ihm völlig neue Ausdrucksmöglichkeiten. Zwischen beiden entsteht ein bisweilen knisterndes Spannungsfeld gegenseitiger Anregung. Zwei Elemente treffen aufeinander, stoßen sich ab, ziehen sich an und verschmelzen bisweilen miteinander. Das Vermögen, diese Gegensätzlichkeit auszuhalten, und das Bemühen um gegenseitige Ergänzung und Anregung, sind der Stoff, aus dem Neues entsteht.

Der Erfolg läßt zunächst auf sich warten. Doch die gegenseitige Herausforderung ist so faszinierend, daß die Band zusammenhält. Als provozierende Rockband tingeln die Beatles jahrelang durch verschiedene Klubs. Doch etwas scheint zu fehlen. Das Kreative Feld ist noch nicht vollständig. Eine Wende ergibt sich, als nach ihrer Hamburger Zeit Brian Epstein, ein kleiner Plattenhändler aus Liverpool, zu ihrem Manager wird. Er gibt der Band ein neues Image, steckt John, Paul, Ringo und George in Anzüge und sorgt dafür, daß sie den Anforderungen an eine marktgemäße Präsentation genügen. „Er war unser Verkäufer, unser Aushängeschild... Epstein schuf eine Fassade für die Beatles, und er spielte eine großartige Rolle... Er war ein Theatermensch, sicher. Und er glaubte an uns." (Lennon 1981, S. 36)

Doch immer noch ist die richtige Mischung nicht gefunden. Paul, John, George, Ringo und Brian bilden zwar ein Team, das sich gegenseitig anzuregen vermag und in dem die persönlichen Gleichungen funktionieren, aber es fehlt kompositorisches Knowhow. Mit der Entdeckung der Beatles durch den konservativen Produzenten und Arrangeur George Martin wird das Feld der Beatles um einen weiteren Spannungspunkt erweitert. Der Rahmen ist nun abgesteckt, ein Kreatives Feld, das von der kreativen Konkurrenz der gegensätzlichen Persönlichkeiten mit ihren unterschiedlichen Fähigkeiten lebt und für überraschende Entwicklungen offen ist. *Kreativität entsteht erst dann, wenn die passende Mischung mit einem gewissen Maß an Gegensätzlichkeit und Vielfalt gegeben ist.* Weil diese Einsicht zu wenig berücksichtigt wird, erweisen sich viele unserer Bildungsbemühungen als kreativitätsfeindlich.

Ähnlich wie ich es im ersten Band am Beispiel der Comedian Harmonists beschrieben habe, ist die unbeirrte Suche nach der richtigen Mischung eine Voraussetzung dafür, daß die Gruppe nicht nur eine neue Stufe des Schöpfertums erreicht, sondern daß diese auch von der Mitwelt wahrgenommen und honoriert wird. So läßt bei beiden Gruppen der Erfolg nicht auf sich warten: Die Beatles erringen innerhalb kürzester Zeit den größten Erfolg, den je eine Popgruppe verzeichnen konnte. Nachdem 1963 England von dem Phänomen der Beatlemania erfaßt wurde, erobern die Beatles schon 1964 den amerikanischen Plattenmarkt und erringen von dieser Zeit an auf fast allen Kontinenten unglaubliche Erfolge. Das zeigt auch ihre Ankunft in Australien: Dort werden sie von 250 000 Jugendlichen, der größten Menschenansammlung in der australischen Geschichte, erwartet.

Kreativität entsteht aus der Beziehung im Feld

Bevor wir uns genauer anschauen, wie das Kreative Feld der Beatles funktionierte, um weitere Kriterien für das Auffinden bzw. Initiieren Kreativer Felder zu erhalten, möchte ich diejenigen Elemente rekapitulieren, die sich schon aus meiner bisherigen Darstellung ableiten lassen.

Entgegen manchen Auffassungen der Kreativitätsforschung zeigt sich, daß weder frühe Meisterschaft noch eine einschlägige Ausbildung, gute Schulleistungen usw. ein entscheidender Faktor bei der Herausbildung der Kreativität meiner Untersuchungspaare waren. Entscheidend war vielmehr die Fähigkeit, eigensinnig der eigenen, intuitiv erfaßten Berufung – auch außerhalb konventioneller Bildungswege – auf den Grund zu gehen, Widerstände auszuhalten und schließlich sein alter ego, die passenden Synergiepartner zu finden, um mithilfe einer geeigneten Mischung von z. T. gegensätzlichen Persönlichkeits- und Fähigkeitsprofilen ein Kreatives Feld zu schaffen. Um Mißverständnisse zu vermeiden: In dieser Auffassung von Kreativität geht es gerade nicht um nivellierenden Kollektivismus. Der Einzelne bleibt wichtig, denn die Profilierung der unverwechselbaren Egos ist eine Voraussetzung für die Bildung eines kreativen Team. Das Feld muß – verkörpert durch die Menschen – ein ausreichendes Maß an gegensätzlichen Spannungspolen aufweisen, damit Prozesse der Anregung und Verschmelzung in Gang kommen und Neues entsteht.

Wie ich bereits in der „Individualisierungsfalle" (Burow 1999, S. 143 ff.) gezeigt habe, ist die Suche nach geeigneten Synergiepartnern ein Schlüssel dazu, wie man über sich selbst hinauswachsen und vermeintliche Schwächen in Stärken verwandeln kann. Der Kern der *Synergieanalyse* (Burow, S. 143 ff.) besteht darin, zu analysieren, worin meine Stärken und Schwächen liegen, welches die Disziplinen sind, zu denen ich einen leichten bzw. einen schwierigen Zugang habe und welches die gesellschaftlichen Felder sind, in denen ich Anerkennung finden kann oder eben nicht. Dabei gilt – entgegen unserer Alltagsvermutung –, daß gerade *die Negativbereiche die erfolgversprechenden Andockpunkte für mögliche Synergiepartner* sind. Gerade *weil* Jobs nur über begrenzte Fähigkeiten verfügte und einen Technikfachmann benötigte, gerade weil Lennons Musikkenntnisse zu wenig professionell waren, war es ihnen möglich, ihr alter ego zu finden. Vermeintliche Schwächen erweisen sich aus der Synergie- bzw. Feldperspektive als vorteilhaft dafür, daß eine vielversprechende Mischung entstehen kann, die für eine überragende Kreativität entscheidend ist. Insofern gehen die Versuche in unseren Bildungssystemen vergleichbare Leistungen abzufragen, in eine völlig falsche Richtung. *Wir brauchen mehr eigensinnige Vielfalt statt normierte Einfalt, wenn wir die Wahrscheinlichkeit des Auftretens von kreativen Leistungen erhöhen wollen.*

Angesichts der Kontrolldramen, die Bildungsbürokraten auf der ganzen Welt mit ihrem Meßfetischismus und Vergleichbarkeitswahn inszenieren, ist es nicht verwunderlich, daß allzu oft statt Förderung Dequalifizierung und Versagen produziert werden. Wenn die Lebenswege von Jobs und Lennon zunächst auf eine Versagerkarriere hinzudeuten scheinen, so liegt dies also weniger an ihren persönlichen Mängeln, sondern vielmehr an den sozio-kulturellen Feldern, in denen sie sich bewegen und von denen sie beurteilt werden. Kreativität erweist sich aus meiner Perspektive als *Effekt des Feldes*. Ob ich in der Lage bin, mein ungenutztes Kreatives Potential freizusetzen, hängt in hohem Maß von den sozio-kulturellen Feldern ab, in denen ich mich bewege und von den Personen, mit denen ich verkehre.

Aus der Feldperspektive wird klar, daß sowohl Lennon wie auch Jobs aufgrund ihrer deutlichen persönlichen Mängel mit großer Wahrscheinlichkeit gescheitert wären, wenn es ihnen nicht gelungen wäre, den passenden Synergiepartner zu finden. Sowohl Lennon wie Jobs waren komplizierte, egozentrische Persönlichkeiten, mit denen der soziale Verkehr bisweilen sehr schwierig war. George Martin, der Produzent und enge Wegbegleiter der Beatles fragt sich denn auch: „Was wäre wohl gewesen, wenn Paul John nie kennengelernt hätte oder umgekehrt? Ich bin fest davon überzeugt, daß sie sich beide nicht zu den großartigen Songschreibern entwickelt hätten, die sie waren. Sie wären auch gut gewesen, aber nicht so umwerfend gut, wie das Millionen von Menschen denken. Sie hatten einen ungeheuren Einfluß aufeinander, was wohl keinem von beiden so recht bewußt war." (Martin 1997, S. 132f.)

Wenn wir also unsere eigene Kreativität und die anderer fördern wollen, dann müssen wir uns also klar machen, daß die Felder, in denen wir uns bewegen bzw. die wir selbst schaffen, einen entscheidenden Einfluß darauf haben, ob wir unser ungenutztes Potential entdecken und freisetzen können. Ein Kreatives Feld gleicht einem elektrischen Feld: Indem wir uns gegensätzliche Synergiepartner suchen, setzen wir uns energiegeladenen Spannungspolen aus, die bewirken, daß Funken überspringen. Das alter ego übt auf mich eine Kraft aus, die mich bisweilen zwingt, eine ungeahnte Stufe meiner Selbstentfaltung zu erklimmen.

Die Entstehung der Musik der Beatles, der Firmen Apple und Microsoft ist ein anschaulicher Beleg für die ungeheure Wirkung des *Beziehungs-Prinzips*. Der Raum ist nicht leer. Doch was im Raum ist, was im Raum entstehen kann, offenbart sich uns erst im Prozeß der freien Begegnung. Selbstgesteuerte Beziehungen können – wie wir sehen werden – nur in freien Räumen, den „Open Spaces", entstehen. Wenn wir – wie häufig in Schulen, Institutionen und Firmen – zuviel verregeln, dann kann sich das Potential, das im Feld vorhanden ist, nicht organisieren. Diese überragende Bedeutung der Beziehung kann auch erklären, warum wir weder bei Lennon noch bei McCartney, weder bei Gates noch bei Allen (dem Partner von Gates), weder bei Jobs noch bei Wozniak in ihrer Jugend Anzeichen für Genialität wie etwa bei Picasso feststellen können. Hier steckt die ermutigende Botschaft meiner Theorie des Kreativen Feldes: *In der Partnerschaft, im Team bzw. im Kreativen Feld können fast alle Personen, auch ohne überragende Begabung, zu schöpferischen Spitzenleistungen beitragen, weil sich das, was in ihnen steckt, erst zeigt, wenn sie auf ein geeignetes Beziehungsfeld treffen.*

Wir verabschieden uns jetzt von Steve Jobs und Steven Wozniak und auch von Bill Gates und Paul Allen, deren Geschichte wir nur kurz gestreift haben. Sie werden uns im Kapitel über Paar-Kreativität wiederbegegnen. Für die weitere Ausarbeitung meiner Theorie des Kreativen Feldes genügt es mir zunächst, ein detaillerteres Bild der Entstehungsgeschichte der Beatles zu zeichnen. Wir werden an ihrem Fall besser verstehen lernen, wie das Kreative Feld aufgrund der kreativen Konkurrenz der zusammenarbeitenden Synergiepartner funktioniert, und die zentralen Elemente und Begriffe kennenlernen. Wie wir gleich sehen werden, kann uns ein Mitglied des Beatles-Teams aufschlußreiche Hinweise für die Beantwortung der Frage nach dem Grund ihrer Schöpferkraft geben. George Martin war nicht nur Produzent, Arrangeur, Komponist und Berater, sondern vor allem als unersetzlicher Synergiepartner ein wichtiges Mitglied des Kreativen Feldes der Beatles. Er hat mit dreißigjährigem Abstand eine Beschreibung des Produktionsprozesses des großartigen Beatles-Albums „Sgt. Pepper" vorgelegt, die uns einen faszinierenden Einblick gibt, wie das Kreative Feld, das sich die Beatles geschaffen hatten, funktionierte.

Wie das Kreative Feld der Beatles funktionierte

„Brians Anteil war enorm. Was er in den Anfängen der Beatles geleistet hat, hätte wohl kein anderer besser machen können. Er hat die Band auf Vordermann gebracht. Immer und immer wieder mußte er eine Abfuhr einstecken. Und als er zu mir kam, war das wirklich sein letzter Versuch, daran bestand kein Zweifel. Seiner Beharrlichkeit verdanken sie ihren Aufstieg. Ich glaube, wenn er es zu diesem Zeitpunkt nicht geschafft hätte, wären sie ihm davongelaufen. Womöglich hätten sie sich getrennt, und jeder wäre seinen eigenen Weg gegangen. Doch er hat sie geformt, er hat ihnen Mut gegeben. Sie waren seine Kinder."

George Martin

Obwohl Martin vornehmlich auf die enge Beziehung zwischen Lennon & McCartney eingeht, macht seine sensible Schilderung deutlich, daß die Beatles nur als Gruppe funktionierten. George und Ringo spielten auf ihre Weise eine wichtige Rolle für den Zusammenhalt und die gemeinsame Weiterentwicklung. Aber auch andere Personen, die stärker im Hintergrund standen, hatten einen entscheidenden Anteil daran, daß die Beatles ihr kreatives Potential erschließen konnten. Eine gewisse Begabung reicht nicht aus; es bedarf einer ausgewogenen sozialen Feldstruktur, damit man seine Möglichkeiten ausschöpfen kann.

Der Kristallisationskern

Das Eingangszitat zeigt, daß der Manager Brian Epstein ohne Zweifel so etwas wie ein „Kristallisationskern" im Feld war, der den Beatles zu einer Struktur verhalf und der ihrer Vision erst eine Basis verschaffte, die eine Realisierung ermöglichte. So verwundert es nicht, daß die Beatles nach seinem Tod sehr bald auseinandergingen. *Das Kreative Feld funktioniert nur, wenn es eine ausbalancierte Struktur aufweist.* Was verstehe ich nun unter einem „Kristallisationskern"?

Der Managementforscher Warren Bennis hat in seinem Buch „Organizing Genius: The Secrets of Creative Collaboration" (1996) hochleistungsfähige Gruppen untersucht. Sein Fazit: „Und in diesen Gruppen gab es jedesmal, wenn wirkliche Durchbrüche erzielt wurden, einen ‚Anführer', der es verstand andere auf eine faszinierende, außergewöhnliche signifikante Vision einzuschwören. Da war also jemand, der in der Lage war, Anhänger und ‚Fans' zur Zusammenarbeit zu begeistern. Alle waren davon überzeugt, sie könnten Berge versetzen."

In jedem kreativen Paar, jedem kreativen Team gibt es eine Person, die das gemeinsam angestrebte Ziel bzw. die Vision in besonderer Weise verkörpert. In der „Individualisierungsfalle" habe ich den Begründer der Comedian Harmonists, Harry Frommermann, als einen solchen Kristallisationskern charakterisiert. Obwohl er weder über eine fachliche musikalische Ausbildung noch über entwickelte musikalische Fähigkeiten verfügte, war doch er derjenige, der die Gründung eines neuartigen Gesangsensembles am überzeugendsten verkörperte und dieses Ziel enthusiastisch verfolgte. So wurde er zu einem Anziehungspunkt für geeignete Synergiepartner, die mit ihm zusammen ihre individuellen Begrenzungen überwinden konnten. *Kristallisationskern wird man, wenn es einem gelingt, in überzeugender Weise der eigenen Berufung zu folgen und diese in einer attraktiven Geschichte oder als begeisterndes Ziel anderen mitzuteilen. Kristallisationskerne sind Personen, die mit sich in Übereinstimmung stehen und von einer Mission beseelt sind. Aufgrund der Übereinstimmung mit sich selbst und der klaren Zielorientierung ziehen sie andere Personen an, die nach Ergänzung und Orientierung suchen. Sie wirken wie Magnete im Feld.*

In diesem Sinne war Brian Epstein zweifellos eine fähige Führungspersönlichkeit und eine Art Kristallisationskern. Doch das Kreative Feld der Beatles war komplizierter organisiert. Bennis Konzept „genialer Teams" ist immer noch dem – von mir kritisierten – Geniemodell verhaftet (Burow 1999, S. 147) und betont zu sehr die überragende Bedeutung von Leitern. Synergie- bzw. Teamkreativität zeichnet sich dagegen dadurch aus, daß die Rolle des Kristallisationskerns – in Abhängigkeit von der gestellten Herausforderung – von wechselnden Personen übernommen werden kann. So gab es bei den Beatles – wie bei den Comedian Harmonists – im Sinne des modernen Managementprinzips aufgabenbezogener Führungsrotation viele Führer, die eine Vision in unterschiedlichen Aspekten teilten. Lennon & McCartney waren je nach Lage konzeptionelle Führer, aber auch der Produzent George Martin übernahm häufig die „Anführer-Rolle".

Meine These ist, daß ein weiterer Grund für die Kreativität der Beatles in dieser zeitweisen Fähigkeit bestand – vor dem Hintergrund einer gemeinsam getragenen Vision – *Führungsvielfalt* auszubilden und zu ertragen. Man muß sich klar machen: Das „Team" der Beatles entstand aus einem freiwilligen, sich selbst organisierenden Zusammenschluß. Sie schufen sich nach und nach selbst das Feld, das sie brauchten, um ihre besondere Kreativität freizusetzen. *Das Kreative Potential liegt nicht allein im Einzelnen, sondern in der besonderen Struktur des Feldes, das sich um eine verbindende Vision organisiert (eine oder mehrere Personen als Kristallisationskern(e)) und von seinen Protagonisten selbst geschaffen wird.*

Auch wenn Lennon & McCartney fast alle Songs geschrieben haben, so war ihnen doch bewußt, daß sie nur gemeinsam die Beatles sein konnten: „Seltsamerweise wußten wir sehr genau, wohin wir wollten, aber wir hatten nie einen genauen Plan. Wir hatten nur das Gefühl: ‚Gott, dieser Typ John Lennon ist was echt Besonderes und Paul McCartney ist auch nicht von schlechten Eltern. Und verdammt noch mal, George ist ein bißchen abgedreht. Und Ringo ist ein Stenz! Und wir alle wußten, Mannomann, diese vier haben Format. Es ärgert mich, wenn einer von uns abgewertet wird; und offensichtlich ist dieses Spiel mit Ringo am einfachsten – ‚Na ja, der haute halt im Hintergrund auf die Felle. Was soll's'. In einem Buch wird George als einer beschrieben, der ‚rumstand mit dem Plektrum in der Hand und auf ein Solo wartete'. Also, weißt du, das ist zu einfach. Ein zu billiger Witz. Schau dir George doch mal genauer an, und du wirst 'ne Menge Substanz finden." (McCartney in: Miles 1998, S. 110)

Kern der sie verbindenden Vision war der Glaube an die Besonderheit der Gruppe, die zumindest Lennon bewußt war. „Als Beatle dachte ich, wir sind die beste Gruppe der Welt, und dieser Glaube machte uns zu dem, was wir waren." (Salt & Egans 1989, S. 53)

Die gemeinsame Suche nach Neuem

Obwohl Martin bemüht ist, seine Rolle bei der Entstehung und Weiterentwicklung der Musik der Beatles in gentleman-mäßiger Bescheidenheit herunterzuspielen, wird doch deutlich, daß das Kreative Feld der Beatles sehr viel komplizierter aufgebaut war, als man es auf den ersten Blick vermuten würde. Sicherlich standen John und Paul als Ideenkraftwerk im Zentrum, zu dem sich George und Ringo in einem engeren Kreis gesellten. Ausschlaggebend für den Erfolg der Beatles waren aber – wie bereits erwähnt – zwei weitere Personen: da war der „kleine Krauter", der Liverpooler Plattenhändler Brian Epstein, der unerschütterlich an „seine Jungs" glaubte, obwohl sie von allen Plattenfirmen abgelehnt worden waren. Und dann war da noch jener George Martin, hängengeblieben bei einem unbedeutenden Plattenlabel.

In der Rückschau sieht er, was ihn und Epstein verband und was zu einer gegenseitigen Anziehung beitrug: „Beide waren wir verzweifelt auf der Suche nach etwas Neuem." (Martin 1997, S. 45) Dieses Bedürfnis zum Ausbruch aus einer eng gewordenen persönlichen und beruflichen Lebenswelt verband sie nicht nur mit den Beatles, sondern traf auch das Lebensgefühl einer ganzen Generation: Diese Generation hatte genug von den ehrgeizigen Aufbauleistungen ihrer vom Krieg geprägten Eltern, deren Lebensziele in der Arbeit ihre ausschließliche Erfüllung zu finden schienen. Diese Jugendgeneration erlebte die erste Welle des Wohlstandes, der ein sorgenfreies Dasein zu ermöglichen schien. Martin schreibt dazu: „Sgt. Pepper's Lonely Hearts Club Band drückte auf perfekte Art und Weise ein Gefühl aus, das damals gerade sehr nachhaltig in der Luft schwebte: Daß alles und jedes für jedermann zu haben war. Für ein paar kurze Jahre wurde die Welt wieder in ihre Jugend zurückversetzt. Das Leben war ein Abenteuerspielplatz, auf dem man nach Herzenslust herumtollen konnte.

Gut gepolstert durch ein Klima des Aufschwungs und annähernder Vollbeschäftigung, hatten die jungen Leute den Raum, die Zeit und das nötige Einkommen, um sich dem endlosen Experiment der Selbstfindung hinzugeben." (1997, S. 14)

Die gesellschaftlichen Rahmenbedingungen ermöglichen also einen Freiraum, einen Open Space, der nur darauf wartete, mit Neuem gefüllt zu werden. Stärker noch: Das gesellschaftliche Umfeld forderte geradezu Neues heraus. Dieses positive Spannungsfeld erleichterte es der Gruppe, auf Resonanz zu stoßen. Die Beatles hatten dabei die Funktion einer Art Avantgarde, die die Türen zu neuen Sicht- und Lebensweisen aufstieß, die sich bereits im gesellschaftlichen Umfeld andeuteten. Hierbei spielten – wie Martins Beschreibung zeigt – die besonderen gesellschaftlichen Rahmenbedingungen eine entscheidende Rolle: Der „Sommer der Liebe" war auch geprägt durch den Zusammenstoß von Wertvorstellungen der Erwachsenengeneration mit denen einer zunächst noch friedlich aufbegehrenden Jugend. „B-52 Bomber der US Air-Force warfen täglich 800 Tonnen Sprengladung über Nordvietnam ab; Mao Tse-tungs Rote Armee hielt ganz China im Würgegriff; und die Ibos in Biafra waren am Verhungern, wenn sie nicht schon zuvor einem Massaker zum Opfer gefallen waren." (Martin, S. 10)

Das Kreative Feld schwebt nicht völlig unberührt über der Gesellschaft, sondern seine spezifische Ausprägung ist immer auch eine „Antwort" auf den aktuellen Zustand der Gesellschaft.

Das Geheimnis der Resonanz

> „Als Beatle dachte ich,
> wir sind die beste Gruppe der Welt,
> und dieser Glaube machte uns zu dem,
> was wir waren."
> John Lennon

Im Fall des Beatles-Albums „Sgt. Pepper" ist dieser Prozeß gemeinsamen Schöpfertums gut dokumentiert. George Martin, der kompetente Geburtshelfer im Hintergrund der Beatles beschreibt den kreativen Schaffensprozeß als einen Akt der wechselseitigen Befruchtung. In den Worten meiner Theorie beschreibt er ein funktionierendes Kreatives Feld, das von der Synergie seiner Mitglieder gespeist wird. Voraussetzung für seine Teilnahme am Synergieprozeß ist aber, daß er das Neue erkennt, das die Band auszeichnet, und daß er zur emphatischen Resonanz fähig ist.

Als die noch unbekannte Gruppe ihrem künftigen Produzenten das erste Mal „Love Me Do" vorspielte – das zur ersten Hit-Single der Beatles werden sollte – fällt es Martin „wie Schuppen von den Augen". Er begreift, „daß hier eine *Gruppe* spielt, kein Einzelkünstler" (Martin 1997, S. 51). Diese besondere Resonanz zeigte sich auch schon im Kompositionsprozeß des ersten Hits. Über die Entstehung von „Love Me Do" sagt McCartney: „Es war eine sehr enge Zusammenarbeit, ich glaube nicht, daß einer von uns die Idee hatte, ich glaube, wir setzten uns einfach hin und sagten ‚Los!' Bei dieser Art von Songs fällt es im Nachhinein sehr schwer, sich daran zu erinnern, wer die Inspiration hatte, wer mit welcher Zeile rüberkam…" (McCartney in: Miles 1998, S. 184)

Martin spürt die Resonanz: „Das war auch dieses besondere ‚Etwas', das ich unbewußt auf der Demoplatte bemerkt hatte." (Martin 1997, S. 51) Thomas Groß, ein Rezensent von Martins Erinnerungen stellt fest: „‚Unbewußt', ‚Schuppen von den Augen', ‚besonderes Etwas' – Martin hat sich ganz offenkundig verliebt in dieses neue Bandwesen und seine Aura." (Groß 1997, S. 15)

Wir haben es hier mit dem *Phänomen der Gefühlsansteckung bzw. der Resonanz* zu tun. Martin schwingt und „swingt" im wahrsten Sinne des Wortes nicht nur mit der Musik der Beatles, sondern auch mit der Ausstrahlung der Gruppe überhaupt mit, die nicht von ungefähr in dem Song zum Ausdruck kommt. Indem er in der noch unfertigen Musik das Neue erkennt, indem er sich anregen läßt, wird er – noch ohne es zu ahnen – Teil des Feldes. Es bahnt sich hier eine zunächst sympathetische und später synergetische Verbindung verschiedener „Feldkräfte" an, die die unterschiedlichen Fähigkeiten und „Energien" in ihrem

Ergebnis vereint und damit zu einem Teil die Anziehungskraft erklärt, die die Beatles-Songs ausübten. Die Resonanz unter den kreativen Schöpfern, die – auch im übertragenen Sinne – eine gemeinsame Melodie gefunden haben, spiegelt sich so konzentriert im Produkt, ihren Songs wider, daß sich die Faszination der Schöpfer auch auf das Zuhörerfeld überträgt. *Kreative Felder bewirken, daß ein kreativer Funke überspringt.*

Hierzu eine Erläuterung. Ein einfaches Beispiel aus dem Alltag zeigt die enorme Kraft, die in Resonanzphänomenen liegt: Soldaten dürfen über Brücken nicht im Gleichschritt marschieren, weil sie damit in den Bereich der Eigenfrequenz der Brücke kommen können. Die Brücke beginnt – angeregt durch das gleichförmige Stampfen der Soldaten – im Extremfall immer stärker zu schwingen, so daß ihre Bewegung außer Kontrolle gerät und sie sogar zerbersten kann. Die Wirkung der Eigenfrequenz kann man auch testen, wenn man mit einem befeuchtete Finger über den Rand eines dünnen Weinglases kreist. Wenn Energien in einem Feld gleichartig ausgerichtet werden, dann kann ein völlig neues Verhalten entstehen.

Den Beatles gelang es offenbar, ihre unterschiedlichen Stärken und Schwächen so auszurichten, daß sie nicht nur bei sich selbst, sondern auch bei anderen eine Art Resonanzphänomen erzeugten. In meinem Buch „Die Individualisierungsfalle" habe ich dieses Phänomen am Beispiel einer improvisierenden Jazzband beschrieben: Wenn die Musiker gut aufeinander hören, entsteht beim Improvisieren der „groove", eine schwer zu beschreibende Schwingung, die nicht nur die Musiker, sondern auch die Zuhörer ergreift, so daß der ganz Saal zu toben beginnt und sich in einem einzigen Rhythmus vereint. Kaum jemand kann sich diesem Resonanzphänomen entziehen, und fast alle Beteiligten haben hinterher das Gefühl, einem bemerkenswerten Ereignis beigewohnt zu haben. In einem funktionierenden Kreativen Feld spielt sich etwas Ähnliches ab: Von einer geheimnisvollen Kraft koordiniert beginnt der Einzelne im plötzlich entstehenden gemeinsamen Rhythmus des Ganzen mitzuschwingen. Diese Energiekonzentrierung läßt das „Team" über sich hinauswachsen und trägt zur Entstehung unverwechselbarer, anziehender Produkte bei. Ich vermute nun, daß in so entstandenen Produkten die ungewöhnliche Energiekonzentration der Produzenten nachklingt und daß sie auf die Adressaten emotional ansteckend wirkt. Das Produkt selbst „groovet".

Trifft diese These zu, dann erklärt sich der Erfolg der Beatles auch daher, daß es ihnen gelang, scheinbare Gegensätze zu vereinen. Die scheinbar einfache Weisheit, derzufolge sich Gegensätze anziehen, erhält in der Begegnung mit Martin eine Bestätigung. Obwohl völlig anders gestrickt, wird Martin zum Teil des Kreativen Feldes der Beatles, läßt sich nicht nur anstecken, sondern beginnt mitzuschwingen und ihrer Musik den letzten Schliff zu geben.

„Ein Mann wählt sich nicht nur seinen Goldesel, sondern auch seine kreative Zukunft – und das gegen eine eigene konservative Ader... Man muß sich einmal klarmachen: Langhaarige! Proleten! Der superkorrekte George Martin, ein Gentleman-Typ wie er im Buche steht, darüber hinaus Sohn Britanniens, der seine Prägung durch das Militär an keiner Stelle verbergen kann (‚musikalische Splittergranate' nennt er das Pepper-Album tatsächlich im Prolog), ist sensibel genug, den Charme und das Potential einer neuartigen, alles andere als aristokratischen Ausstrahlung zu erkennen. Und die Band, die allerdings auf *a little help* angewiesen ist, duldet ihn als väterliche Autorität, als ‚Big George', der Ahnung von Klassik und sowas hat, das ‚clevere Zeugs' (Martin) in die Arrangements bringt und sich im Laufe der Jahre mehr und mehr vom Kommandeur zum Kollaborateur entwickelt." (Groß, S. 15)

Kreative Felder entstehen in Randzonen

Gleichzeitig erweiterte er aber mit seinem Hintergrund und seinen Fähigkeiten, die er in die gemeinsame Arbeit einbrachte, den Horizont der Beatles und trug dazu bei, daß zwischen Randzone und Mittelfeld Verknüpfungen hergestellt wurden. Dies muß erläutert werden. Kevin Kelly, Vordenker der Kalifornischen Internetszene, hat in seinem großartigen Buch „Das Ende der Kontrolle" (1997) beschrieben, nach welchen Prinzipien der

Bio-Logik Neues entsteht. Demnach sind es vor allem die Randzonen, z. B. die Übergänge zwischen verschiedenen Landschaftszonen wie Land und Meer, Wüste und Savanne etc., in denen neue Lebensformen entstehen. Seine Folgerung, die er auch auf kulturelle Phänomene überträgt, lautet: *Maximiere Randzonen, wenn du Neues entstehen lassen möchtest.* Die Beatles bewegten sich im übertragenen Sinne ebenso wie Jobs und Wozniak in Randzonen, erreichten ihre Durchbrüche außerhalb konventioneller Bahnen und Institutionen. Wir wissen aber auch, daß Randzonen gefährliche Bereiche sind und, wie wir bei Jobs und Lennon gesehen haben, daß man – wenn man sich abweichend verhält – schnell sozial ausgegrenzt werden kann. Insofern könnte es sein, daß die Beatles in der Person John Lennons das Prinzip „Maximiere Randzonen" aufgriffen, aber durch George Martin die nötige Rückbindung an das kulturelle Mittelfeld erhielten. Auch hier gilt: Das Kreative Feld entsteht aus der richtigen Mischung.

Den für mich problematischen Begriff des „Kollaborateurs" möchte ich allerdings durch den Begriff des *Synergiepartners* ersetzen: Indem Martin sich sensibel für die Resonanzen des Feldes öffnet, wird er Synergiepartner und Bestandteil des Kreativen Feldes, das die Beatles konstruieren. Der gemeinsame Kreative Prozeß mündet in eine erstaunliche Energiekonzentration, die sich dadurch auszeichnet, daß die Gegensätzlichkeiten, die Stärken und Schwächen der Beteiligten zu einer Synthese gefunden haben, aus der etwas Neues entsteht. Lennon, als schwacher Gitarrist ohne Kenntnisse fundierter Arrangementtechniken, findet in Martin einen soliden Handwerker, der Ideen in solide Songs verwandelt. Dieses Beispiel belegt einmal mehr: *Wenn ich auf geeignete Synergiepartner treffe, dann können wir gemeinsam über uns hinauswachsen und zu neuen Dimensionen kollektiver Kreativität vordringen.*

Interessant ist dabei, daß gerade die beachtliche Gegensätzlichkeit der beteiligten Akteure eine wichtige Bedingung dafür zu sein scheint, daß eine *kreative Spannung* entsteht, die zur Entstehung von etwas völlig Neuem beiträgt. Für gewöhnlich versuchen wir solche extremen Gegensätze zu vermeiden. Doch wenn wir die Verschiedenheit aushalten und das Fremde als Bereicherung betrachten, erschließen sich uns ungenutzte kreative Möglichkeiten. Eine Einsicht übrigens, die im Zeitalter ethnischer Kriege auch für die Politik eine wichtige Botschaft enthält: Die Theorie des Kreativen Feldes zeigt, daß die *Begegnung an der Grenze,* in der persönliche Einstellungen, Vorlieben und Abneigungen überschritten werden, die Amalgierung von sich scheinbar widersprechender Vielfalt erst die Chance zur Schaffung von Neuem bietet.

Gruppenintelligenz – das Erfolgsgeheimnis der Beatles?

Der Yale-Psychologe Robert Sternberg und die Forscherin Wendy Williams haben herausgefunden, was der Grund für die Überlegenheit bestimmter Gruppen im Vergleich zu anderen ist. Von ihnen stammt die Idee, daß es so etwas wie eine *Gruppenintelligenz* geben könnte. Goleman resümiert: „In eine Gruppe bringt schließlich jeder bestimmte Talente ein, zum Beispiel große Redegewandtheit, Kreativität, Empathie oder fachliches Können. Eine Gruppe kann zwar nicht ‚schlauer' sein als die Summe all dieser spezifischen Stärken, aber sie kann sehr viel dümmer sein, wenn ihre interne Funktionsweise den Leuten nicht erlaubt, ihre Talente einzubringen. Dieses Axiom bestätigte sich, als Sternberg und Williams Teilnehmer für Gruppen anwarben, deren kreative Aufgabe darin bestand, eine Werbekampagne für einen fiktiven Süßstoff zu entwerfen, der als Zuckersatz Erfolg versprach…

Der wichtigste Faktor, der zur Qualität des Produkts einer Gruppe beitrug, war das Ausmaß, in dem die Mitglieder fähig waren, einen Zustand innerer Harmonie zu erzeugen, der ihnen erlaubte, sich das ganze Talent der übrigen Mitglieder zunutze zu machen. Es trug zur Gesamtleistung harmonischer Gruppen bei, wenn ein besonders talentiertes Mitglied dabei war; Gruppen, in denen es zu größeren Reibungen kam, konnten aus sehr befähigten Mitgliedern weit weniger Gewinn ziehen…" (Goleman 1997, S. 206)

Offensichtlich verfügten die Beatles – jedenfalls über eine lange Zeit – über eine solche ausgewogene harmonische Grundstruktur, die es ihnen ermöglichte das Optimum aus den verschiedenen Talenten herauszuholen. Mehr noch: Im Gegensatz zur Auffassung von Goleman meine ich, daß eine Gruppe durchaus schlauer sein kann als die Summe ihrer Eigenschaften. Der Grund ist, daß aus der Kombination in einer Art Quantensprung eine völlig neue Qualitätsstufe entstehen kann, die mehr ist als die bloße Addition. Die Musik der Beatles ist das beste Beispiel. Nachdem die Gruppe auseinanderfiel haben sie als Einzelmusiker nie wieder diese innovative Kraft entfalten können, wie sie zum Beispiel in „Sergeant Peppers" zum Vorschein kam. *Eine wichtige Voraussetzung für die Entfaltung von Gruppenintelligenz ist die Fähigkeit zum Dialog.*

Strawberry Fields Forever:
Die Fähigkeit zum Dialog ist entscheidend

Anhand des ursprünglich für „Sgt. Pepper" geplanten Songs „Strawberry Fields Forever" können wir sehen, wie die Interaktion mit den sich gegenseitig fordernden Synergiepartnern funktioniert. Martin erinnert sich: „Wir waren im Abbey-Road Studio 2. John stand direkt vor mir, mit seiner Akustikgitarre im Anschlag. Stets führte er mir auf diese Weise seine neuen Lieder vor... ‚Es geht ungefähr so', sagte er – und die Nonchalance, mit der er das sagte, kaschierte sogar seine eingefleischte Scheu vorm Singen. Dann strich er sanft über die Saiten.

Ein paar einleitende Akkorde, und schon waren wir mittendrin, in dieser leuchtenden, nachhallenden Strophe: ‚Living is easy with eyes closed...' (mit geschlossenen Augen ist das Leben leicht...). Diese wunderbar charakteristische Stimme hatte ein leichtes Tremolo und eine einmalige nasale Klangfarbe, die dem Song Schärfe verlieh, ja ihn beinahe zum Leuchten brachte. Ich war hingerissen. Ich hatte mich verliebt.

‚Was hältst du davon?', fragte mich John sichtlich nervös, nachdem er zu Ende gespielt hatte... Benommen erwiderte ich: ‚Das war stark. Das ist wirklich ein starker Song. Wie willst du ihn machen?'

‚Ich dachte, das sagst du mir!' konterte er lachend." (Martin, S. 26 f.)

Lennon ist etwas unsicher, hat aber Vertrauen zu Martin und schätzt seine Kompetenz. Martin hat ein sensibles Gespür für Lennons Musik, kann mitschwingen, läßt sich anstecken, ja ist sogar „verliebt"! Lennon wiederum weiß, daß er an dem Song noch arbeiten muß, daß er allein nicht in der Lage ist, alles aus dem Rohmaterial herauszuholen. Er weiß um Martins profunde Arrangementfähigkeiten und ist bereit sich seinem Einfluß zu öffnen. Durch diesen einleitenden *Dialog* zwischen einem, der sich vorwagt und seine neue Kreation auf den Prüfstand der Kritik stellt, und einem begabten Kritiker, der um die Zerbrechlichkeit des Kreativen Prozesses weiß und zunächst die nötige emotionale Unterstützung aus einem Gefühl echter Bewegung bieten kann, ist die Basis für eine schöpferische Interaktion geschaffen.

Grundlage der schöpferischen Beziehung sind das gegenseitige Vertrauen in die Anregungsmöglichkeiten durch den jeweiligen Partner und die Bereitschaft zum Dialog: Jeder hat etwas vom anderen und jeder weiß um die erstaunliche Kraft, die schöpferischen Begegnungen eigen ist. Der schöpferische Wurf ist ein *Idealfall persönlich bedeutsamen Lernens* – ein gemeinsamer Lernprozeß, dessen Intensität sich im Ergebnis spiegelt. Die Beteiligten sind mit voller Konzentration bei der Sache und spüren, daß es hier um das Ganze geht. Sie sind mit ihrer ganzen Person gefordert und müssen gleichzeitig offen sein für den Dialogprozeß.

Martin beschreibt nun, wie nicht nur er selbst, sondern sich jedes Mitglied des Kreativen Feldes mit seinen je eigenen Fähigkeiten darum bemüht, die intuitiven Vorstellungen Lennons so umzusetzen, anzureichern und zu verfeinern, so daß ein packender Song entsteht. Es handelt sich um einen Fall echter, auf Gegenseitigkeit beruhender Team-Kreativität, wobei sich die anderen in Lennons Konzept einfühlen, da es sich um seinen Song handelt. Lennon ist hier also der Kristallisationskern des Kreativen Feldes, der visionäre Anführer, der die Anregungen bündelt. Doch die Anführerrollen wechseln.

In den eher prosaischen Worten eines Managers könnte man sagen, daß es sich hier um eine Form *der projektbezogenen Aufgaben- und Führungsrotation* handelt. Wenn Lennon seinen Song entwickelt, übernimmt er die Führung, gibt sie aber in bestimmten Phasen ab, wenn er meint, daß er einen veränderten Zugang benötigt. Als alle glauben, das Ziel sei mit der Erstellung des Mastertapes erreicht, besteht Lennon einige Tage später doch noch auf Verbesserungen. Offenbar verfügt er – ähnlich wie es der Automobilmanager Daniel Goeudevert (1996) in seinen Erinnerungen als sein Erfolgsprinzip beschrieben hat – über einen *Weitwinkelblick,* der ihm ein unscharfes Bild des erträumten Songs liefert. Durch diese visionäre Ahnung des Traumsongs motiviert er sich und die andern, sich mit dem Erreichten nicht zufriedenzugeben, sondern weiterzusuchen. Das ist sicher ein Merkmal erfolgreichen Schöpfertums: man hat eine intuitive Vorstellung von dem, wo man hinwill, und hält die Spannung aus, erträgt die offene Situation und sucht unbeirrt nach einer Lösung.

Martin bemerkt dazu: „John drängte mich dauernd, etwas Neues auszuprobieren, und das war für mich einigermaßen ungewohnt, denn bei EMI war sonst immer ich derjenige gewesen, der die Konventionen sprengte. Doch John war viel extremer als ich und drängte mich immer, noch einen Schritt weiterzugehen." (Salt & Egans 1989, S. 52)

Zum gemeinsamen Schöpfungsprozeß gehört, daß das Team bereit ist, auf solche Wünsche einzugehen. „Es gab da allerdings noch ein kleines Problem: John kam eine Woche später zu mir und sagte, er wäre mit unserem Ergebnis noch nicht zufrieden. Der Song sei immer noch nicht ganz ausgereift: Im Kopf höre er genau, was er haben wolle, aber er könne es irgendwie nicht in die Realität umsetzen. Nie zuvor hatten wir das getan, was John jetzt tun wollte: die Endfassung eines Songs nochmals zu überarbeiten. Aber es war mir genauso wichtig wie John, dem Wesen von ‚Strawberry Fields Forever', so wie John es innerlich spürte, auf den Grund zu kommen und herauszuarbeiten. Was würde dabei herauskommen?" (Martin, S. 33)

Beide sind erfüllt von einer „liebenden Zuwendung" dem gemeinsamen Werk gegenüber. Martin hat alle seine „Kanäle" geöffnet, um zu verstehen, was John will und wie er ihn darin unterstützen kann. Sein eigener Schaffensegoismus tritt hinter der Hingabe an das gemeinsame Werk zurück: „... es war mir genauso wichtig wie John, dem Wesen von ‚Strawberry Fields Forever', so wie John es innerlich spürte, auf den Grund zu kommen und herauszuarbeiten." Könnte es sein, daß sich diese gemeinsame Zuwendung im Endprodukt widerspiegelt und von den Hörern erfaßt wird? Wird also die „Feldschwingung" bzw. die verbundene Schöpfungsenergie im Kreativen Produkt konzentriert?

Jedenfalls führt Johns Einwand dazu, daß sich nicht nur die Beatles, sondern auch noch andere Personen aus dem Umfeld mit dem Song beschäftigen und gemeinsam weitere Veränderungen vorgenommen werden. Martins Resümee, in dem er die Kompositionsweise der Beatles mit der Maltechnik von Picasso vergleicht, kann vielleicht helfen, das Wesen kollektiver Kreativität besser zu verstehen. Demnach geht es analog dem Übermalen Picassos darum, im gemeinsam suchenden Dialog dem Song immer neue Facetten zu geben.

Die kreative Konkurrenz

Wie wir gesehen haben entsteht Kreativität vor allem aus der Begegnung unterschiedlicher Personen. Aus Sicht der Theorie Kreativer Felder handelt es sich bei dem Phänomen der Beatles um einen *Zustand optimaler Synergie*. Es scheint so zu sein, daß dieses harmonisch konzentrierte Feld erst durch den „*Kristallisationskern*" des Kreativen Feldes entstehen konnte, durch die außergewöhnliche Beziehung von Lennon & McCartney mit Brian Epstein als zentralem „Feldordner" und George Martin als kompositorischem Meister im Hintergrund. Doch diese Beziehung bestand nicht nur aus Harmonie, sondern erwies sich auch als ein funkensprühendes Energiefeld, in dem die nötige kreative Spannung durch periodisch aufbrechende kreative Konkurrenz immer wieder neu entstand.

„John Lennon und Paul McCartney waren extrem gut befreundet; sie haben sich richtiggehend geliebt. Sie teilten den gleichen Abenteuergeist und den gleichen bescheidenen Kindheitstraum: Hinausgehen und die Welt erobern. Auf der anderen Seite konnte man die Rivalität zwischen ihnen förmlich greifen, so intensiv und so real war sie – trotz dieser überwältigenden Wärme. Sobald John einen herausragenden Song geschrieben hatte, der zum Beispiel seine eigene frühe Kindheit thematisierte, wie ‚Strawberry Fields Forever', konterte Paul sofort mit einem Hit, der inhaltlich genau in dieselbe Richtung ging: ‚Penny Lane'. Es war typisch für die Art, in der sie als Liedermacher-Duo arbeiteten. Durch die *kreative Konkurrenz* (Hervorhebung Burow) kletterten sie ihre jeweils eigene Karriereleiter empor – und hielten ihre Band an der Weltspitze. John komponierte ‚In My Life' und stieg damit eine Sprosse höher; sogleich kletterte Paul mit ‚Yesterday' eine Sprosse höher. Oftmals halfen sie sich gegenseitig bei einem Song, wenn sie steckengeblieben waren – obwohl sie immer beide als Komponisten aufgeführt wurden. Was sie am meisten gegenseitig anspornte, war das brillante Beispiel ihrer individuellen Leistungen." (Martin, S. 100)

Um das Wesen der kreativen Konkurrenz zu verdeutlichen, möchte ich einen letzten Blick auf den besonderen Charakter des kreativen Schaffensprozesses der Beatles werfen. Diesmal gibt uns McCartney selbst einen Einblick. Obwohl beide zueinander in Konkurrenz stehen, sind sie doch bereit, sich gegenseitig anzuregen, daß ein einzigartiger Song, „Lucy In The Sky With Diamonds", entsteht.

„Eines Nachmittags bin ich wie üblich zu John nach Weybridge gefahren, und da zeigte er mir gleich bei meiner Ankunft ein Bild, das sein Sohn Julian in der Schule gezeichnet hatte. Ein Mädchen schwebte in der Luft, neben ihr ein paar kindlich gezeichnete Sterne. Oben auf der Seite waren mit Bleistift in einer sehr ordentlichen Schuljungenschrift die Worte ‚Lucy in the Sky with Diamonds' geschrieben. John erklärte mir, daß Julian eine Schulfreundin namens Lucy hätte und daß dies ihr Porträt wäre. Er meinte, es wäre doch ein wunderbarer Titel für einen Song, und ich war ganz seiner Meinung. Dann gingen wir nach oben ins Musikzimmer, und John spielte mir die Idee vor, die er für das Lied hatte, mit dem Anfang ‚Picture yourself...' Wir redeten über Lewis Caroll und die Alice-im-Wunderland-Bücher und darüber, daß dieser Titel ein toller psychedelischer Song werden könnte. Und dann fingen wir an, verschiedene Bilder hin und her zu tauschen. Ich schlug ihm ‚cellophan flowers' vor – denn Zellophan ist schon seit meiner Kindheit eines meiner Lieblingswörter – und kurz darauf fiel mir ‚newspapers taxis' ein. Beide gefielen John und er konterte mit ‚the girl with kaleidoscope eyes'." (Martin, S. 139 f.)

George Martin beschreibt an anderer Stelle die produktive Kraft der kreativen Konkurrenz: „Wenn Paul in einer seiner honig-zuckrig-süßen Stimmungen war, tauchte immer sofort John mit seinem Reagenzglas auf. Plitsch! Ein Tröpfchen Lennon, und dann war der Song wieder rasiermesserscharf und aus der Gefahrenzone des Langweiligen und Vorhersehbaren gerettet. ‚Getting Better' ist ein gutes Beispiel: Die Zeile ‚It couldn't get much worse' (viel schlimmer könnte es auch nicht werden) stammt von John und ist ein gutes Gegengewicht zum Superoptimismus der ersten Strophe." (Martin, S. 149 f.)

McCartney beschreibt den gleichen Vorgang aus seiner Sicht:

„Ich saß da und summte ‚Getting better all the time' und John sagte einfach auf seine lakonische Art: ‚It couldn´t get no worse.' Und ich dachte: ‚Hey, das ist einfach brillant! Genau das ist der Grund, weshalb ich so gerne mit diesem Burschen zusammenarbeite.' (McCartney in: Miles 1998, S. 366)

Kreative Konkurrenz ist allerdings nur dann produktiv, wenn das Feld insgesamt so organisiert ist, daß Spannungen verarbeitet werden können und Möglichkeiten des Ausgleichs vorhanden sind. Aus dieser Perspektive wird deutlich, wie unersetzlich die Beiträge des eher ausgleichenden George Harrison ebenso wie die Art des humorvollen und pragmatischen Ringo Starrs für einen ausgeglichenen Gefühlshaushalt waren. Vier Persönlichkeiten vom Kaliber eines McCartney und Lennon hätten das Kreative Feld schnell gesprengt.

Insofern wäre es eine spannende *Forschungsfrage* anhand möglichst unterschiedlicher kreativer Leistungen noch differenzierter zu untersuchen, *wie optimale Kreative Felder personell zusammengesetzt sein sollten*. Mit meiner Untersuchung haben wir ja schon einige *Kriterien* in der Hand.

Wir wissen, daß Kreative Felder über Personen verfügen müssen, die vermittels einer überzeugenden, in ihrer Person verankerten *Vision* in der Lage sind, zu *Kristallisationskernen* zu werden. Brian Epstein, Paul McCartney, John Lennon und George Martin waren solchen Personen. Wir *brauchen offene Experimentierräume,* in denen Menschen erproben können, welche (geeigneten) Personen sie *anziehen.* Wir brauchen Teammitglieder, die ein *ausreichendes Maß an Vielfalt und Gegensätzlichkeit* realisieren. Wir brauchen zum *Dialog* fähige Personen, die *kreative Konkurrenz* nicht als Belastung, sondern als Chance begreifen. Weiter wissen wir, daß *im Hintergrund geeignete Unterstützer* vorhanden sein müssen, die über das nötige soziale und fachliche Know-how verfügen. Auch können wir jetzt begründen, warum z. B. die unterschätzten wortkargen Schweiger oft unersetzlich sind. *Das Feld muß einerseits so elastisch gebaut sein, daß es Extreme integrieren kann und eine gewisse Harmonie entsteht; andererseits müssen genügend Gegensätze, profilierte Egos, Spannungspole vorhanden sein, damit Neues entstehen kann.* Vielleicht brauchen Kreative Felder darüber hinaus so etwas wie *einen Kreativitätsmanager* oder *„Facilitator".* Moderne Konzepte der Unternehmensführung aber auch der Unterrichtsgestaltung sehen denn auch Leiter und/oder Lehrer eher als *Prozeßbegleiter,* als *Unterstützer,* als *Coach.* Offensichtlich gelang es den Beatles aus eigener Kraft, ein Feld zu konstruieren, in dem diese Positionen optimal besetzt waren.

Kreative Felder sind der Regelfall

Die Tatsache, daß die Beatles aus eigener Kraft ein Kreatives Feld schufen, lenkt unsere Aufmerksamkeit auf den erstaunlichen Umstand, daß wir – auch ohne bewußten Eingriff – von Kreativen Feldern umgeben sind. Allerdings fehlt uns – wie ich in meinem Plädoyer für den notwendigen Abschied vom Genie herausgearbeitet habe (Burow 1999) – häufig das Bewußtsein dafür, daß kreative Leistungen weniger der Verdienst eines Individuums, sondern eher ein Effekt des Feldes sind. Viele unserer Institutionen und Organisationen sind anti-kreative Felder, weil wir die Rolle herausragender Personen überschätzen und es nicht gelernt haben, die Leistungen der Mitglieder des jeweiligen Feldes angemessen zu würdigen und herauszufordern.

Genauere Analysen zeigen, daß die *Form der synergetischen Feldkreativität* nichts Besonderes ist, wie man vermuten könnte, sondern durchaus der Normalfall. Wie ich im ersten Band anhand der sozialpsychologischen Feldtheorie Kurt Lewins gezeigt habe, konstruieren wir selbst ständig solche Felder, weichen Personen aus, die wir als unangenehm empfinden und wählen Personen, die wir als hilfreiche Ergänzung erkennen. Ja, die Auswahl des Personals in Firmen und Institutionen dürfte weniger von den offiziell geforderten fachlichen Qualifikationen der BewerberInnen abhängen, als von der *vermuteten Synergiefähigkeit* für das jeweilige Feld.

Allerdings gibt es auch eine Vielzahl pathologischer Beziehungsmuster, etwa in Paarbeziehungen, die sich als sehr stabil erweisen, obwohl sie die Entwicklung der Partner hemmen. Oft erweisen sich solche pathologischen Muster als gemeinsame Abwehrsysteme zur Verhinderung von angstbesetzten Veränderungsprozessen und beziehen aus diesem defensiven Ziel ihre Stabilität. Auf jeden Fall bedarf es für die Wahl der geeigneten Synergiepartner *eines Mindestmaßes an emotionaler Intelligenz*. Über diese Intelligenz scheinen die Beatles und ihr Feld verfügt zu haben. Wie uns Goleman (1997) gezeigt hat, kann man die Fähigkeit zur emotionalen Intelligenz erlernen, und meine Analyse soll in diesem Sinne zu einer bewußteren Gestaltung der Felder beitragen, in denen wir uns bewegen.

Kreative Felder sind zeitlich begrenzt: Zur Auflösung der Beatles

Meine bisherige Analyse hat gezeigt, daß die Beziehung zu sich gegenseitig akzeptierenden Synergiepartnern, die sich selbst und ihre Beziehung in einer produktiven kreativen Konkurrenz entwickeln können, von fundamentaler Bedeutung ist. Wichtig scheint weiter ein *„Kristallisationskern"*, ein *visionärer „Leiter"*, eine Art *„Kreativitätsmanager"* zu sein, der die Ziele und Werte der Gruppe mithilfe einer *gemeinsam getragenen faszinierenden Vision* koordiniert. Das Ende der Beatles begann nicht von Ungefähr mit dem plötzlichen Tod Brian Epsteins. Auf die Frage, was er empfunden habe, als er vom Tode Epsteins erfuhr, erwidert Lennon: „Was jeder empfindet, wenn jemand stirbt, der ihm nahesteht. So eine Art Hysterie. So ein puh, puh, ein Glück, daß es mich nicht erwischt hat, oder in die Richtung, kennst du das? ...Und das andere Gefühl, das sich einstellt, ist so ein: ‚Was?' – ‚Zum Teufel!' – ‚Was kann ich tun?' Verstehst du? Ich wußte damals, daß wir Probleme haben würden. Ich machte mir keine Illusion über unsere Fähigkeiten, mit Dingen fertig zu werden, die nicht unmittelbar mit Musik zu tun hatten, und ich bekam ziemliche Angst. Ich dachte, jetzt sind wir im Eimer." (Lennon 1981, S. 64)

Der weitere Verlauf zeigt, daß das Kreative Feld ein sensibles Gebilde ist, zu dessen optimaler Funktion alle beteiligten Personen gehören. Wenn wir einzelne Personen, die zum Erfolg beitragen, vernachlässigen, wird sich das rächen, und früher oder später verselbständigen sich die Benachteiligten. Mit der Auflösung der Beatles entstand eine Reihe von kleinkarierten Prozessen, und die Rivalitäten untereinander brachen auf.

McCartney sieht zwar die Bedeutung der Teamarbeit: „Tatsächlich beruhen sehr viele unserer Produktionen auf echtem Teamwork, und man kann sagen, daß unsere Musik in beträchtlichem Ausmaß gemeinschaftlich entstanden ist." (McCartney in: Miles 1998, S. 749)

Er bezieht das aber nur auf die Zusammenarbeit mit Lennon und kann nicht die Leistung der anderen Mitglieder des Kreativen Feldes angemessen würdigen. Die Beatles mußten in dem Moment auseinanderfallen, in dem mit dem Tod Brian Epsteins die ausbalancierte Feldstruktur Ungleichgewichte aufwies.

Im ersten Band habe ich gezeigt, wie eine Mißachtung dieses Prinzips der Gleichberechtigung zum Scheitern der von Biberti geführten Nachfolgegruppe der Comedian Harmonists beitrug. Die gemeinsame Vision verliert ihre Bindungskraft, und die erreichte Stufe der kreativen Selbstorganisation weicht anti-kreativer Entropie.

Wie wir aus der Chaosforschung und der Bio-Logik wissen, kann dies aber ein durchaus sinnvolles Übergangsstadium sein, in dem sich ein System, das in Routinen zu erstarren droht, allmählich wieder neu organisiert. Die Aufrechterhaltung des erreichten Status Quo würde dem Ziel der Freisetzung von Kreativität widersprechen. Insofern müssen wir uns klar machen, daß *Synergiepartnerschaften oder Synergieteams zwangsläufig zeitlich befristete Durchgangsstadien* sind.

Ist die kollektive Kreativität der Beatles einzigartig?

Man könnte nun gegen meine These einwenden, daß es sich bei den Beatles um einen herausragenden Sonderfall gehandelt habe. Wer sich intensiver mit der Frage kollektiver Kreativität beschäftigt (die ich eher als *Co-Kreativität* bezeichnen möchte, da „kollektiv" falsche Assoziationen weckt), wird erstaunt sein, daß sie – wie ich oben belegt habe – eher der Regelfall als die Ausnahme ist. Wie ich im ersten Band anhand der Comedian Harmonists, die eine Art Vorläufer der Beatles in den dreißiger Jahren waren, gezeigt habe, handelt es sich hier um ein ebenso faszinierendes Beispiel für ein funktionierendes Kreatives Feld. Als Einzelmusiker waren die sechs Mitglieder dieses Teams relativ unbedeutend, aber in der gegenseitigen Ergänzung begeisternd.

Mag Co-Kreativität im Bereich der Musik naheliegen, so würde man sie weniger bei Schriftstellern vermuten, deren Werke ja noch überwiegend von Einzelautoren veröffentlicht werden. Das heißt jedoch nicht, daß hinter diesen Werken nur ein Schöpfer steht. Vielmehr offenbart die nähere Betrachtung einen blinden Fleck der traditionellen Literaturwissenschaft: Allzu oft wird noch am Mythos des Einzelgenies gestrickt. Eine gewisse Ausnahme bildet das Werk Bertold Brechts, da dieser die kollektive Arbeitsweise zur Grundlage seiner Kreativität gemacht hat. Das hindert Verlage allerdings nicht, ihn als Alleinautor zu vermarkten. Zu tief ist der Geniekult in unserer Kultur verankert, und zu sehr wird das Stigma gemeinsamen Schöpfertums gefürchtet. Dies könnte an unseren ernüchternden Erfahrungen mit dem

Kollektivismus als politischem Modell liegen. Wie aber deutlich geworden sein sollte, sind Individualität und gemeinsames Schöpfertum keine Gegensätze, sondern bedingen einander. Nur das profilierte Ego kann genügend Spannungspunkte bieten, damit ein schöpferisches Team entsteht. Wie wir wissen, sind Schöpfungen in einem umfassenderen Sinne *immer* Ergebnis kollektiver Tätigkeit. Ja, selbst das „Genie des Jahrhunderts", Albert Einstein, entwickelte seine bahnbrechenden Ideen letztlich auch als Ausfluß eines Kreativen Feldes, zu dem Jugendfreunde und seine erste Frau gehörten, wie Jürgen Neffe jüngst gezeigt hat. Der Pathologe Thomas Harris, der sich Einsteins Gehirn widerrechtlich aneignete, weil er sich sicher war, dort den „Schlüssel zum Verständnis höchster geistiger Schöpferkraft" (Neffe 1999, S. 261) zu finden, war deshalb auf dem Holzweg. Mit der „Theorie des Kreativen Feldes" bietet sich ein anregender Perspektivwechsel, der zeigen kann, welche ungenutzten Chancen sich uns allen bieten, wenn wir bereit sind, die beeindruckenden Möglichkeiten auszuschöpfen, die im gemeinsamen Schöpfertum liegen.

Fazit: Wie entstehen Kreative Felder?

Meine bisherigen Ausführungen haben *ein gemeinsames Erfolgsmuster* deutlich gemacht und einige Elemente beschrieben, die ein Kreatives Feld ausmachen. Ich möchte zunächst dieses Erfolgsmuster beschreiben und einen neuen Kreativitätstyp charakterisieren, dessen Konturen sich abzeichnen, um dann eine Definition des Kreativen Feldes zu geben.

Ein gemeinsames Erfolgsmuster

Aus meiner Analyse läßt sich ein gemeinsames Erfolgsmuster identifizieren, welches das Auftreten von Kreativität begünstigt:

Grundlagen des kreativen Prozesses der Gründer der Beatles, von Apple und Microsoft

- eine intensive Jugendfreundschaft
- unterschiedliche, sich gegenseitig ergänzende Begabungen
- die Fähigkeit zur gegenseitigen Anregung und Herausforderung, zur produktiven Konkurrenz im Team
- eine gemeinsam geteilte Vision
- Fähigkeit zum Eingehen und Aushalten von Asynchronien
- die Fähigkeit, ein eigenes Kreatives Feld zu schaffen (außerhalb etablierter Institutionen)

Auffällig an allen von mir untersuchten Kreativitätspaaren ist, daß *Jugendfreundschaften* einen entscheidenden Anstoß zur Überwindung eigener Grenzen und zur Formierung eines Kreativen Feldes geben können. Im ersten Band habe ich dies am Beispiel der Gründer der Comedian Harmonist beschrieben: Harry Frommermann und Georg Steiner faßten den Plan zur Gründung der Gruppe. Bill Gates selbst führt die Entfesselung seines kreativen Potentials auf die enge Beziehung zu seinem Schulfreund Paul Allen zurück. Er schildert eine enge Jugendfreundschaft, die von produktiver Konkurrenz und gegenseitiger Ergänzung geprägt ist und sich auf ein gemeinsam erträumtes Ziel, eine gemeinsame Vision richtet: „Wir waren füreinander so etwas wie interaktive Quellen", resümiert Gates.

Sowohl das Entstehen der Beatles wie das Entstehen der Firmen Apple und Microsoft aber auch der Comedian Harmonists sind letztlich auf Synergiepartnerschaften zurückzuführen, die schon in relativ frühen Jugendjahren entstanden sind. Lennon & McCartney, Jobs & Wozniak, Allen & Gates, Frommermann & Steiner zeichnet es gemeinsam aus, daß sie in einer freundschaftlichen Beziehung fähig waren, sich gegenseitig weiterzuentwickeln und eine gemeinsame Vision Wirklichkeit werden zu lassen. Die zentrale Bedeutung von Jugendfreundschaften kann aus der Sicht der Theorie des Kreativen Feldes nicht überraschen: Gerade Heranwachsende brauchen ein alter ego, um ihr Potential auszuloten. Die Auseinandersetzung mit einem passenden alter ego kann oft größere Auswirkungen für den persönlichen Lebenslauf haben, als professionelle Erziehungsbemühungen und Schulkarrieren. Spannungsreiche Felder der intensiven persönlichen Begegnung bieten einen mächtigen Anreiz, sich gegenseitig herauszufordern und sich selbst zu entdecken. Kreativität läßt sich nur begrenzt planen, denn sie entsteht vor allem aus der Selbstorganisation sich anziehender Kräfte im Feld. Wie wir im Praxisteil sehen werden, können wir aber Rahmenbedingungen schaffen, die den Prozeß der kreativen Feldbildung unterstützen.

Was aber können diejenigen unternehmen, die sich nicht auf eine herausragende Jugendfreundschaft stützen können? Die Jugendfreundschaft ist keine conditio sine qua non, wie etwa – stellvertretend für viele andere – das Beispiel von Simone de Beauvoir und Jean-Paul Sartre zeigt, die als Prototyp einer lebenslangen kreativen Gemeinschaft gelten. *Auch im fortgeschrittenen Alter kann man sein alter ego finden und Allianzen bilden, in denen man in kreativer Konkurrenz sein ungenutztes Potential hervorlockt.*

Aus der Einsicht in die zentrale Bedeutung passender Synergiepartner ergibt sich eine wichtige Konsequenz: Wenn Bildungsinstitutionen und Firmen Kreativität wirklich fördern wollen, dann sollten sie außergewöhnliche Leistungen weniger von herausragenden Individuen erwarten, sondern eher nach Wegen suchen, wie sie die Bildung produktiver Paar- bzw. Gruppenbeziehungen fördern können, indem sie *günstige Rahmenbedingungen für Selbstorganisation* schaffen, aus denen heraus häufig Kreative Felder entstehen.

Ein neuer Typ von Kreativität

Natürlich wird es immer überdurchschnittlich begabte Persönlichkeiten geben, die aus ihrem Umfeld hervorragen. Doch den häufigeren und praktikableren Fall der Synergiekreativität haben wir bislang zu wenig beachtet. Wenn man so will, handelt es sich hier um einen *anderen Typ der Kreativität,* der nicht aufgrund frühbegabter, überragender Einzelpersönlichkeiten entsteht, sondern als *synergetische Kreativität bzw. Co-Kreativität, die aufgrund von günstigen Feldbedingungen entstehen kann. Dieser Typ der Kreativität entsteht, wenn es Individuen in Selbstorganisation nicht nur gelingt, eine gemeinsame Vision zu entwickeln, sondern darüber hinaus für sich einen als ähnlich erlebten Lebensraum zu entwerfen. Die in kreativer Konkurrenz geknüpften Beziehungen sind so strukturiert, daß jeder das Kreative Potential des andern hervorlockt. Dieses Potential wird erst durch den besonderen Charakter der Beziehung sichtbar. Wie bei den von Kelly beschriebenen Vivisystemen, wird das in den Beziehungen enthaltene kreative Potential erst im Prozeß der Beziehungsbildung sichtbar. Auf die Einzelperson bezogene Untersuchungsverfahren, die darauf abzielen etwa den IQ, die Problemlösekompetenz oder Ähnliches zu messen, können diesen Typ der Kreativität nicht erfassen. Insofern sollten wir Verfahren entwickeln, die das kreative Potential von Feldern messen.*

Dieser Typ der Kreativität, der eine „*Paar- bzw. Team-Kreativität"* darstellt und den ich als *Co-Kreativität* bezeichnen möchte, ist ein Typ, der noch kaum erkannt ist und bei weitem zu wenig gefördert wird. Die *Erfolgsformel* lautet: Lennon & *Co*, Jobs & *Co*, Gates & *Co*, Ich & *Co* etc.

Meine These lautet: Aufgrund unseres individualisierenden Beurteilungsblicks und der Fixierung auf abfragbare Leistungen, die wir dem vereinzelten Prüfling zurechnen, sind wir nur schlecht in der Lage, kreative Prozesse zuzulassen und zu fördern. So ist es kein Zufall, daß alle drei Kreativitätspaare ihre schöpferischen Prozesse ausnahmslos außerhalb und/oder in direkter Abgrenzung zu Bildungsinstitutionen entfaltet haben.

Definition des Kreativen Feldes

Wir haben nun genügend Anschauungsmaterial vorgelegt, um eine Definition des Kreativen Feldes vornehmen zu können, die einigen der beschriebenen Phänomene gerecht wird. In der „Individualisierungsfalle" habe ich die theoretischen Grundlagen des Kreativen Feldes entwickelt und folgende Definition vorgeschlagen:

„*Das Kreative Feld zeichnet sich durch den Zusammenschluß von Persönlichkeiten mit stark unterschiedlich ausgeprägten Fähigkeiten aus, die eine gemeinsam geteilte Vision verbindet: Zwei (oder mehr) unverwechselbare Egos, die sich trotz ihrer Verschiedenheit ihres gemeinsamen Grundes bewußt sind, versuchen in einem wechselseitigen Lernprozeß ihr kreatives Potential gegenseitig hervorzulocken, zu erweitern und zu entfalten.*

Die wesentlichen Elemente des kreativen Schaffens, nämlich die begabte Persönlichkeit, ein kreativer Schaffensprozeß und das Produkt werden durch die Struktur des Feldes in besonderer Weise organisiert. Kreative Felder sind durch *eine dialogische Beziehungsstruktur (Dialog)*, durch ein *gemeinsames Interesse (Produktorientierung)*, durch eine *Vielfalt unterschiedlicher Fähigkeitsprofile (Vielfalt und Personenzentrierung)*, durch eine *Konzentration auf die Entfaltung der gemeinsamen Kreativität (Synergieprozeß)*, durch eine *gleichberechtigte Teilhabe* ohne Bevormundung durch „Experten" *(Partizipation)* sowie durch ein *kreativitätsförderndes soziales und ökologisches Umfeld*

(Nachhaltigkeit) charakterisiert. Mit diesen Begriffen sind die zentralen Schlüsselkonzepte benannt, die zur Ausbildung eines Kreativen Feldes beitragen." (Burow 1999, S. 123)

Aus dieser Definition leite ich sieben Grundtypen von Kreativen Feldern ab, aus denen sich Erfolgsmodelle kreativer Gruppen ableiten lassen, die im Praxisteil vorgestellt werden. Im zweiten Kapitel möchte ich zunächst die Idee des Kreativen Feldes weiter ausführen. Hier zeige ich nicht nur, daß die Idee des Aufbaus von Kreativen Feldern auf einen Traum des Naturwissenschaftlers und Nobelpreisträgers Jonathan Salk in den sechziger Jahren zurückgeht, sondern daß mit der Entwicklung neuer Formen der Co-Kreativität auch ein Erfolgsprinzip der Wissensgesellschaft sichtbar wird.

> „Was die Gene für die biologische Evolution sind,
> sind die Ideen für die metabiologische Evolution."
>
> Jonathan Salk

Frieder Meyer-Krahmer vom Fraunhofer-Institut für Innovations- und Systemforschung sieht beim Übergang von der Industriegesellschaft alten Typs zur Wissensgesellschaft einen zentralen Engpaß in der fehlenden Entwicklung von neuen Formen interdisziplinärer bzw. transdisziplinärer Begegnung. Das notwendige Wissen kann nicht mehr von einzelnen oder sich voneinander abschottenden Fachdisziplinen entwickelt werden, sondern wir brauchen Kommunikations- und Begegnungsräume, in denen über die Grenzen verschiedener Kulturen hinweg an der Entwicklung von Neuem gearbeitet wird. In der Terminologie meines Ansatzes ausgedrückt heißt dies: Wir brauchen Kreative Felder und Kristallisationskerne, die diese initiieren.

Die mutmaßlichen Haupttrends, die Meyer-Krahmer (1999) knapp benannte, machen deutlich, daß angesichts der absehbaren Komplexität von Problemstellungen die Bedeutung von Co-Kreativität dramatisch zunehmen wird:

1. steigende Umsetzungs- und Innovationskosten
2. Trend zu Inter- und Transdisziplinarität („jetzt wird's ernst")
3. Internationalität und Vernetzung mit der Wirtschaft
4. Zunahme der Bedeutung von Bildung
5. Zusammenführung von Grundlagenforschung und angewandter Forschung

Interessant ist in diesem Zusammenhang, daß sich insbesondere die *Überlappungsbereiche* zwischen den Disziplinen *als besonders innovationsträchtig* erwiesen haben. Deshalb wird eine zentrale Aufgabe der Forschungsförderung sein, verschiedene Wissenschaftler, Kulturen, Technologien usw. zusammenzuführen, mit dem Ziel innovationsfördernde Überlappungsbereiche herzustellen, d. h. Kreative Felder zu schaffen.

In manchen hochentwickelten Bereichen ist eine außerordentliche disziplinäre Kompetenz eine wichtige Voraussetzung für erfolgreiche Transdisziplinarität. Hier geht es darum, Verzahnungen zwischen Spitzenforschern anzuregen und Konträume zu fördern. Die Innovationsforschung erkennt damit Kellys bereits erwähntes Erfolgsprinzip der Evolution an: Maximiere Randzonen! Im Sinne dieses Prinzips wird es auch in vielen anderen gesellschaftlichen Bereichen darauf ankommen, möglichst vielfältige Überlappungs- und Begegnungsräume zu schaffen, um das ungenutzte Know-how aller optimal zu nutzen. Kreativität findet an der Grenze statt, besteht in permanenter Grenzüberschreitung. Insofern dürften insbesondere Begegnungen zwischen Wissenschaftlern unterschiedlicher Disziplinen, zwischen Kunst, Wissenschaft und Spiritualität, zwischen verschiedenen Kulturen etc. interessant sein. Worauf es ankommt ist, vielfältige Mischungen zusammenzustellen, von denen man erwarten darf, daß ungewöhnliche „Wissensfusionen" und neue Fragestellungen entstehen.

Insgesamt zeichnet sich in der neuen Gesellschaft des dritten Jahrtausends, die der Futurologe Alvin Toffler als „Wissensgesellschaft" bezeichnete, ein *Bedarf nach neuen Formen der Wissensvernetzung* ab. Nach Meinung der Innovationsexperten des Fraunhofer-Instituts geht es dabei vor allem um die Entwicklung offener und flexibler Formen des Austausches, in denen genug Raum für offene, weiche Formen der vorurteils- und dogmenfreien Interaktion entsteht. Auf allen Ebenen soll die Fragmentierung des Wissens überwunden werden; etwa durch die Verbindung von universitären mit außeruniversitären Forschungseinrichtungen. Ich würde noch einen Schritt weitergehen: *Wenn das nächste Jahrhundert ein Jahrhundert der verbesserten, intensivierteren und humaneren Nutzung unseres exponentiell anwachsenden Wissens werden soll, dann brauchen wir in fast allen gesellschaftlichen Bereichen eine Zunahme an grenzüberschreitender Co-Kreativität.*

In der vernetzten Wissensgesellschaft können fast überall vielfältige Kreative Felder entstehen, die als Zukunftslabors Gegensätze und kreative Konkurrenz als Anreiz nutzen, um neue Problemstellungen zu erarbeiten und verbesserte Problemlösungen zu finden.

Mit der vorliegenden Arbeit unternehme ich selbst einen Versuch, ein „Überlappungsgebiet" herzustellen. So habe ich meine Theorie des Kreativen Feldes und das Konzept der Co-Kreativität aus so unterschiedlichen Bereichen wie dem Entstehen einer Musikgruppe, der Entwicklung des Personalcomputers und der Gründung einer Softwarefirma entwickelt und übertrage die darin verwendeten Modelle und Methoden hier und im Praxiskapitel auf sehr unterschiedliche Anwendungsbereiche. Interessanterweise wurde das Modell der kollektiven Kreativität bzw. Co-Kreativität oder Synergie-Kreativität schon in den sechziger Jahren von einem Naturwissenschaftler entwickelt und teilweise erprobt.

Salks Traum von kollektiver Kreativität

Der Entwickler des Polio-Impfstoffs und Nobelpreisträger, Jonathan Salk, hatte in den sechziger Jahren eine faszinierende Idee: Er wollte in San Diego ein interdisziplinäres Institut gründen, in dem führende Wissenschaftler gemeinsam nach Lösungen für die drängenden Probleme der Menschheit suchen. Salk schwebte eine Art permanenter Zukunftskonferenz vor. Aufgrund seiner frühen Erfolge als junger Forscher verfügte er über ausreichende Mittel und ließ an der kalifornischen Steilküste ein beeindruckendes Institut – das heute noch bestehende Salk-Institut – erbauen.

Der Kreativitätsforscher Mihaly Csikszentmihalyi (1997) führte mit ihm ein Interview, aus dem deutlich wird, daß Salk der Idee des Kreativen Feldes auf der Spur war und er über erfolgversprechende Formen der Co-Kreativität nachdachte. Hierbei spielte eine besondere Begabung des Forschers eine wichtige Rolle. So scheint für die Entfaltung von Salks Kreativität sein Bedürfnis, Menschen aus sehr unterschiedlichen Domänen miteinander in Kontakt zu bringen, von großer Bedeutung gewesen zu sein. Salk glaubte an eine *interaktive Variante der Kreativität,* die er folgendermaßen beschreibt: „Ich finde diese Form der Kreativität äußerst interessant und aufregend – die Ideen, die aus der Interaktion zwischen zwei geistigen Einstellungen entstehen. Ich weiß, daß es in Form eines kollektiven Denkens geschieht, durch offen und kreativ denkende Individuen, die in der Gruppe noch interessantere und noch komplexere Ergebnisse hervorbringen können als allein. All das führt mich zu der Idee, daß wir diesen Prozeß steuern können – es ist tatsächlich ein Teil des Evolutionsprozesses, und Ideen, die auf diese Weise entstehen, gleichen den Genen, die sich im Laufe der Zeit entwickeln. Was Gene für die biologische Evolution sind, sind Ideen für die metabiologische Evolution." (Csikszentmihalyi 1997, S. 403)

Auf die Frage wie eine Beziehung zwischen Personen beschaffen sein muß, die zur Entwicklung von interaktiver Kreativität in der Lage sind, antwortet er: „Nun ja, vor allem müssen die geistigen Haltungen harmonieren. Dazu gehört eine gewisse Übereinstimmung in der Denkungsart, eine gewisse Offenheit, Empfänglichkeit, eine eher positive als negative Einstellung. Eine gegenseitige Bestätigung. Das zeigt sich in Form eines Konsens, einer Versöhnung der Unterschiede, die entstehen, wenn man sich auf eine neue Vision oder Wahrnehmung einläßt." (Csikszentmihalyi, S. 404 f.)

Interessant an diesen Äußerungen sind vor allem zwei Aspekte: Zum einen glaubt Salk, daß man Verfahren entwickeln kann, um interaktive Kreativität zu fördern, und zum andern sieht er die Chance, sich auch über die Grenzen von Domänen und persönlichen Vorstellungen hinweg zu treffen. Wie wir weiter unten sehen werden, beschreibt Salk hier ein Phänomen, das wir aus *Zukunftswerkstätten* und *Zukunftskonferenzen* kennen. Es handelt sich um das, was der Managementexperte Marvin Weisbord (1992) in seinem gleichnamigen Buch als „Discovering the Common Ground", die *Entdeckung des gemeinsamen Grundes* bezeichnet. Eröffnet man vielfältig zusammengesetzten Gruppen einen freien Raum zur Entwicklung von visionären Zukunftsvorstellungen, wie wir das in Hunderten von Workshops getan haben, so macht man die überraschende Erfahrung, daß sich in den Visionen über unterschiedlichste Gruppen hinweg, ein konstanter *Gemeinsamer Grund* an verbindenden Vorstellungen erkennen läßt.

Oft sind die Teilnehmer solcher Veranstaltungen tief berührt über die Erfahrung, daß es über Weltanschauungs-, Disziplinen-, Nationalitäts- und Altersgrenzen hinweg möglich ist, zu gemeinsamen Visionen zu gelangen. Voraussetzung ist allerdings, daß bestimmte Rahmenbedingungen, die für das Entstehen von Kreativen Feldern günstig sind, vorliegen. Wie wir am Beispiel der Beatles gesehen haben, geht es in der interaktiven Co-Kreativität nicht darum, seinen Standpunkt durchzusetzen, sondern sich im Sinne eines herausfordernden Dialogs gegenseitig so anzuregen, daß ein Erkenntnissprung möglich wird, der aus dem gemeinsamen Grund der Beteiligten gespeist wird. Genau diese begeisternde *Flow-Erfahrung* habe ich sowohl in der Arbeit im Team wie auch in der Arbeit mit großen Gruppen machen können, denen wir mit *Verfahren der prozeßorientierten Zukunftsmoderation* dazu verholfen haben, die Beiträge der anderen ernst zu nehmen und als Bereicherung zu begreifen.

Salk erläutert: „Jeder Dialog, wie der, den wir beide jetzt führen, hat etwas von diesem Charakter. Da ist die Tendenz, einander herauszulocken, die besten oder kreativsten Aspekte im Denken oder den Denkabläufen des anderen zum Vorschein zu bringen. Bei dieser Form der Interaktion hilft jeder Teilnehmer dem anderen, das zu erkennen, was er selbst sieht. Genau das brauchen wir in unserer heutigen Welt, damit wir lernen, Unterschiede zu versöhnen und Konflikte zu lösen, damit wir besser verstehen, wofür unsere Glaubenssysteme stehen und wie wir Glauben und Wissen in Einklang bringen können." (Csikszentmihalyi 1997, S. 404)

Salk bestätigt hier meine Thesen, die dem überzogenen Geniekult widersprechen. Wer etwa Gardners Untersuchung kreativer Genies genauer liest und sich mit den Lebensläufen der „Schöpfer der Moderne" (Einstein, Picasso etc.) beschäftigt, wird feststellen, daß auch ihre kreativen Durchbrüche letztlich auf verschiedene Spielarten interaktiver, synergetischer Kreativität bzw. der Co-Kreativität zurückzuführen sind. Bei schöpferischen Akten spielt immer auch ein Moment der produktiven Konkurrenz eine Rolle, die wir bei Lennon & McCartney entdeckt haben und die Salk einleuchtend begründet. Gardners Darstellung der Entwicklung des Kubismus durch die intensive Zusammenarbeit und Auseinandersetzung Picassos mit seinem Widerpart Braque spricht hier eine deutliche Sprache. Und was hätte Freud ohne Breuer zustande gebracht? Diese Fähigkeit zu kreativer Konkurrenz zeichnet nicht nur Gardners „Schöpfer der Moderne" aus. Wer z. B. die Biographie Heisenbergs aus dem Blickwinkel des Kreativen Feldes liest, der stößt auf zahlreiche Belege, die zeigen, daß er seine berühmte Unschärferelation wohl kaum hätte entwickeln können, wenn er nicht in der Lage gewesen wäre, zahlreiche Freundschaften einzugehen, in denen intensiv gestritten wurde und in denen er auch die Fähigkeit zur kreativen Konkurrenz mit Niels Bohr erwarb.

Syntopie – eine neue Denk- und Arbeitsweise

Ernst Pöppel (1996, S. 13), ein Wissenschaftssoziologe, der eine interdisziplinäre Konferenz zum Thema „Schnittstelle von Gehirn und Computer" mitorganisiert hat, entwickelt Gedanken, die uns an Jonathan Salks Traum von kollektiver Kreativität erinnern und die die oben skizzierten Forderungen für eine neue Kommunikationskultur in der Wissensgesellschaft auf die Praxis beziehen.

„Wir haben erkannt, daß traditionell geprägte Disziplinen mit ihren theoretischen Gebäuden und ihrem typischen Methodenarsenal allein nicht mehr hinreichend sind, um wesentliche Fragen anzugehen, die uns heute bewegen. Denkweisen und methodische Zugänge verschiedener Disziplinen müssen zusammenkommen – und dies nicht in additiver, sondern in kreativer Weise – um geistiges Neuland betreten oder dieses schaffen zu können.

Dieser paradigmatische Wechsel bei der geistigen Durchdringung neuer Herausforderungen ist so bedeutsam, daß man ihn durch ein neues Wort kennzeichnen sollte, das die neue Denk- und Arbeitsweise erfaßt." (Pöppel 1996, S. 13)

Wie könnte eine treffende Bezeichnung für den Sprung *von der additiven zur kreativen Wissensfusion* lauten? Pöppel schlägt *Syntopie* vor, weil es besser als „Interdisziplinarität" ausdrückt, daß nicht nur methodisch über Fachgrenzen hinweg, sondern auch inhaltlich auf neuartige Weise zusammengearbeitet wird. Es folgt ein anschauliches Beispiel, in dem er anhand der Untersuchung der Frage, was beim Lesen geschieht, zeigt, daß diese Frage nur in Zusammenarbeit von Molekularbiologen und Chemikern, Anatomen, Physikern, Optikern, Physiologen, Sprachwissenschaftlern, Phonetikern, Entwicklungsbiologen sowie Neurologen und Neuropsychologen annähernd angemessen untersucht werden kann. Natürlich dürfen auch Psychologen, Pädagogen und sogar Philosophen nicht fehlen. Spätestens hier erleben wir den Abschied vom Einzelgenie/Einzelexperten und stellen fest, daß wir vor der Herausforderung stehen, *neue Sprachen und Begegnungsräume* zu erfinden, die ein disziplinenübergreifendes Verständnis ermöglichen.

Vielleicht ist das Jazzband-Modell, das ich in der „Individualisierungsfalle" als Führungsmodell der Zukunft charakterisiert habe (Burow, S. 18 ff.) und das ich im folgenden Abschnitt detailliert beschreiben werde, ein erfolgversprechendes Modell dafür, wie wir in der vielfältigen Verschiedenheit gemeinsam über ein Thema „improvisieren" können, so daß wir die „Melodien des Universums" entschlüsseln können. Für viele wird es eine Überforderung darstellen, wenn sie die sicheren Geländer der Fachdisziplinen loslassen müssen, um über den syntopischen Steg, der bisweilen ein schwankender ist, zu neuen Ufern aufzubrechen. Allerdings bietet sich dabei auch eine Chance, aus dem szientistischen Gefängnis eines verbreiteten Methodenmonismus (Gebhardt 1992) auszubrechen. Wenn wir dabei verstehen lernen, daß gemeinsam verantworteter Wandel, Neuschöpfung, Zerstörung des Überkommenen normale Bestandteile des evolutiven Prozesses sind, werden wir vielleicht gelassener mit solchen Revolutionierungsprozessen umgehen können und neue oder ungewöhnliche Ideen weniger als verunsichernde Provokation ansehen, die es zu bekämpfen gilt, sondern eher als interessanten Denkanstoß für die Erweiterung unseres Wahrnehmungs- und Gestaltungsraums.

Das Beispiel der Beatles zeigt, daß hier durch Grenzüberschreitungen nicht nur eine neue Musik, sondern auch ein veränderter Lebensstil kreiert wurde, der sich nicht zuletzt auch in dem von ihnen gestalteten Kreativen Feld ausdrückte. Offenbar waren sie intuitiv in der Lage, einige der Regeln der Lehre vom Zusammenwirken zu befolgen. Damit sind sie so etwas wie Pioniere einer Syntopie im Bereich von Musik und Lebensstil.

Die Jazzband – Beispiel für ein Kreatives Feld?

Salks Vision zeichnet die Umrisse eines Kreativen Feldes in den Wissenschaften. Wie ich im ersten Band ausführlicher beschrieben habe, kann man einige Aspekte des *Charakters eines Kreativen Feldes* auch anhand des *Jazz-Band-Modells* verdeutlichen: In einer „guten" Jazzband kommen sehr unterschiedlich profilierte Persönlichkeiten zusammen, die Experten auf ihrem Instrument sind. Ohne Dirigent improvisieren sie über ein gemeinsam gewähltes Thema und kreieren, wenn sie erfolgreich sind, etwas Neues. Natürlich müssen sie ihr Instrument beherrschen, aber es ist nicht notwendig, daß die einzelnen Musiker überragende Virtuosen sind. Viel wichtiger ist es, daß sie in der Lage sind, auf die anderen zu hören, mit ihnen einen Dialog aufzunehmen, mitzuschwingen, Themen aufzugreifen, zu variieren, sich zur richtigen Zeit zu exponieren und wieder zurückzunehmen. Hierzu gehört auch, daß die Bandmitglieder im Hier-und-Jetzt des Musizierens, in ihrer Musik vollständig aufgehen, daß sie gewissermaßen in Trance, ohne innere Widerstände und Reibungen mit ihrer Musik mitschwingen. Dieses *Phänomen der vollständigen Hingabe an eine kreative Tätigkeit* ist von vielen Autoren unterschiedlich beschrieben worden. Mihaly Csikszentmihalyi spricht von „flow", also „fließen", Friedrich Copei vom „fruchtbaren Moment", Paul Goodman vom „Kontaktvollzug", der dadurch gekennzeichnet sei, daß man etwa beim Musizieren „ganz Ohr" sei oder beim Betrachten „ganz Auge" und die Welt um einen herum in den Hintergrund zurücktrete. Diese totale Konzentration bewirkt auch, daß man das Gefühl für die verstrichene Zeit verliert. Es kann so etwas wie ein „kreativer Rausch" entstehen, in dem die gewohnten Strukturen von Zeit und Raum nur noch eine nachgeordnete Rolle spielen. Es scheint sich so zu verhalten, daß der kreative Akt ein zeitweiliges Außerkraftsetzen der gewohnten Routinen und Strukturen voraussetzt.

Wenn der kreative Prozeß gelingt, entsteht etwas, das man in der Musik als „Groove" oder „Swing" bezeichnet. Es entsteht eine unerklärliche Schwingung; die Individuen sind in ihrer Kreation auf eine so unerhörte Weise vereint, daß die Jazz-Band mit ihrem Stück von den Zuhörern als einheitliche „Gestalt" wahrgenommen wird und sich diese kreative Vereinigung sogar auf das Publikum überträgt. Der Begriff „Einheitliche Gestalt" hat zwei Seiten. Auf der einen Seite besagt er, daß die normalerweise zersplitterten und individuell akzentuierten Wahrnehmungsmuster der Beteiligten so fokussiert sind, daß alle etwas Ähnliches wahrnehmen. Für alle wird die Konzentration der groovenden Musiker auf ein gemeinsames Thema so anziehend, daß sie in den Vordergrund der Wahrnehmung tritt und als herausragendes Phänomen wahrgenommen wird. Es scheint so, daß alle Zuhörer, obwohl sie doch so verschieden sind, plötzlich etwas Ähnliches sehen. Auf der anderen Seite bedeutet „einheitliche Gestalt", daß die Musiker nicht mehr als Einzelpersonen wahrgenommen werden, sondern zu einem faszinierenden Kreativen Feld verschmelzen. Es handelt sich gewissermaßen um ein Kreatives Feld „in statu nascendi", im Moment des Entstehens. In „Echtzeit" können alle Beteiligten im Hier-und-Jetzt erleben, wie aus der Begegnung Neues entsteht. Ja, da die Musiker sich auch für die Einflüsse des Publikums öffnen, Resonanzen aufgreifen und verstärken, entsteht in der Tendenz so etwas wie ein *„vereinheitlichtes Feld"*.

Die „Schwingung" breitet sich aus, ergreift fast jeden. Es entsteht „Synergie" und die Rolle der zunächst noch passiven Zuhörer wandelt sich nach und nach so, daß sie selbst zu Mit-Schöpfern und aktiven Teilen des Kreativen Feldes werden. Feldtheoretisch könnte man mit Lewins Begriffen sagen (Burow 1999, S. 57 ff.), daß es den Musikern gelungen ist, die Valenzen der Zuschauer zu synchronisieren und *einen als einheitlich erlebten Wahrnehmungsraum* zu schaffen. Den Musikern ist es gelungen, eine Gruppe von zufällig zusammengekommen Individuen zu einem einheitlichen Feld zu organisieren, die Einzelbestrebungen auf ein gemeinsames Ziel hin auszurichten und damit ein Feld gegenseitiger kreativer Anregung und Konzentrierung zu erzeugen.

Die Fähigkeit zu einer solchen Fokussierung unterschiedlicher Bestrebungen ist übrigens auch das Geheimnis erfolgreicher, charismatischer Unternehmensführer, die solche Wirkungsmechanismen für ihre Unternehmensziele zu nutzen versuchen. Jack Welch beispielsweise, der von vielen unkritisch bewunderte, von anderen gehaßte Chef des Erfolgskonzerns General Electric, versteht es beispielsweise, seine Mitarbeiter – wenngleich mit z. T. sehr problematischen Konsequenzen – zu einer Art groovenden Band zu vereinen, in deren Zentrum allerdings das unerbittliche Ziel steht, auf jedem nur denkbaren Weg Profit zu machen.

In einer Jazzband wie in einem echten Kreativen Feld geht es im Gegensatz dazu nicht um eine Funktionalisierung für fremdbestimmte Ziele. Wichtig scheint für alle Beteiligten hier ein Prozeß der gegenseitigen Anregung und Herausforderung zu sein, bei dem auch das scheinbar passive, zuhörende Publikum eine wichtige Rolle spielen kann. Die Interaktion ist in diesen Fällen durch an- und abschwellende Energiekurven gekennzeichnet, in denen sich sowohl die Musiker untereinander wie auch das Publikum die Musiker herausfordern und ganz im Sinne von Salks Traum das Beste aus sich hervorzulocken suchen. Brillanten Musikern gelingt es nicht nur, miteinander über ein Thema zu improvisieren und immer neue überraschende Wendungen zu schaffen, sondern auch das Publikum selbst in den Akt des gemeinsamen Schaffens mit einzubeziehen. So entsteht etwas, das ich als erweitertes „Kreatives Feld" bezeichnen möchte, das in Richtung auf die weiter unten analysierte Netzwerk-Kreativität hindeutet. Der Effekt des Feldes zeigt sich darin, daß die Potentiale, die in einem Feld vorhanden sind, so aufeinander ausgerichtet wurden, daß sie nicht gegeneinander laufen, sondern einander verstärken. In extremen Fällen hat man im Fall der Jazz-Band den Eindruck, daß die Band und das Publikum sich in einer gemeinsamen Schwingung vereinen, und es kann zu jenem schon oben beschriebenen Resonanzphänomen kommen.

Für Musiker und Zuhörer ist diese Erfahrung gleichermaßen ein *befriedigendes „Gipfelerlebnis"*. Alle spüren, daß hier etwas Außergewöhnliches geschieht. Das Außergewöhnliche dieses Ereignisses zeigt sich nicht nur in der vollen Konzentration und der hohen persönlichen Beteiligung im Hier-und-Jetzt des kreativen Aktes, sondern auch in den bleibenden Nachwirkungen. So werden derartige Ereignisse in der Regel nicht vergessen und gehören zu den persönlich bedeutsamsten Erlebnissen im Leben eines Menschen.

Nun dringen nur wenige Bands und sonstige Künstler zu solchen Gipfelerlebnissen kollektiver Kreativität bzw. Co-Kreativität vor. Viel häufiger dürfte die Erfahrung sein, daß die Koordinierung der verschiedenen Faktoren nur unzureichend gelungen ist, sei es, daß die Musiker nicht optimal zusammenpassen, daß sich die Auftrittsumgebung als ungeeignet erweist oder das gewählte Thema zu unergiebig. Kreative Prozesse sind sensible Gebilde, die höchst störanfällig sind. Dennoch kann das Wissen um wesentliche Faktoren, die das Zustandekommen eines kreativen Prozesses wahrscheinlicher machen, eine nicht zu unterschätzende Hilfe bei der gezielten Schaffung eines erfolgversprechenden Rahmens für Kreativität sein. Und genau darum geht es, wenn wir in der sich abzeichnenden Wissensgesellschaft neue Begegnungsräume zur Wissensfusion schaffen wollen. Erfolgreiche syntopische Kongresse im Sinne Pöppels müßten nach dem Jazzband-Modell organisiert werden. Mit der Open Space Technology, die ich weiter unten vorstelle, haben wir schon ein geeignetes Verfahren, das zu vielversprechenden Experimenten einlädt.

Ein Fazit dieser Überlegungen ist: In vielen unserer Institutionen, die dringend auf die Freisetzung von Kreativität angewiesen wären, wird nicht oder zu wenig über die Möglichkeit der zielgerichteten Schaffung von kreativen Feldern reflektiert; Feldern also, in denen nicht nur die zersplitterten und häufig gegeneinander laufenden Kräfte auf ein gemeinsam geteiltes Ziel ausgerichtet werden, sondern in denen auch ein offener, aber stützender Rahmen zum synergetischen Experimentieren über Disziplin-, Fach- und Hierarchiegrenzen hinweg gegeben ist. Wir müssen erst lernen, wie wir freie Räume schaffen können, die das Entstehen kollektiver Kreativität in Selbstorganisation ermöglichen. In unserer Kultur sind wir zu sehr auf die Herausarbeitung von Unterschieden und bewertendem Vergleichen und auf eine vermeintlich einzig „richtige" Vorgehensweise fixiert. Leider haben wir kaum gelernt, uns darauf zu konzentrieren, die positiven Potenzen freizusetzen, die im freien Spiel der improvisierenden Egos entfaltet werden und die zur überraschenden Entdeckung eines Gemeinsamen Grundes führen können, der uns alle verbindet.

Transfer:
1. Versuchen Sie sich konkret an Situationen zu erinnern, in denen Sie eine solche befriedigende Ausrichtung der Energien eines sozialen Feldes erlebt haben. Was war Ihr Anteil?
2. Wo waren sie Teil von Synergie- bzw. Team-Kreativität? Wie erging es Ihnen dabei? Was war Ihr Part?
3. Überlegen Sie: Was könnten Sie tun, um solche Situationen in Ihrem beruflichen/privaten Feld aktiv herbeizuführen?

Kreativität als Evolution der Meme

Salk bleibt nicht bei einer isolierten Betrachtung von Formen der Co-Kreativität stehen, sondern geht noch einen Schritt weiter, indem er ihren Stellenwert im Gang der Evolution betrachtet. Co-Kreativität erscheint aus dieser Perspektive als ein *Erfolgsprinzip der Evolution,* auf das wir jetzt in der kulturellen Evolution zurückgreifen. Salk zufolge haben wir nämlich in der menschlichen Entwicklung eine Stufe erreicht, in der die *„Evolution von Memen"* – ein Begriff, den der Evolutionsbiologe Richard Dawkins prägte – eine viel entscheidendere Rolle für unsere Zukunft spielt als die genetische Evolution.

Salk schreibt: „Wir leben, weil es den Organismen, die unsere

Gene in der Vergangenheit transportiert haben, gelungen ist, sie bis zum heutigen Tag von einer Generation an die nächste weiterzugeben. Aber nicht nur Gene werden weitergegeben, sondern auch Meme, das heißt Verhaltensmuster, Wertvorstellungen, Sprachen und Technologien. Die in den Memen enthaltenen Informationen werden nicht durch chemische Instruktionen in den Chromosomen überliefert, sondern durch Nachahmung und Lernen. Wenn Sie lernen, wie man die Melodie von ‚Greensleeves' pfeift, wie man einen Schnürsenkel bindet oder wie der Text der Unabhängigkeitserklärung lautet, sind Sie ein Teil des Ausleseprozesses, durch den bestimmte Meme weitergegeben werden." (Salk 1995, S. 123)

Csikszentmihalyi spricht von einer „soziokulturellen" oder „mimetischen" Evolution, die dabei sei, weite Teile der genetischen Evolution abzulösen. Dabei sei zu beachten, „... daß sich das Gesetz des Dschungels, ‚fressen oder gefressen werden', das wir mit der natürlichen Auslese verbinden, bei der Auswahl und Weitergabe von Memen auf ganz ähnliche Weise wiederholt." (Csikszentmihalyi, S. 125)

Nicht nur Memproduzenten, sondern auch die Meme selbst konkurrieren demnach um die Vorherrschaft. Wobei wir wieder bei Bourdieus soziologischer Feldtheorie angelangt sind, der uns – wie ich in meinem Buch „Die Individualisierungsfalle beschrieben habe (S. 82 ff.) – als konkurrenzorientierte Spieler auf einem gesellschaftlichen Spielfeld sieht. Das „kulturelle Kapital" Bourdieus könnte man also auch als eine Form von *„Memkapital"* betrachten, mit dem wir nicht nur unseren aktuellen sozialstrukturellen Standort behaupten, sondern uns auch eine Stellung in der Evolution der Meme zu sichern suchen. Allerdings betrachten verschiedene Autoren solche „sozialdarwinistische" Evolutionsauffassungen als zu vereinfachend. Wie wir gesehen haben, spielen in der Co-Kreativität neben Ausleseprinzipien vor allem synergetische Prinzipien des Zusammenwirkens eine wichtige Rolle. *Mehr ist anders* und *Vielfalt ist Einfalt überlegen*. Diese Relativierung bedenkend möchte ich zunächst folgende These festhalten: *Kreative Prozesse zielen in einem Wettstreit auf die Neuschöpfung von Memen im Dienste der metabiologischen bzw. kulturellen Evolution* *ab. Unser Überleben in der Wissensgesellschaft wird davon abhängen, wie gut es uns gelingt, konstruktive co-kreative Prozesse der Mem-Produktion zu organisieren.*

Kreativität und Gesellschaft

Nicht nur Synergiepartner zu denen man in kreativer Konkurrenz steht, sondern auch soziale und kulturelle Umgebungen stellen zu bestimmten Zeiten drängende Fragen an wache Zeitgenossen. Einzelne oder Gruppen fühlen sich in besonderer Weise aufgefordert, Lösungen für aktuelle Fragen zu finden. Insofern kann man vielleicht sogar davon sprechen, daß sich die jeweilige Zeit und das jeweilige Feld diejenigen Exponenten *sucht,* die für die kreativen Lösungen besonders geeignet sind. *Das Feld organisiert sich sein Lösungspotential selbst.* Ähnlich einem Magnetfeld scheinen hier Anstoßungs- und Anziehungskräfte zu wirken, die dafür sorgen, daß bestimmte Konstellationen ausgebildet und bestimmte Fragestellungen aufgegriffen werden. Dies bezieht sich aber nicht nur auf das unmittelbare soziale Umfeld, sondern auch auf gesamtgesellschaftliche Bereiche.

So gilt für Lennon & McCartney wie für Jobs & Wozniak, daß sie nicht nur über die Fähigkeit verfügten, auf persönlicher Ebene zwischenmenschliche Synergie bzw. Co-Kreativität zu realisieren und so bezogen auf ihre soziale Beziehung ein Kreatives Feld zu schaffen, sondern daß sie darüber hinaus fähig waren, sich für die zunächst noch diffusen Impulse sich abzeichnender gesellschaftlicher Umwälzungsprozesse zu öffnen. Erst mit dieser Öffnung ergab sich auch die Chance, ein massenwirksames Kreatives Feld zu generieren. So war die Musik der Beatles nicht nur Ausdruck persönlicher Vorlieben ihrer Schöpfer, sondern zugleich auch eine Antwort auf verkrustete Verhältnisse der Gesellschaft des Kalten Kriegs und entsprechende kulturelle Erstarrungen. Sie erfanden mehr als eine neue Musikrichtung: sie waren Vorreiter auf der Suche nach einem neuen Lebensstil, der mit überholten Tabus brach und das Fenster zu neuen Lebensentwürfen öffnete.

Auch die Erfindung des Apple-PC, auf dem ich diese Zeilen gerade schreibe, kann nicht auf eine technologische Innovation reduziert werden. Der kleine, handliche Mac auf dem Schreibtisch eines Computer-Freaks war zugleich auch Ausdruck des Bedürfnisses, das Monopol des Datenverarbeitungsgiganten IBM zu sprengen und einen „Volkscomputer" zu entwickeln. Diese demokratische Vision eines multimedialen, unkontrollierbaren, für jeden erschwinglichen und zugänglichen Gestaltungsinstruments hat die Vorstellung seiner Erfinder mit der explosionsartigen Ausbreitung des Internets längst überholt. Die Welt ist durch die massenhafte Vervielfältigung des netzwerkfähigen Personalcomputers längst eine andere geworden. Insofern haben unsere Musikschöpfer und PC-Erfinder mit ihren Kreationen Antworten auf zentrale gesellschaftliche Herausforderungen gefunden, die sich nicht auf die Erfindung einer neuen Musikrichtung und eines neuen technischen Geräts reduzieren lassen, sondern die die kulturelle Evolution unserer Gesellschaft insgesamt geprägt haben. Auf ihre je eigene Weise wurden Lennon & McCartney, Jobs & Wozniak sowie Allen & Gates zu Agenten gesellschaftlichen Wandels. Diese erstaunlich weitreichende Wirkung war diesen aufgeweckten Jugendlichen nur möglich, weil sie an die Wahrnehmung und Befriedigung ihrer eigenen Bedürfnisse anknüpften und so neue Ausdrucksformen finden konnten, die auf ein gesellschaftlich sich entwickelndes Bedürfnis trafen.

Mit ihren feinen Antennen für die sich verändernden gesellschaftlichen Bedürfnisse und Vorstellungen nahmen sie die „Schwingungen" wahr und wurden selbst zu *Resonanzkörpern* und *Verstärkern* zugleich. So kamen sie in die überraschende Lage, den letzten Anstoß für *einen sich selbst verstärkenden Umwälzungsprozeß* geben zu können. Sie wurden also von einer Frage- bzw. Problemstellung, die in ihrem sozialen und kulturellen Umfeld entstanden war, angestoßen, gaben ihr eine bestimmte Färbung und Richtung, die nun im Sinne der *Rückkoppelung* auf sie selbst katalytisch zurückwirkte und sich zu einem sich selbst verstärkenden Wandlungsprozeß ungeahnter *Energiefreisetzung* aufschwang. Wie konnte diese erstaunliche

Wirkung erreicht werden, wenn doch der Ausgangspunkt zunächst nur darin bestanden hatte, entweder das eigene Lebensgefühl musikalisch auszudrücken oder seinem Wunsch nach einem eigenen Computer nachzugehen?

Das vereinheitlichte Feld

Vielleicht kann das Phänomen der *Eigenfrequenz* – auch wenn diese Idee auf den ersten Blick abwegig erscheinen mag – einen weiteren Wirkungsmechanismus beleuchten. Ich habe bereits im Kapitel „Das Geheimnis der Resonanz" auf folgendes Phänomen hingewiesen: Wenn wir einen Finger befeuchten und mit kreisenden Bewegungen über den Rand eines feinen Glases streichen, hören wir plötzlich ein lauter werdendes Summen, das sich immer mehr verstärkt, so daß das Glas sogar zersplittern kann. Eine Ursache für dieses Phänomen ist, daß hier die einzelnen Kräfte so aufeinander ausgerichtet bzw. koordiniert und zum gleichgerichteten Mitschwingen angeregt werden, daß sie wie eine einzige zielgerichtete Kraft zusammenwirken und schließlich eine Wirkung erzeugen, die stärker ist als die Summe der Einzelkräfte. Eine Wirkung also, die George Martin beim erstmaligen Hören der Musik der Beatles intuitiv erfaßte.

Meine These ist nun, daß erfolgreiche kreative Schöpfer ähnliche *Koordinierungsleistungen* vollbringen, wie sie bei dem physikalischen Phänomen der Eigenfrequenz entstehen. Brachten Lennon & McCartney nämlich in ihrer Domäne mit ihren Mitteln das Lebensgefühl einer Generation zum Ausdruck, die gegen eine dysfunktional gewordene Ordnung rebellierte, so verhalfen Jobs & Wozniak den Bestrebungen einer Jugend zum Durchbruch, die gegen die Vormachtstellung des Computergiganten IBM einen eigenen Einfluß auf die Gestaltung der Technik geltend machen wollte, indem jeder seinen eigenen Computer besitzen und nutzen konnte. Zugleich waren sie aber Bestandteil übergreifender gesellschaftlicher Kräfte, die nach neuen Modellen des Lebensstils und der Informationsverarbeitung suchten. Die Zeit der sparsamen Nachkriegsgesellschaft ging zu Ende, und in der expandierenden Massenproduktionsgesellschaft war eine hedonistische Kultur des Konsumierens angesagt, der die Beatles, ohne es zu wissen, den Weg freimachten. Ebenso waren Jobs und Wozniak die Totengräber einer Top-Down-Kultur, in der nur wenige Experten das Monopol für den Umgang mit komplizierten Datenverarbeitungsmaschinen besaßen. Der einfach zu handhabende PC bot sich als billiges und massenwirksames Instrument an, um den Umgang mit explodierenden Datenmengen vergleichsweise billig und dezentral zu ermöglichen.

Beiden „Kreativitätspaaren" ist also gemeinsam, daß es ihnen nicht nur gelang, für sich selbst neue Ausdrucks- und Gestaltungsformen zu schaffen, sondern daß sie damit zugleich massenhaft vorhandene Bedürfnisse aufgriffen, formten und weiterentwickelten. Wenn man so will, war das gesellschaftliche Feld *reif* für ihre Schöpfungen. Ihre eigenen Bedürfnisse befanden sich in Übereinstimmung mit grundlegenden gesellschaftlichen Trends. Vielleicht kann man sogar sagen, daß das gesellschaftliche Feld Impulse aussendete, die das Schaffen einer neuen Musik und des damit verbundenen Lebensstils sowie eines neuen technischen Mediums und des damit verbundenen veränderten Umgangs mit Daten anregte.

Zwingt die Wissensgesellschaft zu Co-Kreativität?

Es gehört keine große prophetische Gabe dazu, vorauszusagen, daß dieser Form der Kreativität in der sich abzeichnenden Wissensgesellschaft die Zukunft gehören wird. In fast allen gesellschaftlichen Bereichen werden wir mit einer Komplexität der Probleme konfrontiert, die die Bewältigungskapazitäten Einzelner überfordert. Ob es sich um das Gewaltproblem an Schulen handelt oder um die Untersuchung von Marktpotentialen in der Modebranche: Einzelexperten sind mit der Entwicklung von neuen Fragestellungen und Problemlösungen überfordert. Wenn wir den komplexen Herausforderungen gerecht werden wollen, dann müssen wir nach Wegen suchen, wie wir das kreative Potential, das im jeweiligen Feld vorhanden ist, so erschließen können, daß die Betroffenen selbst zu Schöpfern werden. Hierzu bedarf es neuartiger Formen der Zusammenarbeit, die vom Zusammenschluß von Synergiepartnern über Teams bis hin zur Organisation von Syntopischen Kongressen und Großgruppenkonferenzen reichen, in denen z. B. bis zu 1000 Mitarbeiter in zwei Tagen ihr ungenutztes Wissen hervorlocken und austauschen. *In der Wissensgesellschaft werden diejenigen erfolgreich sein, denen es gelingt, ihre Organisationen in Kreative Felder umzusetzen.*

Den Beatles, Jobs und Wozniak sowie Gates und Allen gelang dies eher intuitiv und zufällig. Doch angesichts der absehbaren Herausforderungen können wir die Nutzung von dringend benötigten kreativen Potentialen immer weniger dem Zufall überlassen. Die Wissensgesellschaft zwingt uns alle zu kollektiver Kreativität, weil wir immer weniger die Anforderungen bewältigen können, die sich aus dem schnellen Wandel und der anwachsenden Informationslawine ergeben. Informationen werden erst zu Wissen, wenn wir über persönliche Netzwerke verfügen, die uns helfen, Informationen zu verstehen, zu verknüpfen und zu bewerten. Was können wir also tun, um Kreative Felder zu schaffen, die es uns ermöglichen, in einer komplizierter werdenden Welt unsere schöpferischen Potentiale zu nutzen?

> „Man gibt immer den Verhältnissen die Schuld für das, was man ist. Ich glaube nicht an die Verhältnisse. Diejenigen, die in der Welt vorankommen, gehen hin und suchen sich die Verhältnisse, die sie wollen, und wenn sie sie nicht finden können, schaffen sie sie selbst."
>
> George Bernhard Shaw

Vor dem Hintergrund der einführenden Beispiele und der darauf aufbauenden Definition möchte ich nun in diesem Kapitel darstellen, welche Grundtypen von Kreativen Feldern bereits zu finden sind bzw. welche sinnvoll eingerichtet werden können. Ich unterscheide in Abhängigkeit von der gegebenen Komplexität folgende sieben Grundtypen:

Grundtypen Kreativer Felder

- Paar-Kreativität
- Team-Kreativität
- Netzwerk-Kreativität
- Virtuelle Kreativität
- Lernende Organisation als Kreatives Feld
- Haus der Zukunft als Kreatives Feld
- Kreativitätskreise

© Institut für Synergie und soziale Innovationen (ISI) 1999

Da sich diese Grundtypen mit konkreten Praxisformen, wie z. B. Zukunftswerkstätten, Zukunftskonferenzen und Open Space Foren, überschneiden, die ich in den Methodenkapiteln detailliert beschreibe, konzentriere ich mich hier auf die allgemeinen Aspekte. Was unterscheidet diese Felder, und wie kann man sie sich nun konkret vorstellen?

Paar-Kreativität

> „Die Ichs brauchen ein Wir, um zu sein."
>
> Amitai Etzioni

Die *einfachste Form* besteht in einer *dyadischen Synergie-Kreativität*, d. h. aus dem Zusammenschluß zweier unterschiedlicher Persönlichkeiten zu Kreativitätspaaren, denen es gelingt ihre unterschiedlichen Begabungen, Fähigkeiten und Fertigkeiten in einen gemeinsamen erfolgreichen Schaffensprozeß einzubringen. Als erfolgreich bezeichne ich die Wirkung eines Kreativen Feldes, wenn aus ihm ein oder mehrere kreative Produkte bzw. Ideen hervorgehen.

Wie Gardner in seiner Darstellung der Lebensläufe der „Schöpfer der Moderne" nachgewiesen hat, ist fast jedes kreative Genie auf eine enge, arbeitsbezogene Beziehung mit einem anderen Menschen angewiesen, dessen ausgleichenden bzw. ergänzenden Fähigkeiten für den kreativen Schaffensprozeß unersetzlich sind. Allerdings ist eine lebenslang enge Bindung eher selten, und die Biographien sind voll von dramatischen Brüchen und Trennungen. Nicht selten geschieht es, daß geniale Schöpfer den Anteil ihrer Partner völlig „vergessen". So unterschlug z. B. der Begründer der Gestalttherapie Fritz Perls in den späteren Auflagen seines grundlegenden Werkes „Das Ich, der Hunger und die Aggression", daß er dieses Buch mit seiner ehemaligen Frau Laura Perls verfaßt hatte. Häufig kann auch ein enges Arbeitsbündnis in enttäuschte Liebe und sogar Haß umschlagen, wie der spätere Verlauf der Beziehung Lennon & McCartney zeigt.

Es scheint zum Wesen des auf Erneuerung abzielenden kreativen Prozesses zu gehören, daß solche Liaisonen nur eine *begrenzte Zeit* Bestand haben. Das Beispiel Picassos zeigt eine andere – laut Gardner durchaus auch für andere Schöpfer typische – Variante: Mit zunehmenden Alter nutzte der Künstler eine Reihe von jüngeren PartnerInnen aus, in der Hoffnung, sich so seine versiegende Kreativität bewahren zu können. Auch von Berthold Brecht ist bekannt, daß er sich ein Feld von SynergiepartnerInnen geschaffen hatte, die er in einen kollektiven Schöpfungsprozeß einband, die er ignorierte oder gar im Stich ließ, als sie ihm nicht mehr bedingungslos zur Verfügung standen. Umgekehrt mußten sich einige von Freuds Schülern deutlich abgrenzen, um aus dem Schatten des übergroßen Vorbildes treten zu können.

Insgesamt scheint es ein Hierarchie-Problem in Kreativ-Partnerschaften zu geben: Wenn keine gleichberechtigte Struktur erzielt wird, in der das Verhältnis von Geben und Nehmen ausgeglichen ist, dann versiegt nicht nur die Kreativität, sondern zerbricht auch die persönliche Beziehung.

Das Beispiel Bill Gates und Paul Allen

> „Wir haben Glück gehabt,
> aber das Wichtigste war wohl unsere ursprüngliche Vision."
> Bill Gates

Im ersten Kapitel habe ich bereits auf die erstaunliche Dynamik hingewiesen, die in der erfolgreichen Synergiepartnerschaft von Bill Gates mit Paul Allen entstanden ist. In seinem Buch „Der Weg nach vorn" zeigt der Softwarepionier und Begründer von Microsoft, daß die frühe Freundschaft zu einem Synergiepartner für die Gestaltung des weiteren Lebensweges weit bedeutsamer sein kann als schulische Bildungsbemühungen.

„Ich hatte das Glück in einer Familie aufzuwachsen, in der die Kinder ermutigt wurden, Fragen zu stellen. Und als ich zwölf oder dreizehn war, hatte ich das Glück, mich mit Paul Allen anzufreunden. Kurz nachdem wir uns kennengelernt hatten, fragte ich Paul, woher das Benzin kommt. Ich wollte wissen, was es bedeutet, Benzin zu ‚raffinieren'. Ich wollte ganz genau wissen, wie Benzin ein Auto antreiben kann. Ich hatte ein Buch über das Thema gefunden, aber es war verwirrend. Nun war Benzin eines der vielen Themen, über die Paul Bescheid wußte, und er erklärte es so, daß es für mich interessant und verständlich war. Man könnte sagen, meine Wißbegierde hinsichtlich des Benzins sei der Treibstoff unserer Freundschaft gewesen.

Paul hatte immer eine Antwort auf Dinge, die mich neugierig machten (und außerdem eine tolle Sammlung von Science-Fiction-Büchern). Ich verstand mehr von Mathe als Paul, und ich wußte von allen, die er kannte, am besten über Software Bescheid. *Wir waren füreinander so etwas wie interaktive Quellen.*

Wir stellten uns gegenseitig Fragen und gaben einander Antworten, wir zeichneten Diagramme oder machten uns auf Informationen aus verwandten Gebieten aufmerksam. Wir forderten uns gern gegenseitig heraus und stellten uns mit Begeisterung auf die Probe." (Gates 1995, S. 279)

Diese Schilderung der Zusammenarbeit erinnert an das Prinzip der kreativen Konkurrenz, das ich weiter oben aus der Zusammenarbeit von Lennon und McCartney herausgearbeitet habe. Anscheinend gehen von frühen Freundschaften, die von einer gemeinsamen Vision getragen werden, erstaunliche Kreativitätspotentiale aus: Auf der Basis einer toleranten Beziehung gelingt es Jugendfreundschaften häufig, ein Spannungsverhältnis aufzubauen, das bewirkt, daß bei beiden unentdeckte kreative Potentiale wachgerufen werden. Dieses gegenseitige Hervorlocken findet in einem offenen Raum statt, in einem sich selbst organisierenden gemeinsamen Wachstumsprozeß und entspringt nicht etwa pädagogischer Lenkung. Die Partner wählen sich selbst diejenige Person, die am besten die eigenen Lücken zu ergänzen und damit die eigene Entwicklung zu fördern verspricht. Auf diese Weise entstehen *sich selbststrukturierende Entwicklungsfelder,* die häufig genug den pädagogisch-didaktischen Arrangements institutionalisierter Bildungsprozesse überlegen sind.

Der Lebenslauf Bill Gates ist ein aufschlußreiches Beispiel dafür, wie die frühe Bildung einer dyadischen Synergiepartnerschaft dazu beitragen kann, daß jeder der beteiligten Partner, ohne unnötige Kraftanstrengungen, sein eigenes Potential entfalten kann. Lernen geschieht hier fast beiläufig und im „flow". Mehr noch. Da beide das machten, was ihnen leicht fiel, was sie faszinierte, was sie brennend interessierte, verließen sie rechtzeitig das für sie anti-kreative Feld öffentlicher Bildungsinstitutionen. In der Schule stießen sie zwar auf einen ersten simplen Schulcomputer, der ihr Interesse weckte, *doch ihr wirkliches Interesse war nicht Bestandteil des offiziellen Lehrplans:*

„Meine Eltern zahlten für mich das Schulgeld in Lakeside und gaben mir Geld für Bücher, aber die Rechnungen für meine Computerzeit mußte ich selbst begleichen. Das brachte mich dazu, mich der kommerziellen Seite des Softwaregeschäfts zuzuwenden.

Einige von uns, darunter Paul Allen, bekamen einfache Software-Programmieraufträge. Die Bezahlung war für Schüler außergewöhnlich – jeden Sommer an die 5000 Dollar, teils in bar und teils in Rechenzeit. Mit einigen Firmen kamen wir außerdem überein, daß wir ihre Computer umsonst benutzen durften, wenn wir Probleme in ihrer Software lokalisierten." (Gates, S. 30)

Außerhalb der Institution machten sie sich daran, *ihr persönliches Kreatives Feld* aufzubauen, indem sie ihre beiden unterschiedlichen Fähigkeitsprofile miteinander koordinierten: Gates & Allen bauten ihren ersten Computer, der sich allerdings als Fehlschlag erwies: „Trotz der Enttäuschung waren wir nach wie vor überzeugt, daß unsere Zukunft, wenn sie auch nicht in der Hardware liegen sollte, dennoch etwas mit Mikroprozessoren zu tun haben würde."

Sie geben aber nicht auf, weil sie ein *gemeinsamer Grund als soziale Energiequelle* verbindet: „Wir haben Glück gehabt, aber das Wichtigste war wohl unsere ursprüngliche Vision." (Gates, S. 38)

Die gemeinsame Vision bzw. der gemeinsame Traum als Kraftquelle dyadischer Synergiepartnerschaften läßt auch Rückschläge leichter verkraften und führt dazu, daß die Wahrnehmung der beiden auf das gemeinsame Ziel konzentriert wird. Zufällige Ereignisse werden so persönlich bedeutsam: „... Paul kaufte die Januar-Nummer von Popular Electronics ... Damit nahmen unsere Zukunftsträume Gestalt an." (Gates, S. 38)

Diese Zeitung berichtete über die Fortschritte der Prozessortechnik, und beide erkannten, daß sie jetzt handeln mußten: „1975 gab Paul seine Stelle als Programmierer auf, und ich ließ mich von Harvard beurlauben... Und so stürzte ich mich mit 19 Jahren ins Geschäftsleben..." (Gates, S. 38)

Dieses Beispiel zeigt: Eine auch in Krisen und trotz Rückschlägen gewachsene dyadische Synergiepartnerschaft stattet die Partner mit einer erstaunlichen Zukunftsgewißheit aus, die – als positive „self-fullfilling-prophecy" – hilft, das gemeinsame kreative Potential, die gemeinsamen „Energien" auf das Ziel zu konzentrieren. Die dabei entstehende *intuitive Zielgerichtetheit und Zielsicherheit* erhöht die Wahrscheinlichkeit, daß der gemeinsame Traum realisiert wird. Synergiepartnerschaften sind in diesem Sinne *soziale Kraftwerke*. Ein solches soziales Kraftwerk fungiert nicht nur als Kraftquelle für die Synergiepartner, sondern kann auch auf das umgebende Feld ausstrahlen. Das Synergiepaar wird so zum Kristallisationskern im Feld und zieht begabte Persönlichkeiten an, mit deren Hilfe sie erst ihre Vision Wirklichkeit werden lassen können.

Beide verlassen die vorgegebenen Wege einer sicheren Berufskarriere und gehen das Wagnis ein, etwas Neues zu schaffen. Als eine „Gefühlsansteckung" überträgt sich diese intuitive Erfolgszuversicht auf die MitarbeiterInnen, und die neu gegründete Firma wird zu einem Kreativen Feld, das durch die visionäre Kraft ihrer Gründer geprägt ist: „Wir waren zur rechten Zeit am rechten Ort. Wir waren als erste da, und unser Anfangserfolg gab uns die Möglichkeit, viele gescheite Leute anzuheuern." (Gates, S. 38)

Nun ist es uns nicht möglich hinter die Kulissen dieser hier aus Gates Sicht sicher idealisierend dargestellten Erfolgsgeschichte zu schauen. Für unsere Fragestellung scheint mir aber dieses Beispiel, für das sich leicht weitere finden lassen, zu zeigen, daß wir lernen sollten, unseren Blickwinkel so zu verändern, daß wir die Leistungen des Individuums nicht mehr überbewerten, sondern die *potentiellen Leistungen von sich selbst organisierenden Partnerschaften besser erfassen* und fördern können.

Kreativ-Partnerschaften brauchen Umgangsregeln

Allgemein kann man feststellen, daß solche engen Partnerschaften immer auch spannungsreich sind. Es besteht die Gefahr, daß Rivalitäten, Konkurrenzen sowie gegenseitige Abwertungsprozesse entstehen. Nicht zu selten beginnen die Partner dann, um den Anteil an ihrem kreativen Produkt zu streiten. In extremen Fällen werden sogar Partner ausgebootet. Sie gehen leer aus und müssen auch noch zusehen, wie ihr Ex-Partner die Früchte der gemeinsamen Arbeit erntet.

In anderen Formen der Co-Kreativität kann – auf der Grundlage gegenseitiger Akzeptanz – Konkurrenz um die beste Lösung fruchtbar sein. In erfolgreichen *konkurrenzorientierten Partnerschaften* wird auf der Sachebene konkurriert, während auf der Beziehungsebene gegenseitige Achtung und Vertrauen herrschen. Aufgrund dieser funktionierenden persönlichen Beziehung können Kritik, Verwerfen von Vorschlägen, Neuentwürfe usw. als produktive Impulse erfahren werden, die einen bei der optimalen Umsetzung des gemeinsamen Zieles weiterbringen. Die Erfahrung zeigt aber, daß die Partner sehr wachsam auf mögliche Verletzungen achten müssen und diese möglichst frühzeitig ansprechen sollten, um die gemeinsame Arbeitsbasis nicht zu gefährden.

Sicherlich könnte man solche Probleme und insbesondere verletzende Trennungsprozesse entschärfen, wenn man bei der bewußten Zusammenführung geeigneter Synergiepartner Formen des Konfliktmanagements trainiert (vgl. Glasl 1994). Ich halte sogar eine Art von *Kreativitätssupervision* (vgl. Pühl 1992) für hilfreich.

Meiner Erfahrung nach sollte man bei Beginn eines gemeinsamen kreativen Prozesses *eindeutige Vereinbarungen* treffen und ggf. auch schriftlich niederlegen, um von Anfang an klare Verhältnisse zu schaffen und die Verlockung, den anderen zu übervorteilen, gar nicht erst entstehen zu lassen. Da ein kreativer Prozeß oft tief an die Persönlichkeitsstrukturen der Beteiligten rührt, sind solche Beziehungen sensible Gebilde, die leicht scheitern können. Deshalb braucht man einen schützenden Rahmen. Dies muß man sich klarmachen, wenn man einen solchen Versuch unternimmt.

Es gibt einige *hilfreiche Regeln,* die Synergiepaare beachten sollten. So sollten die Partner sehr *unterschiedliche Fähigkeiten* repräsentieren, die sich optimal ergänzen. Und man sollte sich einigen, wen man noch zur Problemlösung heranziehen will. Gerd Binnig (1992) berichtet von einem ähnlichen Vorgehen und schildert, wie die Erfindung des Elektronentunnelrastermikroskops, für die er den Nobelpreis erhalten hat, erst durch die Begegnung sehr unterschiedlicher Persönlichkeiten in kreativen Partnerschaften und Teams möglich geworden ist.

Man sollte die *Ziele des Projektes klar umreißen* und *einen machbaren Zeitplan mit regelmäßigen Treffen* vereinbaren. Ebenso wichtig ist es, eindeutig festzulegen, *wer welchen Beitrag leisten soll und wie diese Beiträge honoriert werden*. Von zentraler Bedeutung ist die *Beziehungspflege*. Arbeitsbündnisse brauchen auch eine emotionale Grundlage. Insofern sind – auch außerhalb der Arbeitszusammenkünfte – gemeinsame Unternehmungen fruchtbar, denn sie verbinden beide. Vom Besuch von Vorträgen bis hin zu Reisen ist hier alles möglich. Das Arbeitsbündnis darf nicht in Arbeitsüberlastung ausarten, sondern muß *genügend Entfaltungsraum* für beide Seiten bieten.

Da dies nicht immer gelingt müssen *Kommunikationsregeln des Umgangs miteinander* vereinbart werden, die gewährleisten, daß alles Notwendige gesagt werden kann und Störungen in der Beziehung rechtzeitig erkannt werden. Um ein Beispiel zu geben: Simone de Beauvoir und Jean-Paul Sartre hatten vereinbart, daß jeder dem anderen alle seine Empfindungen rückhaltlos mitteilt. Dies ist sicherlich eine übertriebene Anforderung. Aber an der Frage der offenen Kommunikation entscheidet sich häufig, ob eine Arbeitsbeziehung tragfähig ist.

Hierzu gehört auch, daß man sich von der Harmonieillusion verabschiedet und sich klar macht, daß zwangsläufig Spannungen entstehen werden, zumal wenn die Fähigkeiten sehr unterschiedlich ausgeprägt sind und die Persönlichkeitsstrukturen stark differieren. Erfolgreiche Synergiepartnerschaften zeichnen sich deshalb durch ein hohes Maß an gegenseitiger Akzeptanz und die Vermeidung von Besser-Schlechter-Zuschreibungen aus. Leider wird genau diese *Fähigkeit zu gegenseitiger Akzeptanz ohne vorschnelle Bewertungsprozesse* weder an unseren Schulen noch Hochschulen vermittelt. Ganz im Gegenteil gibt es

Tendenzen, ein unkluges und reduziertes Bewertungskonzept unter dem Vorwand der Leistungssteigerung zu verschärfen. Wir alle leiden unter einer Bewertungs- und Abwertungskultur, die uns ängstlich werden läßt und daran hindert, Neues zu wagen. Und so scheitern viele Versuche der Synergie-Partnerschaft am Problem des *Aushaltenkönnens der Unterschiedlichkeit*. Anstelle von Synergie-Kreativität entstehen gegenseitige Blockaden, Destruktion und Frustration.

Weiterführende Überlegungen

In meiner kurzen Skizze einiger Aspekte der Paar-Kreativität, die ich auch als dyadische Synergiepartnerschaft bezeichnet habe, bin ich nicht auf die verbreitetste Form solcher Partnerschaften, nämlich die Ehe und/oder Paarbeziehung, eingegangen. Überlegungen zu diesem Bereich wären zwar hoch interessant (vgl. Fölsing 1999), führen aber hier zu weit. Deshalb abschließend einige Fragen zur Selbstanalyse, die den Weg zeigen, wie Sie selbst Paar-Kreativität nutzen können.

Transfer:
1. Erinnern Sie sich, wo Sie in Ihrem Leben Synergiepartnerschaften erlebt haben. Welche positiven/negativen Erfahrungen haben Sie damit gemacht?
2. Überlegen Sie jetzt: Wo wünschen Sie sich Synergiepartnerschaften? Wo und wie könnten sie solche Partnerschaften entlasten und helfen, ungenutzte kreative Potentiale freizusetzen?
3. Wo sehen Sie in Ihrer gegenwärtigen Situation Möglichkeiten für die Aufnahme fruchtbarer Synergiepartnerschaften? Schreiben Sie sich eine Liste möglicher Paare auf und überlegen sie, welche Ergänzung/Erweiterung sich daraus für Sie ergeben könnten und welchen Aufwand Sie zur Initiierung treiben müßten.
4. Hilfreich kann es sein, sich von Zeit zu Zeit ein Beziehungssoziogramm in Form eines Mindmaps zu zeichnen, um das Feld möglicher Synergiepartnerschaf-

ten offenzulegen. (Sie zeichnen Ihren Namen in die Mitte eines Blattes und gruppieren um sich herum Ihr gegenwärtiges Beziehungsfeld sowie erwünschte/mögliche Synergiepartner.)

Team-Kreativität

Die nächste, *komplexere Stufe der Schaffung Kreativer Felder* besteht in der Zusammenstellung eines Teams, um *Team-Kreativität* zu ermöglichen. Zunächst sei hier angemerkt, daß fast alle Gesichtspunkte, die ich für Paar-Kreativität angeführt habe, auch für Teams gelten, mit dem wesentlichen Unterschied, daß hier ein erheblich höheres Maß an Komplexität und Interaktionsmöglichkeiten gegeben ist. Dies wirkt sich nicht zwangsläufig kreativitätsfördernd aus, sondern führt ebenso oft zu Blockierungen und komplizierten Abstimmungsprozessen. Trotz dieser Schwierigkeiten werden wir in der sich abzeichnenden Wissensgesellschaft vor der Herausforderung stehen, wie wir völlig *neue Formen syntopischer Kreativität* zwischen Personen aus sehr unterschiedlichen Feldern mit sehr verschiedenen Wahrnehmungs-, Denk- und Handlungsweisen entwickeln und sie dazu bringen können, konstruktiv miteinander zu kommunizieren. Nur mithilfe unterschiedlich spezialisierter Teams lassen sich angesichts des wachsenden Wissens und der Komplexität der Herausforderungen neuartige Fragestellungen und Problemlösungen finden.

Eine funktionierende Gruppe kann – wie wir am Jazzband-Modell gesehen haben – ein besonders fruchtbares Kreatives Feld sein, weil hier die Extreme zwischen gegensätzlichen Persönlichkeiten besser austariert werden können und die Anregungsvielfalt sowie die Kombinationsmöglichkeiten divergierender Fähigkeiten größer sind. Auch wenn einzelne Gruppenmitglieder keine erkennbaren Beiträge zum eigentlichen kreativen Schaffensprozeß zu leisten scheinen, können ihre soziale Funktion oder andere Leistungen innerhalb der Teamkonstellation einen wichtigen und oft unterschätzten Anteil am gemeinsamen Erfolg haben. Deutlich wird das bei Mannschaftssportarten wie beim Fußball, wo man genau wie bei einer Jazzband sofort erkennt, wenn die *Gruppenharmonie* gestört ist.

Das *konstruktive Potential der Gruppe bzw. des Teams* erklärt auch die Faszination, die von erfolgreichen Gruppen ausgeht.

Hier ist der kreative Schöpfer seiner oft belastenden Vereinzelung enthoben, kann Frustrationen und Durststrecken, die bei kreativen Prozessen zwangsläufig auftauchen, besser verarbeiten, weil er weiß, daß er von seinem Team getragen wird. Er kann sowohl aus einem Anregungspotential schöpfen wie auch Erfolge mit anderen teilen. Teams bieten die Chance eines Ausbruchs aus der Individualisierungsfalle, in die die expandierende Risikogesellschaft immer mehr Menschen gelockt hat, nicht zuletzt weil sie sich vor allem aufgrund einer destruktiven Konkurrenzorientierung vereinzelnden Marktzwängen anpassen müssen. Mit der Entwicklung neuer Formen der Team-Kreativität bietet sich die *Chance zur Co-Evolution,* zum gemeinsamen Wachsen an gemeinsamen Aufgaben bei Wertschätzung individueller Unterschiede. Nur Teams bieten die Möglichkeit, die Vielfalt des Wissens zu integrieren und die notwendige neue gemeinsame Sprache zu entwickeln.

Aus der umfangreichen Literatur zur Teamentwicklung möchte ich einige *Regeln* hervorheben, die es wahrscheinlicher machen, daß ein funktionierendes Kreatives Feld entsteht. Wir wissen, daß die optimale Größe für Teams je nach Aufgabenstellung und persönlichen Voraussetzungen in der Regel vier bis maximal acht Personen umfassen sollte. Aus der Sozialpsychologie wissen wir, daß bei größeren Gruppen Abspaltungen entstehen. Als problematisch haben sich auch Dreierkonstellationen erwiesen, weil es hier leicht zu Bündnissen von zwei Partnern gegen einen Dritten kommen kann.

Regeln für die Bildung von Kreativ-Teams

Besemer (1998, S. 47 ff.) und andere Forscher haben die aktuelle Literatur zur Teamentwicklung aufgearbeitet und stellen als Fazit einige pädagogische Maximen als „praxisleitende Grundsätze" vor, die ich um die Einsichten aus meiner bisherigen Analyse ergänze:

- *Permanentes Lernen und unreglementierte Kommunikation*
  Team-Kreativität ist, wie wir am Beispiel der Beatles nachvollziehen konnten, Bestandteil einer dialogisch ausgerichte-

ten Kommunikation, in der alle sich gegenseitig herausfordern und permanent weiterentwickeln. Die offene Begegnung erlaubt es den Mitgliedern, die Formen zu entwickeln, die für ihr Projekt und ihre Persönlichkeiten gut funktionieren.

- *Selbsttätigkeit*
Grundlage der gemeinsamen Arbeit ist, daß jeder aus eigenem Antrieb das zum Projekt beiträgt, was in seinen Möglichkeiten liegt und was er mit Energie und Leidenschaft vorantreiben will. Alle vertrauen einander, geben und erwarten optimales Engagement.

- *Selbstbestimmung*
Selbstbestimmung heißt, fähig zu sein, jedem den Raum zu lassen, den er benötigt, und auf Besserwisserei zu verzichten. Ein erfolgreiches Team lebt vom Vertrauensvorschuß, den wir den anderen geben. Nur Teams, die Selbstbestimmung zulassen werden das Potential ihrer Mitglieder ausschöpfen können. Fremdbestimmte Teams erzeugen innere Widerstände und können so ihr Potential nicht ausschöpfen.

- *Netzförmige Kommunikations- und Entscheidungsprozesse*
In Kreativteams sollten keine Hierarchien, sondern netzförmig organisierte Kommunikations- und Entscheidungsprozesse vorherrschen. Im Sinne aufgabenbezogener Führungsrotation (wie bei den Beatles und bei den Comedian Harmonists (Burow 1999, S. 7 ff.)) können einzelne Mitglieder je nach ihrer Kompetenz zeitweise die Federführung bei der Lösung von Teilaufgaben übernehmen.

- *Gleichberechtigung und gemeinsame Verantwortung*
Wie ich in der „Individualisierungsfalle" beschrieben habe, scheiterte die Nachfolgegruppe der Comedian Harmonists, als die Gründungsmitglieder versuchten, die neuen Teammitglieder als abhängig beschäftigte Angestellte mit minderen Rechten zu führen. Nur wenn alle Mitglieder des Teams gleichberechtigt und partnerschaftlich miteinander arbeiten und

alle gemeinsam die Verantwortung für das Gelingen des gemeinsamen Projektes tragen, kann das volle Potential der Gruppe freigesetzt werden.

- *Zielgerichtete Veränderungsprozesse*
Eine gemeinsam geteilte Vision sowie die Produktorientierung sind wichtige Grundlagen dafür, daß das Team zusammenhält und motiviert bleibt. Schley (1998) verweist auf die Bedeutung einer klaren „Zielorientierung und Zielfokussierung". Diese war sowohl bei den Beatles als auch bei den Comedian Harmonists gegeben.

- *Zentrale Bedeutung von Beziehungsaspekten*
Grundlage eines erfolgreichen Teams sind persönliche Beziehungen, die über den Arbeitsaspekt hinaus auf gegenseitiger Wertschätzung beruhen.

- *Kreative Konkurrenz und richtige Mischung*
Kreative Felder entstehen dann, wenn es einer Mischung von Personen mit sehr unterschiedlichen Fähigkeiten und Temperamenten gelingt, sich gegenseitig in kreativer Konkurrenz herauszufordern. Gerade wenn man inhaltlich völlig unterschiedlicher Auffassung ist, vom Temperament sehr verschieden und eine gänzlich andere Arbeitsweise hat, ist es wichtig, daß eine ausbalancierte Feldstruktur entsteht und die Gruppe ein Bewußtsein davon entwickelt, daß jede Person mit ihrer Eigenart eine Bereicherung für alle ist.

- *Persönlichkeitsunterschiede sind aktive Lernkomponenten*
Den Bereicherungsaspekt bezeichnet Besemer als „aktive Lernkomponente". Was das für das effektive Funktionieren eines Kreativen Feldes in der Praxis bedeutet, haben wir oben gesehen: Der konservative George Martin mit seiner grundsoliden Ausbildung erwies sich als eine ideale Ergänzung für den flippigen John Lennon. Nur wenn ein Team eine ausreichende Vielfalt aufweist und integrieren kann, wird es Neues schaffen.

Schley (1998) hat einige weitere Merkmale herausgearbeitet, die gute Teams ausmachen. Es handelt sich dabei um:

- *ein Klima der Ermutigung und Offenheit*
  Das Team-Klima spielt eine entscheidende Rolle bei der Frage, ob Neues gewagt werden kann. Insofern müssen alle Mitglieder des Teams bezogen auf die gewählte Aufgabe optimistisch sein. In Krisenphasen übernehmen oft einzelne Personen die Rolle des Ermutigers. Als die Comedian Harmonists bei ihrem ersten Auftritt eine vernichtende Kritik hinnehmen mußten, nahm der Bassist Biberti diese Erfahrung als Herausforderung an und motivierte die Gruppe, jetzt erst recht an ihrer Verbesserung zu arbeiten.

- *eine große Übereinstimmung zwischen der gemeinsamen Aufgabe und dem koordinierten Einsatzes individueller Potentiale und Fähigkeiten als Selbstverständlichkeit*
  Dieses Kriterium zielt in Richtung meiner These von der „richtigen Mischung". Nicht nur die Beziehung der Mitglieder untereinander muß stimmen, sondern die Mischung muß auch hinsichtlich des gemeinsamen Projekts stimmig sein. Hierzu gehört auch, daß jeder die Gelegenheit erhält, im Kreativen Feld die für ihn passende Rolle zu finden und auszufüllen.

Aus eigener Erfahrung und auf Anregung von Eike Gebhardt (1992) möchte ich noch folgende Bedingungen hinzufügen:

- *Ausgewogenes Verhältnis von Grenzüberschreitung und Ordnung*
  Die richtige Mischung im Team ist auch deshalb wichtig, weil sie – verkörpert durch die unterschiedlichen Temperamente – zu einem ausgewogenen Verhältnis von Grenzüberschreitung und Ordnung beitragen kann. Kreativ-Teams brauchen Suchende, Draufgänger, Grenzenüberschreiter. John Lennon war eine solche Person, der aber die Einbindung durch einen toleranten „Ordner" in der Person George Martins fand und

brauchte, um nicht nur kreativ zu sein, sondern auch ein konkretes Ergebnis erzielen zu können.

- *Kreativ-Teams brauchen Emotionen*
  Gerade exakte Wissenschaftler stehen unter Ordnungs- und Konsistenzdiktaten, einem methodischen Monismus, der ihnen oft verbietet, ihre Emotionen ins Spiel zu bringen. Wie Gebhardt (1992, S. 65 f.) aber herausgearbeitet hat, bieten gerade *Emotionen als „optionsträchtige Wahrnehmungsinstrumente und -ordner"*, die Chance, eingespielte Wahrnehmungsroutinen und Denkgefängnisse zu verlassen. So wundert es nicht, daß die großen Durchbrüche im Bereich der Wissenschaften häufig nicht das Resultat methodischer Arbeit waren, sondern auf intuitivem, unsystematischem Wege zustande kamen.

- *Biete Ego – suche Team*
  Wenn Persönlichkeitsunterschiede Lerngelegenheiten eröffnen und Wahrnehmungsvielfalt ermöglichen, dann kommt es darauf an, daß sich profilierte Egos im Team zusammenfinden. Ein ausgeprägtes individuelles Profil ist eine wichtige Voraussetzung, genügt aber nicht. Die Egos müssen teamfähig sein und einen ausgeprägten Wunsch nach Zusammenarbeit haben.

- *Zieloffenheit und Zweckfreiheit*
  Kreativ-Teams müssen sich in einem ausreichenden Maß von zielorientierten Vorgaben befreien und bereit sein, ergebnisoffen zu experimentieren. Dieser Punkt scheint auf den ersten Blick der oben geforderten *Zielorientierung* zu widersprechen. Wenn Kreativität nicht bloß *Innovation bzw. Problemlösung* bedeutet, sondern auf das *Entdecken völlig neuer Wirklichkeitskonstruktionen und Fragestellungen* abzielt, dann müssen Zieloffenheit und weitgehende Zweckfreiheit gegeben sein. Dies liegt im Wesen des kreativen Prozesses selbst begründet. Schöpferisch unter dem Zieldiktat einer klaren Vision tätig zu sein, bedeutet immer auch eine Verarmung des wahrgenommenen Umfeldes, indem es nur noch unter dem

Aspekt zielhinderlicher und -förderlicher Aspekte betrachtet wird. Kreative Menschen versuchen hingegen kontinuierlich die Funktions- und Zielprimate aufzuweichen, das Feld zu öffnen und zu dynamisieren.

John Lennons Trennung von den Beatles erscheint vor diesem Hintergrund auch als Versuch eines Künstlers, sich durch Grenzüberschreitung und Wechsel der Partner neue Dimensionen seines Schöpfertums zu erschließen. Das kreative Team ist wie der kreative Prozeß selbst in ständiger Bewegung, ständig auf der Suche, geht zieloffen vor und läßt sich von seinen eigenen Entdeckungen immer wieder überraschen. „Charakteristisch für kreative Arbeit jedoch ist die situative Zielbildung während (also nicht vor) der Ausführung; die Konstitutionsprinzipien für kreative Objekte entstehen – auch dies eine Binsenweisheit – oft erst aus den situativen Möglichkeiten." (Gebhardt 1992, S. 59). Diese Offenheit des kreativen Prozesses ist auch ein Grund dafür, daß wir ihn nur begrenzt kontrollieren und vorhersagen können. Diese Einsicht führt uns zu der Unterscheidung von Innovations- und Kreativ-Teams.

Innovations- versus Kreativ-Teams?

Die Form der Team-Kreativität, die ich hier beschreibe, unterscheidet sich von jener Team-Kreativität, die der Management-Forscher Warren Bennis in seiner Untersuchung „Genialer Teams", die z. B. die Atombombe erfunden oder das Walt Disney-Imperium geschaffen haben, analysiert. „15 Regeln für das Management genialer Teams" (Bennis 1998, S. 189 ff.) bilden die Quintessenz seiner Untersuchung. Sie stimmen mit den wesentlichen Punkten, die ich aufgeführt habe, überein, unterscheiden sich aber in einigen grundlegenden Aspekten.

Da Bennis Teams für solche Bereiche der Wirtschaft rekrutieren muß, in denen in hohem Maße fremdbestimmt gearbeitet wird, Kreativität also für vorgesetzte Ziele funktionalisiert wird, insistiert er auf der *zentralen Bedeutung eines starken Leiters* und setzt ausschließlich auf *hervorragende Mitarbeiter*. Der „starke

Leiter" soll Talent einschätzen können und wissen, wie man es findet. Mit Gebhardt (1992) bin ich der Auffassung, daß es sich bei den von Bennis beschriebenen Teams um *Innovations-Teams* handelt. Nach meiner Überzeugung haben die von Bennis aufgestellten Regeln zwar für erfolgreiche Innovations-Teams Gültigkeit, nicht aber für Kreativ-Teams. Sie treffen hier nur eingeschränkt zu, handelt es sich bei diesen doch um weitgehend selbstbestimmte Kreative Felder. Ein Beispiel soll diese Einschränkung illustrieren: Harry Frommermann, der Gründer der Comedian Harmonists, war keine starke Führungspersönlichkeit und auch kein professioneller „Talent-Sucher". Er folgte einfach seiner inneren Berufung und ließ sich bei der Auswahl der Team-Mitglieder von seiner Intuition leiten. Auch hatte er kein *klares Feindbild* und keine Bezwinger-Mentalität, die Bennis für unverzichtbar hält. Genau besehen stellen Bennis Regeln des Teammanagements nur eine erschreckende Karikatur der Arbeitsweise eines Kreativen Feldes dar.

So haben sich für Bennis die Mitglieder des Innovations-Teams einer vorbestimmten Aufgabe und dem starken Leiter bedingungslos zu unterwerfen, um etwas zu realisieren, dessen Ergebnis von vornherein feststeht und das in genau festgelegten Zeiträumen realisiert werden muß. Der starke Leiter soll die Mitglieder des Teams örtlich isolieren und ihnen *Scheuklappen* aufsetzen, damit sie frei von jeder Ablenkung die gestellte Herausforderung meistern. Nach meinen Kriterien handelt es sich hier um eine Verarmung des Umfeldes unter einem Ziel- und Verzweckungsdiktat. Ich vermute, daß eine solche Selbstunterwerfung des Teams unter ein von außen gesetztes Zieldiktat sich letztlich selbstschädigend auswirken wird. Und Bennis berichtet denn auch mit unverhohlener Bewunderung, daß die Mitglieder dieser „genialen Teams" bereit sind, für die Lösung der Aufgabe selbst persönliche Kontakte und ihre familiären Beziehungen zu opfern.

In meiner Definition des Kreativen Feldes tauchen demgegenüber nicht von Ungefähr die Kriterien *„Partizipation"* und *„Nachhaltigkeit"* auf. Kreativität ist kein Wert an sich, sondern muß auf die Folgen für die Mitwelt bezogen sein. Ich gehe davon aus, daß die Art und Weise, wie Team-Kreativität organisiert ist, also ihr Führungsstil und ihre Arbeitsweise, sich auch in der potentiellen Destruktivität der daraus resultierenden Produkte bzw. Schöpfungen widerspiegelt.

Echte Team-Kreativität in diesem Sinne folgt der freien und dialogischen Begegnung der profilierten Egos im offenen Experimentierfeld. Kein Pädagoge hat die Mitglieder der Beatles auf Teamfähigkeiten hin geschult, und man kann vermuten, daß bei einem solchen Experteneingriff von außen der Teambildungsprozeß ebenso wie bei den Comedian Harmonists gescheitert wäre. Kein starker Führer hat sie unter das Joch enger Zielerreichung gezwungen. Bei der Bildung von Kreativen Feldern geht es weniger um Training und/oder Manipulation, sondern eher um ein *Sichtbarmachen der im Feld bereits vorhandenen Potentiale und die Ermöglichung von neuartigen Begegnungen.*

Wer das Entstehen kreativer Teams fördern möchte, der sollte deshalb weniger an gezieltes Training denken, sondern vielmehr für offene, vielfältig zusammengesetzte Begegnungsräume und günstige Rahmenbedingungen sorgen. Zukunftswerkstatt, Future Search Conference und Open Space Technology, die ich weiter unten vorstelle, sind hilfreiche Verfahren in dieser Richtung. Wenngleich man also durchaus für förderliche Rahmenbedingungen sorgen kann, so läuft doch der eigentliche Teambildungsprozeß in Selbstorganisation ab. Feldtheoretisch gesprochen: Die möglichen Teammitglieder bewegen sich im offenen *Begegnungsraum* und drücken ihre Bedürfnisse in einer Weise aus, die mit darüber entscheidet, ob sie zu *Kristallisationskernen* werden. Die faszinierendste, anregendste Idee wird zum Anziehungspunkt im Feld. Hierzu muß ich weder manipulieren noch Druck ausüben. Wenn ein attraktives Ziel abgesteckt ist, organisiert sich das Team selbst. Diese *Selbstorganisation* erfolgt analog dem Muster, nach dem die Beatles entschieden, ob ein Song plattenreif war. Auf die Frage, wie sie denn ihre Einfälle gesichert hätten, da sie doch keine Noten konnten, erwiderte Lennon: „Wenn eine Melodie gut war, dann haben wir uns noch nach Tagen an sie erinnert."

Eine gute Melodie, eine faszinierende Idee, ein verheißungsvolles Projekt – sie alle rücken in den Vordergrund unserer Wahrnehmung und mobilisieren unser Engagement, wenn sie eine genügende Anziehungskraft aus sich selbst heraus besitzen. Der Begründer der Gestalttherapie, Fritz Perls, faßte diese Erfahrung prägnanter Gestaltbildung in das Motto: Don't push the river while it flows.

Wir müssen den Fluß nicht künstlich beschleunigen, wenn er fließt. Wir sollten – um im Bild zu bleiben – uns vielmehr ins Wasser begeben und darauf achten, welche Strömung uns mitreißt. *Das Feld und seine Mitglieder organisieren sich selbst, wenn entsprechende Herausforderungen und ermutigende Rahmenbedingungen gegeben sind. Im Feld ist alles vorhanden, was wir brauchen.* In dieser veränderten Betrachtungsweise liegt der Kern einer feldtheoretisch begründeten Idee von Team-Kreativität. Dieser Kern beruht auf einer *Haltung des Vertrauens und der Gelassenheit*. Nicht zwanghafte Teambildung mit Manipulation und Druck ist das Ziel, sondern Offenheit und Sensibilisierung für die Anziehungskräfte, die anregende Menschen und Aufgaben auf uns ausüben.

Wie syntopische Team-Kreativität funktioniert

Wer eine plastische Vorstellung davon bekommen möchte, wie eine solche syntopische Kreativität funktionieren kann, dem sei die Lektüre eines faszinierenden Reiseberichts durch den Grand Canyon empfohlen: In seinem Buch „Der Strom, der bergauf fließt" (1994) schildert der Neurobiologe William H. Calvin, wie eine bunt zusammengewürfelte Gruppe von Wissenschaftlern unterschiedlicher Disziplinen und anderen Reisenden in Schlauchbooten den Grand Canyon durchquert und dabei eine packende Reise durch die Evolution unternimmt. Abends, am Lagerfeuer auf dem Talboden des Canyons und an den Ufern des reißenden Colorado Rivers spekulieren die Teilnehmer über den Ursprung des Lebens und bringen dabei ihre unterschiedlichsten Sichtweisen, Hypothesen, Ideen etc. ein. Aus der Vielfalt der Thesen, der intensiven Gespräche entsteht eine facettenreiche und faszinierende Collage von Vorstellungen über die Geschichte des Lebens. Das Zufallsteam der Reisenden entwirft ein beeindruckendes Panorama, das alle Mitglieder bewegt.

An diesem Beispiel wird die wichtige Bedeutung des gewählten Ortes deutlich: Calvins packende Vorlesung über die Geschichte des Lebens findet nicht in einem gesichtslosen Hörsaal statt, um Leistungsscheine zu erwerben, sondern am Lagerfeuer unter einem sternenübersäten Wüstenhimmel auf dem Grund des gewaltigen Canyons, durch dessen Nachtdunkel die Fluten des Colorado jagen. Welch ein Ort für grenzüberschreitendes, syntopisches Denken. Nüchterner ausgedrückt: Diese spezifische Gruppe hat sich für ihr spezifisches Interesse einen geeigneten Ort gesucht, der das vorhandene kreative Potential belebt und neuartige Verknüpfungen personaler, inhaltlicher und spiritueller Dimensionen möglich macht. Sie schafft sich günstige Rahmenbedingungen und begibt sich auf eine Entdeckungsreise, deren Ausgang offen ist.

Das Copyright gehört allen Teammitgliedern

Wenn Teams eine solche Intensität der Zusammenarbeit erreichen, wie wir sie bei den Beatles oder den Comedian Harmonists kennengelernt haben, dann stellt sich die Frage, ob man bei einem so eng verflochtenen Kreativitäts-Team das *Copyright* nicht allen Mitgliedern des Feldes zusprechen müßte, also nicht nur Ringo und George, sondern auch George Martin und Brian Epstein. Vielleicht erreichen wir erst dann eine höhere Stufe der Zivilisierung, wenn wir unser kulturelles Kapital und unsere Distinktionsgewinne mit denen zu teilen bereit sind, auf die wir – auch wenn wir das oft vergessen – angewiesen sind. Auch in dieser Hinsicht steht ein Abschied vom Geniekult an. Echte Team-Kreativität setzt voraus, daß wir lernen, die unterschiedlichen Beiträge, auf die wir alle angewiesen sind, um zu überragenden Leistungen vorzudringen, angemessen zu würdigen.

Der Biologe Rupert Sheldrake stellte die umstrittene Hypothese von der Existenz „morphogenetischer Felder" auf, die auch ohne eine „materielle" Verbindung untereinander „kommunizieren" und aufeinander einwirken. Wenn dies zuträfe, dann ginge keine Information verloren, und jedes Mitglied eines Feldes beeinflußte mit seinem Verhalten alle anderen. In diesem Sinne könnte man die These vertreten, daß Felder als solche „lernen". Nach dieser, zugegeben sehr spekulativen Hypothese müßte es auch in unserem ureigensten Interesse liegen, nicht nur die ohne unser Wissen mitwirkenden Teile unseres Synergiesystems zu nutzen, sondern sie auch angemessen an den Früchten zu beteiligen. Die Herausforderung bestünde dann darin, eine *solidarische Synergiegesellschaft nach dem Win-Win-Prinzip* zu schaffen. Aber die Vorstellung, daß wir – in the long run – nur gewinnen können, wenn alle am kreativen Prozeß partizipieren, scheint uns einstweilen noch zu überfordern.

Vorteile und Grenzen der Team-Kreativität

Bei allem Lob des Teams gibt es doch auch eine Reihe von Problemen, die dazu beigetragen haben, daß Teams bisweilen als ineffektiv angesehen werden. Grundsätzlich gilt, daß Zwangsteams, wie sie bisweilen in Firmen und Institutionen eingerichtet werden, oft wenig effektiv sind. Wie Mandl (1999) ausführt, sollte man bedenken, inwiefern für die jeweilige Aufgabe Team-Arbeit geeignet ist und welche Voraussetzungen (Kenntnisse, Persönlichkeitsmerkmale, Gruppentauglichkeit, Kommunikationsstruktur etc.) gegeben sein müssen. So ist dort, wo es um schnelle Entscheidungen geht, Teamarbeit in der Regel wenig sinnvoll. Andererseits zeigt die Forschung, daß schnelle Top-down-Entscheidungen von Führungskräften oft zu Umsetzungsproblemen führen, weil die Betroffenen aufgrund der mangelnden Beteiligung am Entscheidungsprozeß mit der Ausbildung wirkungsvoller „Abwehrroutinen" (Argyris 1997) reagieren und die Anweisungen von oben ins Leere laufen lassen.

Besemer et al. (1998, S. 50) zufolge sind Teamentscheidungen Einzelentscheidungen dann überlegen, wenn

- die Gruppen/Teams tatsächlich konsensfähig sind und ihre Entscheidungen im Konsens fällen,

- die Meinungen, Bedürfnisse und Interessen ihrer Mitglieder in einem quantitativen und qualitativen Sinn tatsächlich berücksichtigt werden,
- Informationen nicht vorenthalten oder unterdrückt werden,
- Probleme von allen erkannt und analysiert werden können,
- die Gruppe/das Team tatsächlich auch imstande ist, die Erfahrungen und Informationen ihrer Teilnehmer miteinander zu verknüpfen,
- Lösungsmöglichkeiten und Durchführungsstrategien von allen in der nötigen Gründlichkeit und Ausführlichkeit erörtert werden können,
- sich alle hiermit und mit der Durchführung identifizieren und
- bereit sind zur Selbstkontrolle und wenn diese auch stattfindet.

Gruppen bzw. Teams erzielen – wenn die hier beschriebenen Regeln beachtet werden – bessere Arbeitsergebnisse als in der Einzelarbeit, weil

- die Anregungsvielfalt größer ist,
- Probleme schneller erkannt und auf vielfältige Weise angegangen werden,
- mehr Problemlösungsperspektiven und -alternativen in den Blick kommen,
- individuelle Ressourcen durch den Synergieprozeß und die kreative Konkurrenz besser genutzt werden können,
- ein stützendes, mitreißendes, anregendes Arbeitsklima mehr Kreativität freisetzt,
- die individuelle Belastbarkeit durch das stützende Umfeld größer ist,
- eine variantenreichere Verknüpfung der rational-inhaltlichen Ebene mit der emotionalen Beziehungsebene möglich ist.

Wichtig ist weiter, daß das Ziel allen Beteiligten klar ist und von ihnen getragen wird, und alle eine hinreichende Erfolgswahrscheinlichkeit sehen.

- *Statt Harmonie, konstruktive Streitkultur*
  Hier taucht ein Problem auf: Die Notwendigkeit, einen funktionierenden Gruppenkonsens zu finden, kann die Individualität des Einzelnen und damit seine kreativen Ausdrucksmöglichkeiten einschränken. Bekannt sind zahlreiche, zum Teil experimentell erhobene wissenschaftliche Erkenntnisse zum Gruppendruck und dem damit einhergehenden Zwang zu Konformität und Einordnung. Gruppennormen und Gruppenstrukturen können auch zu einer verzerrten Sicht der Realität beitragen oder zur gegenseitigen Blockierung führen (vgl. Langmaack et al. 1990). Harmonisierende, homogene Teamkulturen sind hinsichtlich ihrer Ergebnisse vielfältig und gegensätzlich zusammengesetzten Teams, in denen man sich gegenseitig herausfordert und konstruktiv streitet, unterlegen. Von daher ist es besonders wichtig, auf ein Klima zu achten, das zum divergenten Denken und zum Widerspruch ermuntert. Teams sollten nach jeder Sitzung über die Qualität ihrer Arbeit gemeinsam reflektieren. Dabei gilt die Feedbackregel: Tough at the issue! Soft on the person! (Michael West). Sachbezogene Kritik glasklar äußern, ohne die Person zu verletzen.

- *Ausreichende Dynamik gewährleisten*
  Bennis (1998) hat in seiner Untersuchung „genialer Teams" gezeigt, daß gerade auch extreme Persönlichkeiten, skurrile Typen, Egozentriker usw. eine wichtige Bereicherung für Teams darstellen können. Die Team-Mitglieder müssen sich nicht lieben, aber sie müssen sich in ihrer Verschiedenheit akzeptieren und wertschätzen. Kreativ-Teams stehen vor der Schwierigkeit, sowohl ein Übermaß an Harmonie und Homogenität, als auch an destruktiver Konkurrenz und Heterogenität zu vermeiden. Das Problem der ungeeigneten Mischung tritt allerdings in sich selbstorganisierenden Teams nur selten auf, weil sie in diesem Fall erst gar nicht zustande kämen.

- *Auszeiten sind wichtig*
  Spürt man aber Stagnation, dann kann ein Wechsel zwischen

schöpferischer Arbeit in Gruppen und einem zeitweiligen Rückzug sinnvoll sein. Auch hier ist es wichtig, zu begreifen, daß Abgrenzungs- und Trennungsprozesse zum kreativen Schaffenszyklus gehören. Mit Hilfe einer Teamsupervision lassen sich allerdings einige der denkbaren Schwierigkeiten vermeiden oder bearbeiten, so daß die Gruppe zu einer funktionierenden Kraft wird, die über die Einzelfähigkeiten ihrer Mitglieder weit hinauswachsen kann.

- *Teamsupervision hilft nicht immer*
  Vielleicht ist Teamsupervision aber bei Kreativ-Teams eine problematische Intervention: Die notwendige Selbstverständlichkeit der Zusammenarbeit geht verloren, und ein schlecht funktionierendes Team wird künstlich am Leben gehalten. Dies ist exakt die Situation, die wir in vielen Institutionen und Firmen vorfinden. Vielleicht wäre hier auch das „Open Space-Gesetz der zwei Füße" hilfreicher: Wenn du spürst, daß du nicht mehr mit Energie und Leidenschaft bei der Sache bist, dann wechsle die Gruppe!

Wenn ich also von Kreativ-Teams spreche, die ein gemeinsames Kreatives Feld bilden, dann rede ich nicht der Sehnsucht nach der heilen Gruppe das Wort. Wahrscheinlich ist dies ein archaischer Menschheitstraum: Wir alle fühlen uns wohl, wenn wir unsere Vereinzelung überwinden und Teil einer größeren Einheit werden. Über die Gefahren einer solchen unreflektierten Gemeinschaftssehnsucht muß ich mich als Mitglied einer Nation, die die verheerenden Wirkungen von aggressiver Gemeinschaftsseligkeit erlebt hat, nicht näher auslassen. Sie sind offensichtlich. Sie sind das Ende von konstruktiver Kreativität.

Ausblick

Daß die *Beziehungsdynamik eines Teams* sehr viel komplizierter ist als die eines Paares, muß sowohl als Chance als auch als Problem betrachtet werden. Trotzdem kann die Arbeit in gut zusammengestellten Teams aufgrund der Möglichkeiten des Ausgleichs leichter und dauerhafter sein als in engen Partnerbeziehungen. Andererseits wissen wir aus der Literatur über Teamentwicklung, daß es oft schwer ist, eine geeignete Teamzusammenstellung zu realisieren, und daß Teamarbeit oft erst gelernt werden muß. In meiner Definition des Kreativen Feldes habe ich sieben Kriterien benannt, deren Beachtung den Erfolg von Teamarbeit wahrscheinlicher werden läßt. Wenn Teams scheitern, dürfte das auch daran liegen, *daß es an der angemessenen Umsetzung der Grundkriterien Dialogfähigkeit, gemeinsam geteilte Vision, Vielfalt, Personenzentrierung, Synergieprozeß, Partizipation und Durchhaltevermögen mangelt.*

Mit meinem feldtheoretisch begründeten Begriff der Team-Kreativität hebe ich mich ab von verkürzten Begriffen der Team-Kreativität, wie wir sie in manchen Bereichen der Wirtschaft finden. Hier werden „Teams" bisweilen zur Erreichung von allein an wirtschaftlichen Interessen orientierten Zielen funktionalisiert und können so – wie Sennett (1998) kritisiert – keine mündige Kreativität erreichen. *Synergie- und Teamfähigkeiten* werden zu den *Grundqualifikationen der sich abzeichnenden Wissensgesellschaft* gehören, und deshalb ist es wichtig, daß wir mehr über die Chancen und Probleme mündiger Team-Kreativität wissen. Allerdings stehen wir hier erst am Anfang und benötigen weitere Untersuchungen über die Faktoren, die es *Erfolgsteams* ermöglichen, so gut zusammenzuarbeiten, daß sie sich nicht in Abwehrroutinen verzehren, sondern ihre unterschiedlichen Fähigkeiten auf die Erschaffung des gemeinsam erträumten kreativen Produkts richten können.

Transfer:
1. Überlegen Sie: Wo haben Sie schon einmal Erfahrungen mit der Arbeit in Gruppen bzw. Teams gemacht? Wie waren diese Erfahrungen?
2. Wo könnten Sie sich zur Erreichung Ihrer Ziele die Bildung einer Gruppe/eines Teams vorstellen?
3. Wie könnten Sie eine solche Gruppe/ein solches Team initiieren?

4. Schreiben Sie sich konkrete Personen, Gruppen etc. auf, mit denen Sie eine Zusammenarbeit für sinnvoll halten.
5. Überlegen Sie: Was müssen Sie noch lernen, um fähig zur Gruppen-/bzw. Teamarbeit zu werden?

3. Grundtypen von Kreativen Feldern

Netzwerk-Kreativität

Hier kommen wir zum *dritten Typ des Kreativen Feldes*. Hierunter verstehe ich *ein überschaubares Netz verschiedener Personen, die sich aus unterschiedlicher Perspektive und mit unterschiedlichen Interessen um einen Problemkreis bzw. eine weiter gefaßte Fragestellung versammeln und ein lockeres Bündnis eingehen, um ein bestimmtes Ziel gemeinsam zu verfolgen.* Ich bezeichne diesen Typ als *Netzwerk-Kreativität*. Er unterscheidet sich von der Team-Kreativität durch die größere Zahl miteinander verbundener Personen, die darüber hinaus an verschiedenen Orten leben können, und durch seine informelle Struktur. Während das Team eine enge Beziehungsstruktur aufweist, eine gemeinsame Vision und oft auch ein klares Ziel verfolgt, ist das Netzwerk ein lockerer Verbund von Personen, die an einer gemeinsamen Fragestellung interessiert sind und/oder sich bei bestimmten Problemstellungen bei Bedarf gegenseitig stützen. Während dem Team ein begrenzter, feststehender Personenkreis angehört, verfügt das Netzwerk über eine vergleichsweise offene, informelle Struktur, an die sich jederzeit weitere Personen andocken können. Netzwerke sind einem ständigen Wandel unterworfen. Personen kommen und gehen. Es gibt kaum formalisierte Regeln der Mitgliedschaft. Was allein zählt, ist das Interesse. Während Teams exklusiv sind, sind Netzwerke vergleichsweise offen. Während aus der Team-Mitgliedschaft konkrete Verpflichtungen und enge Bindungen erwachsen, bietet die Netzwerkmitgliedschaft lediglich einen offenen Begegnungs-, Informations- und Spielraum.

Während im Team die einzelnen Personen eine herausragende Rolle spielen, steht im Netzwerk der verbindende Inhalt im Vordergrund. Kristallisationskern des Netzwerkes ist daher meist ein *verbindendes Thema oder eine verbindende Idee*. So hat z. B. der Klett-Verlag ein *Netzwerk zur Lernenden Organisation* gegründet. In lockerer Folge werden Tagungen zu diesem Thema veranstaltet, auf denen sich die Netzwerkmitglieder treffen und austauschen können. Viele Mitglieder sind aber nur an den regelmäßigen Rundbriefen zu diesem Thema interessiert. Das

Netzwerk bietet dem Einzelnen die Möglichkeit, auf dem neuesten Stand zu bleiben und einen Zugang zu „Gleichgesinnten" zu erhalten. Ein gut funktionierendes Netzwerk leistet die *Vernetzung des im jeweiligen Feld vorhandenen Wiss*ens und ermöglicht es, schnell und einfach kompetente Partner zur Lösung spezieller Fragen zu finden.

Ein ähnliches Netzwerk in dem Bereich, mit dem wir uns hier beschäftigen, hat der Organisationsberater Matthias zur Bonsen unter dem Namen „*Schneller Wandel mit großen Gruppen*" gegründet. In regelmäßigen Rundbriefen informiert er die Mitglieder über neuere Entwicklungen im Bereich der Großgruppenarbeit. Einmal im Jahr findet ein Forum statt, auf dem sich Organisationsentwickler und Trainer aus Wirtschaft und Verwaltung treffen und Erfahrungen ihrer Arbeit mit Großgruppenverfahren austauschen. Gleichzeitig funktioniert das Netzwerk als Angebotsbörse für neuere Literatur und Fortbildungsveranstaltungen zu diesem Bereich.

Die Form des „Kreativen Feldes", die her entsteht, ist die eines *offenen Feldes*. Eine allgemeine Vision, etwa die Veränderung von Organisationen mithilfe von Großgruppenverfahren, zieht Personen an, die mit diesen Verfahren arbeiten möchten und einen Bedarf nach Austausch und gegenseitiger Weiterbildung haben. Kreative Konkurrenz spielt hier ebenso eine Rolle wie die anderen oben aufgeführten Aspekte der Team-Kreativität. Es handelt sich hier aber um eine individualisierte Form der Team-Kreativität. Ähnlich wie beim interessegeleiteten Zappen durch Fernsehprogramme, kann man sich bei Bedarf in das Netzwerk einschalten, es durch eigene Beiträge bereichern oder durch Informationsentnahme und die Herstellung von Kontakten für seine Interessen nutzen. Durch die lose Zusammenführung von Menschen mit ähnlichen Interessen bietet das Netzwerk den TeilnehmerInnen die Möglichkeit, es als Forum für die Darstellung eigener Fragestellungen und Projekte zu nutzen. Tendenziell kann jedes Mitglied von Zeit zu Zeit zu einem Kristallisationskern im Netzwerk werden. Dies hängt davon ab, ob es einem gelingt, eine Fragestellung oder ein Projekt, die die übrigen Netzwerkmitglieder interessieren, einzubringen. *Das Netzwerk ist eine Art Marktplatz für Personen mit ähnlichen Interessen.* In einer schnell sich wandelnden Umgebung sind spezialisierte Netzwerke eine ideale Form, sich aus der „Individualisierungsfalle" zu befreien und die Kompetenzen unterschiedlichster Menschen zu nutzen. Netzwerk-Kreativität funktioniert nach *dem Win-Win-Prinzip.* Im Idealfall teilen die Mitglieder ihr Wissen miteinander und „bereichern" sich so gegenseitig.

Der Wert eines Netzwerkes steigt mit der Zahl kompetenter Mitglieder, die bereit sind, ihr Wissen mit anderen zu teilen. Allerdings bedürfen solche Netzwerke einer einfachen, aber durchdachten Struktur, damit sie sich weiterentwickeln können und attraktiv bleiben. Folgende Regeln sind beim Einrichten eines Netzwerkes zu beachten:

Regeln für erfolgreiche Netzwerke

- *Faszinierendes Thema*
  Anziehende Netzwerke brauchen ein klar konturiertes, fesselndes Thema. Ist das Thema zu eng gefaßt, wird man zu wenig Interessenten finden; ist das Thema zu weit gefaßt, besteht die Gefahr, daß die Informationen/Angebote zu wenig adressatenbezogen sind.

- *Klare Zielstellung*
  Auch wenn – anders als beim Team – die Zielstellung offener ist, sollte das Netzwerk doch unverwechselbare Konturen aufweisen. So richten wir gerade ein Netzwerk „Prozeßorientierte Zukunftsmoderation" ein, mit dem wir ein Austauschforum für alle diejenigen bieten wollen, die mit Zukunftswerkstätten, Zukunftskonferenzen, Open Space-Foren und sonstigen Verfahren zur Einrichtung Kreativer Felder Firmen und Institutionen bei der Zukunftsgestaltung unterstützen wollen.

- *Attraktiver Teilnehmerkreis*
  Der Teilnehmerkreis sollte sich aus Personen zusammensetzen, die für das jeweilige Thema besonders relevant sind. Nur

wenn der Teilnehmerkreis entsprechend attraktiv ist, bleiben die Netzwerkteilnehmer bei der Stange. Man muß eine Entscheidung darüber fällen, wie eng oder wie weit man die Zielgruppe fassen möchte.

- *Einfache Zugangsstruktur*
  In der Regel sollte der Zugang möglichst einfach sein, so daß man ohne großen Aufwand Informationen abrufen und Kontakte knüpfen kann. Das Wesen von Netzwerken besteht ja darin, daß ihr Nutzen mit der Zahl qualifizierter Mitglieder wächst – vorausgesetzt es gibt eine leicht zu handhabende Infrastruktur.

- *Adressenaustausch*
  Jedes Mitglied des Netzwerkes sollte leicht mit allen anderen Mitglieder kommunizieren können.

- *Nutzen für alle*
  Das Netzwerk überlebt nur, wenn alle Mitglieder einen erkennbaren Nutzen von der Mitgliedschaft haben.

- *Horizontale Struktur*
  Netzwerk-Kreativität funktioniert nur, wenn sie auf einer horizontalen Struktur nach dem Win-Win-Prinzip aufgebaut ist. Alle Mitglieder sind gleichberechtigt und haben Zugang zu allen Informationen.

- *Jeder leistet einen Beitrag*
  Je nach Zielstellung des Netzwerkes ist zu überprüfen, in welcher Form ein Beitrag erhoben wird. Grundsätzlich gilt, daß Netzwerk-Kreativität auf die engagierten Beiträge der Mitglieder angewiesen ist. Das Netzwerk ist nur in dem Maß etwas wert, in dem sich die Mitglieder mit Beiträgen – seien sie materieller oder geistiger Art – beteiligen.

- *Selbstorganisations-Prinzip*
  Daran, ob ein Netzwerk wächst und als hilfreich erlebt wird,

zeigt sich, ob ein anziehendes Thema gefunden wurde und geeignete Mitglieder zusammengekommen sind. Es hat keinen Sinn, Netzwerke bei Stagnation mit hohem Energieaufwand aufrechterhalten zu wollen. Wenn sie nicht das leisten, was sich die Mitglieder von ihnen versprechen, brechen sie schnell zusammen. Wenn Sie dagegen als hilfreich und anregend erlebt werden, dann wachsen sie wie von selbst. Sie funktionieren am besten nach dem Selbstorganisationsprinzip.

Neben solchen umfassenden Netzwerken verfügt fast jeder von uns – auch wenn es uns nur selten bewußt ist – über *informelle Netze:* Wenn ich z.B. Probleme mit meinem PC habe oder spezifische Probleme der Seminargestaltung lösen möchte, dann fallen mir eine Reihe von Bekannten ein, die ich um Rat fragen kann. Ohne solche informellen Netze könnten wir nur schwer die vielfältigen Aufgabenstellungen bewältigen, die im komplexer werdenden Alltag in der globalisierten Wissensgesellschaft an uns herangetragen werden. In dem Maße, in dem ich über gut funktionierende informelle Netze verfüge, wächst auch die Chance, daß ich die besten Problemlösungen finde und mein Potential optimal nutzen kann.

Der erste Schritt zur Nutzung von Netzwerk-Kreativität besteht darin, sich klarzumachen, über welche informellen Netze man bereits verfügt, wie man sie besser nutzen kann und welche Netze man aktiv schaffen möchte. Eine besondere Methode zur bewußten Einrichtung eines solchen Kreativen Feldes als Netzwerk wurde bei der anglo-amerikanischen *Future Search Conference* (vgl. Weisbord 1992; Burow 1997) angewandt. Da diese Methode später ausführlich dargestellt wird, sei hier nur soviel gesagt: Die Idee besteht darin, die Schlüsselpersonen einer Gemeinde, einer Firma, einer Institution etc., die für die Lösung eines bestimmten Problems wichtig sind, gemeinsam in einer mehrtägigen Konferenz bzw. einem Workshop zu versammeln und das jeweilige Problem aus den verschiedenen Perspektiven der unterschiedlichen Personengruppen untersuchen zu lassen. Diese Konferenz trägt dazu bei, daß nicht nur das im jeweiligen Feld vorhandene Wissen, sondern auch die Schlüsselpersonen miteinander vernetzt werden. Bei allen Beteiligten entsteht eine Horizonterweiterung. Am Ende der Konferenz ist eine vielfach vernetzte Informationsstruktur entstanden, die sich dadurch auszeichnet, daß die Mitglieder einer Institution, einer Firma oder eines Gemeinwesens mit Schlüsselpersonen in ihrem Umfeld sich *persönlich* begegnet sind. Hierdurch wird das Wissen des gesamten Feldes genutzt, so daß Routinen leichter überwunden und neue, kreative Wege gegangen werden können. Aus einem unverbundenen Nebeneinander kann ein vernetztes Kreatives Feld entstehen.

Dieses Vorgehen stimmt mit der bisher vorgetragenen Kreativitätstheorie überein, basiert es doch auf der Annahme, daß die Kreativität nicht allein in der Person, sondern *im „System"* selbst angelegt ist. Durch die neuartige Beziehungsstruktur, die sich in Selbstorganisation herausbildet, wird sichtbar, was in der Organisation und im Umfeld an bislang unerkanntem Potential vorhanden ist. Durch die Vernetzung wird nicht nur Synergie-Kreativität genutzt und entstehen darüber hinaus nicht nur problemlösungsbezogene Teamzusammenstellungen, vielmehr verändert die neuartige Beziehungsstruktur das Feld selbst. Denn funktionierende Netzwerk-Kreativität erhöht nicht nur die Gestaltungsmöglichkeiten des Einzelnen, sondern ordnet die sozialen Beziehungen und Informationen, die in einem Feld vorhanden sind, insgesamt neu, so daß *aufgrund der sozialen und informationellen Neuorganisation des Feldes neuartige Lösungen und kreative Durchbrüche möglich werden und das Feld zu einem Kreativen Feld wird.*

Gruppenstars sind erfolgreich durch Netzwerke

Nach diesen Überlegungen wird es nicht überraschen, worin das Erfolgsgeheimnis von Gruppenstars besteht: Die beliebtesten und erfolgreichsten Gruppenmitglieder, die „Stars" erfolgreicher Gruppen, verfügen Goleman (1997) zufolge nicht nur über die Fähigkeit, Kreative Felder in Form von Co-Kreativität oder Teams zu bilden, sondern auch über die Fähigkeit, sich in einem umfassenderen Sinn weit ausgreifende soziale Netzwerke zu schaffen. Während das akademische Talent und der Intelligenzquotient keine geeigneten Vorhersagemaßstäbe für berufliche Produktivität sind, erweisen sich die *kommunikativen Fähigkeiten* als wesentlich: „Doch nach eingehenden Interviews zeigten sich die entscheidenden Unterschiede in Gestalt der inneren und interpersonalen Strategien, die die ‚Stars' benutzten, um ihre Aufgabe zu erledigen. Als eine der bedeutendsten erwies sich ein engen Verhältnis zu einem Netzwerk von wichtigen Leuten. Die Herausragenden kommen besser voran, weil sie mit einem gewissen Zeitaufwand gute Beziehungen zu Leuten pflegen, deren Dienste sie im entscheidenden Moment benötigen könnten, sei es, daß sie in einem ad-hoc-Team an der Lösung eines Problem mitwirken oder daß sie helfen, eine Krise zu bewältigen." (Goleman 1997, S. 207)

Die Untersuchungen bestätigen meine These, daß eine zentrale Voraussetzung für kreative Leistungen darin besteht, zunächst geeignete Synergiepartnern zu finden. Mit der Einrichtung eines persönlichen Netzwerkes schafft man sich eine einzigartige Möglichkeit, soziales und kulturelles Kapital anzuhäufen. Darüber hinaus erschließt ein funktionierendes Netzwerk ergiebige Quellen zur optimalen Ausschöpfung der eigenen kreativen Anlagen. Angesichts der Informationsüberflutung erleichtern Netzwerke die Orientierung und ermöglichen es einem durch die Nutzung der Kompetenzen anderer, mehr Ideen und mehr Zeit zur Nutzung des eigenen Potentials zu gewinnen. Goleman unterscheidet drei hilfreiche Netzwerktypen:

Erfolgsnetzwerke nach Goleman 1997

- Kommunikationsgeflechte
  - wer spricht mit wem?
- Experten-Netzwerke
  - an wen kann man sich um Rat wenden?
- Vertrauens-Netzwerke
  - wem kann man auch persönliche Details anvertrauen

„Die Stars einer Organisation sind oft diejenigen, die starke Beziehungen in allen Netzwerken haben, sei es Kommunikation, Expertentum oder Vertrauen." (Goleman, S. 208)

Erfolgreiche kreative Menschen bekommen also ihre Brillanz nicht in die Wiege gelegt, sondern scheinen zu wissen, daß sie sich nur mithilfe geeigneter Netzwerke optimal entfalten können. Und sie arbeiten zeitlebens mit großer Intensität daran, diese Netzwerke aufrechtzuerhalten und zu erweitern. Wer also mehr aus seinem Potential machen möchte, der sollte nicht nur untersuchen, über welche Netzwerke er verfügt, sondern sich auch fragen, wieviel er in deren Erweiterung investiert. Mit der Wissensgesellschaft werden die Anforderungen an uns alle steigen. Insofern ist die Entwicklung der eigenen Team- und Netzwerkfähigkeit der Königsweg, der die Wahrscheinlichkeit erhöht, daß wir nicht nur den neuen Herausforderungen gerecht werden, sondern auch unsere ungenutzten Potentiale entfalten können.

Die Potentiale im Netzwerk nutzen

Die Idee der Netzwerk-Kreativität ist nicht neu. Schon immer hat es zur Durchsetzung bestimmter Interessen mehr oder minder formell zusammengesetzte persönliche Netzwerke gegeben, die als „Seilschaften" negative Schlagzeilen gemacht haben. Und man kann – je nach Standort – nur bewundernd oder moralisch verurteilend bestaunen, wieviel Netzwerk-Kreativität Eliten freigesetzt haben, um ihre Privilegien zu sichern oder zu vermehren. Hier handelt es sich allerdings häufig um Gewinner-Verlierer-Spiele. Die *neue Netzwerk-Kreativität,* die ich hier skizziere, funktioniert nach anderen Regeln. Ihr Kern besteht in der zielgerichteten Einrichtung Kreativer Felder mit dem Ziel, über partizipative, demokratische Verfahren gemeinsam Lösungsansätze für Zukunftsherausforderungen zu finden. Es geht um *Gewinner-Gewinner-Spiele:* Möglichst alle sollen vom Netzwerk profitieren. *Das Ziel ist nicht individueller Profit, sondern gemeinsame „Bereicherung".* Wir teilen unser Wissen und unsere Fähigkeiten und wachsen so gemeinsam. Das Netzwerk entlastet: Ich muß nicht alles wissen und können. Ich weiß, daß es im Netz vertrauensvolle Bezugspersonen gibt, die mir Antworten auf meine Fragen geben können.

Von Robert Jungk stammt die bereits erwähnte These: „In jedem Menschen steckt sehr viel mehr als er selber weiß." Ich möchte diese These um folgenden Akzent erweitern: *„In jedem System steckt sehr viel mehr als seine Mitglieder wissen."* Mit der Schaffung von „Kreativen Feldern" in Form von *Zukunftswerkstätten* (Jungk & Müllert 1989) und *Zukunftskonferenzen* wird versucht, das im System vorhandene Wissen und die im System vorhandene Kreativität freizusetzen, so daß die Mitglieder eines System lernen zu erkennen, was an ungenutztem kreativen Potential in ihrem „System" steckt. Wenn solche Konferenzen erfolgreich sind, setzen sie die Gruppenintelligenz frei, fördern kreative Konkurrenz und erzeugen Netzwerk-Kreativität, ein Typ von Kreativität, der aufgrund seiner Verknüpfung der unterschiedlichsten Personen aus verschiedenen Bereichen weitreichende Wirkungen – insbesondere auch bei der Innovation von Organisationen – haben kann.

Transfer:
1. Über welche formellen/informellen Kommunikations-, Experten-, Vertrauensnetzwerke verfügen Sie bereits? Beschreiben Sie diese Netzwerke möglichst genau? Was leisten sie?
2. Welche Netzwerke zur Lösung welcher Aufgaben wünschen Sie sich? Beschreiben Sie diese gewünschten Netzwerke möglichst genau!
3. Wo gibt es bereits existierende Netzwerke, an die Sie sich anschließen können?
4. Gibt es ein Netzwerk, das Sie selbst gerne initiieren würden? Beschreiben Sie seine Aufgabe und sein Ziel möglichst konkret!
5. Was sind Sie bereit zu tun, um dieses Netzwerk ins Leben zu rufen, und wo können Sie sich Unterstützung holen?

Virtuelle Kreativität:
Durch Cyberspace zu kollektiver Intelligenz

> „Der Fortschritt bei den digitalen kognitiven Prothesen
> verwandelt unsere intellektuellen Fähigkeiten genauso radikal,
> wie es Mutationen in unserer Erbmasse täten."
> Pierre Levy

Die Idee Kreativer Felder eröffnet auch vor dem Hintergrund der rasanten Entwicklung moderner Kommunikationstechnologien einen Horizont von aufregenden neuen Möglichkeiten synergetischen Schöpfertums. So zeichnet sich eine Verschmelzung von Medien der Telekommunikation (Telefon, Fax), Computernetzwerken, Presse, Verlagswesen, Fernsehen, Kino und elektronischen Spielen zu einer vereinten Multimediaindustrie ab, die – wie der französische Philosoph Pierre Levy (1997) in seinem gleichnamigen Buch ausführt – zur Herausbildung einer „Kollektiven Intelligenz" beitragen könnte. Indem das verfügbare Wissen raum- und zeitunabhängig interaktiv verfügbar wird, kann es zu *neuen Formen des kollektiven Denkens* kommen, in denen sich Personen unterschiedlichster Wissensgebiete virtuell im Netz begegnen und ungeahnte Ideensprünge schaffen. In Computernetzen könnten so *neuartige Begegnungsräume* entstehen, in denen sich auch neue Formen *virtueller Kreativität* durch einen synergetischen Austausch bilden.

Kevin Kelly (1999), der Vordenker der „Net Economy" unterstützt diese Vision mit der These, daß wir vor der Entstehung einer *Netzgesellschaft* stünden. „Das Netz ist unsere Zukunft. Von allen Anstrengungen, mit denen wir Menschen gegenwärtig befaßt sind, besteht die größte vielleicht in der permanenten Verwebung unserer Existenzen, unserer Gedanken, unserer Artefakte zu einem Netzwerk von globalem Ausmaß... Zwei brandneue technologische Errungenschaften – der Silikonchip und das Silikatglasfaserkabel – trafen mit ungeheurer Geschwindigkeit aufeinander. Wie bei nuklearen Partikeln, die in einem

Zyklotron zusammenprallen, entfesselte sich am Schnittpunkt dieser beiden Erfindungen eine nie zuvor gesehene Macht: die Kraft eines alles durchdringenden Netzes. In dem Maße, in dem sich dieses große Netz ausdehnt, überzieht ein lebhafter Datenstrom netzartig die Oberfläche des Planeten. Wir überdecken den Globus mit einer Netzgesellschaft." (Kelly 1999, S. 21 f.)

Wie meine bisherigen Ausführungen gezeigt haben, ist das kreative Genie auch in der „Vor-Computer-Zeit" bei näherer Betrachtung das Ergebnis eines Zusammenwirkens verschiedenster Faktoren und Personen, die ein unterstützendes Hintergrundsnetzwerk bilden. Niemand ist nur aus sich selbst heraus kreativ. Mit der digitalen Revolution bietet sich aber die Chance, daß wir solche Unterstützungsnetzwerke raum- und zeitunabhängig zu den verschiedensten Themen mit vergleichsweise geringem Aufwand selbst konstruieren können: Nicht nur Wissen, sondern auch ästhetische Ausdrucksformen und anregende Synergiepartner sind global vernetzt verfügbar. Alles was wir benötigen ist ein kommunikationsfähiger PC, eine geeignete Software, den Zugang zum Netz und ein entsprechendes Zeitbudget. Alles, was ich über die Netzwerk-Kreativität gesagt habe, gilt im wesentlichen auch für die virtuelle Kreativität – mit einem entscheidenden Unterschied: Durch die digitale Revolution vervielfachen sich unsere Möglichkeiten der Co-Kreativität – jedenfalls tendenziell. Es wird belanglos sein, an welchem Ort ich mich befinde. Tendenziell erweitert sich der *Raum des Wissens* und der möglichen Synergiepartner, auf die ich im Hier-und-Jetzt zugreifen und mit denen ich Beziehungen knüpfen kann. Jeder kann jederzeit ein Netzwerk gründen und sich bestehenden Netzwerken anschließen. Da die Kosten für die entsprechende Technik sinken – bei gleichzeitiger Vervielfältigung der Möglichkeiten – entsteht hier ein fast unbegrenzter Raum des Wissens, der ungeahnte Chancen für die Entwicklung neuartiger Formen virtueller Kreativität eröffnet. Sie reichen von informellen Netzen bis hin zu *virtuellen Teams* (Lipnack & Stamps 1997) und virtuellen Organisationen und Firmen.

Da der Arbeitsgesellschaft aufgrund der enormen Rationalisierungssprünge die Arbeit auszugehen droht, gleichzeitig aber die

Anforderung an kreative Lösungen angesichts der sich zuspitzenden globalen Probleme wächst, verfügen zwar immer mehr unfreiwillig „freigesetzte" Menschen über genügend Zeit, doch die Gesellschaft verweigert ihnen ein sinnvolles Betätigungsfeld. Auch hier scheinen sich mit der Entwicklung des Cyberspace völlig neue Chancen aufzutun.

Mit der digitalen Revolution einen Raum des Wissens schaffen

Levy ist jedenfalls von diesen neuen Möglichkeiten fasziniert und fordert uns auf, die sich abzeichnende digitale Revolution nicht einfach passiv über uns ergehen zu lassen – etwa als Opfer einer allmächtigen Multimedia-Industrie –, sondern den neu entstehenden Raum, den er den *Raum des Wissens* nennt, rechtzeitig durch unsere eigenen Visionen zu belegen. Mit der *Metapher vom Raum des Wissens* benennt Levy eine *vierte Stufe menschlicher Entwicklung:*

Zunächst besetzte die Menschheit im Stadium der Jäger und Sammler den *Raum der Erde;* mit der Herausbildung der seßhaften Lebensweise als feldbearbeitende Bauern entsteht dann der *Raum des abgegrenzten Territoriums;* und schließlich entwickelt sich ab dem 16. Jahrhundert ein neuer anthropologischer Raum, den Levy den *Raum der Waren* nennt: „Das Organisationsprinzip dieses Raums ist der Fluß: der Fluß von Energien, Rohstoffen, Waren, Kapital, Arbeitskraft, Informationen." (Levy, S. 22)

Dieser Raum der Waren wird in zunehmenden Maß ein ungemütlicher Platz „... für Arbeitslose, denn die soziale Identität definiert sich hier über ‚Arbeit', für die Mehrzahl der Bevölkerung, also über einen bezahlten Arbeitsplatz." Der Raum der Waren werde nun zunehmend überformt vom „Raum des Wissens", der – da er noch im Entstehungsprozeß ist – nur wenig festgelegt sei. Mit seiner Gestaltung haben wir die Chance, die Strukturen der zukünftigen Gesellschaft zu schaffen. Levy argumentiert hier ganz im Sinne von Joseph Beuys, der warnte: „Die Zukunft, die wir wollen, muß erfunden werden. Sonst bekommen wir eine, die wir nicht wollen." Welche Zukunft wünschen wir uns also für die Entfaltung unseres Kreativen Potentials im Raum des Wissens?

Kreatives Schöpfertum im Raum des Wissens

Ich kann mir vorstellen, daß mit der leichten Verfügbarkeit nicht nur von Wissen, sondern auch ästhetischer Ausdrucksmittel eine qualitativ *neue Stufe kollektiven, synergetischen kreativen Schöpfertums* erreicht werden kann. Hierzu nur einige Ideen: Jeder, der im Besitz eines multimediafähigen PCs ist, kann heute mit relativ wenig Aufwand Musikstücke komponieren, die aus Partituren Bachs oder der Beatles und seinen eigenen Ideen zusammengesetzt sind. Mit der entsprechenden Software ist das ein Kinderspiel. Vom Symphonieorchester, über einzelnen Instrumente bis hin zu Naturgeräuschen kann ich fast alles mit meinen eigenen Einfällen kombinieren und so die bisherigen Grenzen kreativen Schöpfertums überschreiten. Nötiges Fachwissen kann ich mir vermittels Netzrecherche beschaffen, und wenn ich zudem auf eine spezielle Fachgruppe im Netz treffe, kann ich meine Lücken im digitalen Diskurs schließen. Darüber hinaus kann ich kulturenübergreifend virtuelle Komponistenteams bilden, die miteinander kritisch und anregend umgehen.

Die Möglichkeiten elektronischen Publizierens – um ein Beispiel für einen anderen Bereich zu geben – machen es mir leicht, eine Zeitung zu gründen oder eigene Texte in Sekundenschnelle tausendfach zu verbreiten. *Der Text selbst verliert im Internet seinen Status als abgeschlossenes Dokument und wird zum Montagebaustein für kollektive kreative Veränderungen durch Interaktionspartner in Echtzeit.* Gemeinsames Dichten mit Gleichgesinnten, die auf fünf Kontinenten in Echtzeit miteinander arbeiten, wird möglich. Dem *„elekronischen Flaneur"* wird sich schon bald eine atemberaubende Vielfalt an „Reisen im Unbewegten" anbieten. Levy beschreibt diese neue Art des Reisens: „Sich bewegen, das heißt nicht mehr, sich von einem Punkt der Erdoberfläche zum anderen zu begeben, es heißt, Universen von Problemen, gelebte Welten, Sinneslandschaften zu durchqueren ... Wir sind Immigranten der Subjektivität." (Levy, S. 10)

Mit anderen Worten: Der naiv anmutende Traum des Zukunftsforschers Robert Jungk, die Schätze, die in Millionen Menschen ruhen, zu heben, erhält hier eine konkrete Umsetzungschance: Mit der Möglichkeit netzgestützter Co-Kreativität erhalten wir die *Chance, die Grenzen unserer individuellen Fähigkeiten zu sprengen und im computergestützten Diskurs das Wissen und Können der gesamten Menschheit auszuschöpfen.* „Der Fortschritt bei den digitalen kognitiven Prothesen verwandelt unsere intellektuellen Fähigkeiten genauso radikal, wie es Mutationen in unserer Erbmasse täten." (Levy, S. 11)

Levy sieht darin nicht nur die Chance, eine bislang ungekannte Stufe kollektiven Schöpfertums zu erreichen, sondern glaubt auch, daß eine neue Demokratieform entsteht, in der wir uns alle direkt an Entscheidungen beteiligen können. Dies setze aber voraus, daß die BürgerInnen selbst diese Technik aktiv gestalten. „Wir werden die Instrumente der Kommunikation und des kollektiven Denkens nicht neu erfinden können, ohne auch die Demokratie, eine überall verfügbare, molekulare Demokratie, neu zu erfinden. An diesem Punkt der Kehrtwendung, des riskanten Manövers, könnte die Menschheit ihr Werden wieder in die Hand nehmen, und zwar nicht nur, indem sie ihr Schicksal einem vorgeblich intelligenten Mechanismus überantwortet, sondern indem sie systematisch jene Werkzeuge schafft, sich als intelligente Kollektive zu konstituieren, als Kollektive, die fähig sind, sich im stürmischen Meer dieser Mutationen zu orientieren." (Levy, S. 12)

In meinen Augen sollten die Möglichkeiten der digitalen Revolution dazu genutzt werden, *persönlich bedeutsame Kreative Felder* zu schaffen. Indem ich mir im Netz ein *Kreativitätsforum* schaffe, in dem ich mit „Gleichgesinnten" an Schöpfungsprozessen teilnehme, schaffen wir uns ein *Synergiesystem zur interaktiven Freisetzung unseres Kreativen Potentials.* Auf diese Weise kann ich mir die *Entstehung interaktiver Kreativitätsnetze vorstellen, in denen die Potentiale der Beteiligten grenzenlos über soziale und kulturelle Grenzen hinweg gebündelt sind, daß man sie metaphorisch als „Kreativitätskraftwerke im Netz" bezeichnen könnte.*

Grenzen der Kreativität im Cyberspace

Es muß sich allerdings erst zeigen, ob solche virtuellen Räume digitaler Kreativität in der Lage sind, das zu leisten, was aus „echter", „körperlicher" sozialer Begegnung entsteht. Ich bin skeptischer als Levy und vermute, daß Räumen digitaler Kreativität wohl nur Ergänzungs- und Anregungsfunktion zukommen wird, da dem Netz die sinnliche, emotionale und körperliche Qualität echter zwischenmenschlicher Begegnung fehlt. Ähnlich argumentiert übrigens auch der Wissenschaftssoziologe Ernst Pöppel (1996, S. 22), der über die Schnittstelle Gehirn-Computer forscht und ganz im Sinne Levys syntopische Kongresse fordert, in denen verschiedenste Denkformen und Inhalte miteinander kombiniert werden. Allerdings ist er im Gegensatz zu Levy der Auffassung, daß für eine echte fachübergreifende Begegnung die *physische Präsenz im Feld notwendig* ist:

„Die physische Präsenz des anderen als Voraussetzung für kreative Syntopie mag sich als ein Problem entpuppen bei virtueller Kommunikation mit Hilfe elektronischer Medien. Läßt sich die unmittelbare Kommunikation von Gesicht zu Gesicht medial simulieren? Laufen in Internet-Gesprächen die gleichen Gedanken ab wie in einem direkten Gespräch, und entsteht Neues im ‚Distanz-Gespräch' auf analoge Weise wie im ‚Gespräch-der-Nähe'? Dies ist zu bezweifeln, weil in der unmittelbaren Kommunikation in viel stärkerem Maße implizites Wissen einfließt, das in einer Nur-Wort- oder Ikon-Kommunikation unberücksichtigt bleibt."

Letztlich schwingt in den visionären Träumen Levys die *Idee einer freien Verfügbarkeit menschlichen Wissens für alle* mit – unabhängig von sozialer Stellung. Levy stellt damit zwar eine sympathische Vision vor; doch ohne die Angabe strategischer Schritte wirkt sie vor dem Hintergrund des derzeit stattfindenden gnadenlosen Kampfes um Informationsmonopole reichlich naiv.

Die Gesellschaft als virtuelles Kreatives Feld

Mithilfe der Erfindung einer neuen Form der Darstellung von Informationen jenseits der Sprache möchte Levy den Einzelnen aus seiner Isolierung befreien und zum Mitschöpfer der Wissensgesellschaft machen. Mit der Vision einer Kollektiven Intelligenz verbindet er letztlich ein *Menschheitsrettungsprojekt,* dessen Kern es ist, die Gesellschaft insgesamt „intelligent" zu machen. „Wenn sich unsere Gesellschaften damit begnügen, nur intelligent gesteuert zu sein, dann werden sie mit ziemlicher Sicherheit ihre Ziele nicht verwirklichen können. Um überhaupt eine Chance auf ein besseres Leben zu haben, müßten sie in ihrer Gesamtheit intelligent werden." (Levy, S. 16)

Mit den neuen Kommunikationstechnologien scheint die Möglichkeit auf, „... Gruppen von Menschen bestimmte Instrumente in die Hand zu geben, mit deren Hilfe sie ihre geistigen Kräfte bündeln und eine kollektive Intelligenz, eine kollektive Einbildungskraft erschaffen können. Die Kommunikationstechnologien wären in diesem Fall *die technische Infrastruktur des kollektiven Gehirns, der Hyperkortex der lebendigen Gemeinschaften.* Die Rolle der Computerwissenschaften und digitalen Kommunikationstechnologien bestünde nicht darin, den Menschen zu ersetzen oder sich einer hypothetischen künstlichen Intelligenz zu nähern, sondern darin, die *Konstruktion intelligenter Kollektive zu fördern,* in denen sich die sozialen und kognitiven Potentiale eines jeden einzelnen entwickeln und gegenseitig verstärken könnten. Nach diesem Ansatz wäre das größte Architekturprojekt des 21. Jahrhunderts die Konstruktion und Einrichtung des interaktiven, sich bewegenden Raums des Cyberspace." (Levy, S. 25 f.)

Sein „Architekturprojekt" beschreibt immerhin die Umrisse eines *virtuellen Kreativen Feldes,* das weitgehend meiner Definition entspricht. Realisierungsschritte wären aus meiner Sicht, zunächst nach Wegen zu suchen, wie wir den Fluß des Wissens filtern, im Wissen navigieren und gemeinsam denken können. Es geht also weniger darum, Unmengen von Information zu speichern, sondern Verfahren zu finden, mit deren Hilfe wir dieses Wissen kreativ kombinieren können.

Die virtuelle Gemeinschaft

Mit dem Projekt digitaler Kreativität scheinen die Umrisse einer neuen, virtuellen, grenzenlosen Gemeinschaft auf, die aus der synergetischen Nutzung von Kompetenzen neue Bindungen herstellen kann. Gegen das alte Fortschrittsmodell der Industriegesellschaft, das mit seiner gnadenlosen Bereicherung auf Kosten von Natur und Mitwelt an seine Grenzen stößt, entwirft Levy die Vision eines Menschheitsprojekts, das sich *auf gegenseitige Bereicherung durch Ergänzung* gründet. Der andere wird als Wissenspartner betrachtet: „Wer ist der andere? Er ist einer, der weiß. Der dazu noch Dinge weiß, die ich nicht weiß. Der andere ist nicht länger ein angsteinflößendes bedrohliches Wesen: Genauso wie ich weiß er vieles und weiß er vieles nicht. Da sich aber unsere *Erfahrungsfelder* (Herv. Burow) nicht decken, könnte er unter Umständen mein eigenes Wissen bereichern und meine Seinsmöglichkeiten erweitern, da er sich von mir unterscheidet. Ich könnte meine Fähigkeiten mit den seinen verbinden, so daß wir gemeinsam besser zurecht kommen als wenn jeder für sich bliebe." (Levy, S. 28)

In diesem Sinne glaubt Levy, daß die digitale Revolution mit der Öffnung des Wissensraums, der im Cyberspace entsteht, die *Durchsetzung eines universellen Menschheitsrechts auf Wissen* ermögliche. Robert Jungk wies mich in einem Gespräch auf den interessanten Umstand hin, daß Wissen das einzige Gut ist, das ich mit anderen teilen kann, ohne dabei etwas zu verlieren. *Der Raum des Wissens könnte so zu einem Ort der gegenseitigen Bereicherung werden* und durch die universelle Erweiterung des Wissenshorizonts, unabhängig von Raum und Zeit, die Chance für eine *„computergestützte Zivilisierung"* bieten.

„Der Raum des Wissens beginnt zu leben, sobald man die konkrete Erfahrung macht, daß sich zwischenmenschliche Beziehungen auf ethischen Prinzipien gründen können: auf das Prinzip der Aufwertung von Menschen durch ihre Kompetenzen, auf das Prinzip der tatsächlichen Verwandlung von Unterschieden in kollektiven Reichtum und das Prinzip der Integration in einen dynamischen sozialen Prozeß des Wissensaustausches, in dem jeder als vollwertige Person gesehen und in seinem Lernen nicht durch Programme, Vorbedingungen, a priori feststehende Klassifikationen oder vorschnelle Urteile darüber behindert wird, welches Wissen würdiger und welches weniger würdig sei." (Levy, S. 29)

Trotz der Faszination, die diese Vision ausübt, bin ich skeptisch, ob eine vergleichsweise anonyme, entsinnlichte Begegnung im Netz aus sich selbst heraus zum Aufbau stabiler virtueller Gemeinschaften beitragen kann. Und selbst wenn dies möglich wäre: Warum soll nur aufgrund einer veränderten Technik nun plötzlich eine intelligente Gesellschaft entstehen? Vielleicht wird sich das Internet, wie Clifford Stoll – ein langjähriger Computerfreak, der desillusioniert die Front gewechselt hat – meint, lediglich als Ablenkungsmaschine und großer Zeitfresser erweisen. In seinem Bestseller „Die Wüste Internet" entwickelt er ein negatives Gegenbild zu Levys optimistischer Utopie. Statt kreativer Begegnung diagnostiziert er oberflächliche Ablenkung und unnütze Zeitverschwendung.

Ich glaube, daß noch nicht entschieden ist, welches Szenario sich durchsetzen wird. Insofern enthalten Levys Überlegungen – trotz aller angebrachten Skepsis – viele Anregungen, die wir beim Aufbau nicht-virtueller Gemeinschaften, etwa in *computergestützten Zukunftswerkstätten und Zukunftskonferenzen,* an deren Entwicklung wir arbeiten, berücksichtigen könnten: In der Tat ist es ein faszinierender Gedanke, daß wir neuartige Begegnungsformen schaffen, in denen wir unsere individuellen Fähigkeiten in synergetischer Ergänzung und gegenseitiger Bereicherung „grenzenlos" auf eine Weise verbinden, daß neuartige Lösungsmöglichkeiten zum Vorschein kommen. Ich stimme Levy darin zu, daß die neuen Kommunikationstechnologien eine unabschätzbare Bereicherung für kreative Schöpfungsprozesse sein *können,* glaube aber nicht, daß dies zwangsläufig eintreten wird, und noch weniger kann ich mir vorstellen, daß sie die Qualität direkter Begegnung ersetzen können.

Kreatives Schöpfertum und Demokratie in Echtzeit

> „Potentiale machen möglich, Macht blockiert.
> Potentiale befreien, Macht unterwirft.
> Potentiale akkumulieren Energie,
> Macht verschwendet Energie."
>
> Pierre Levy

Levy träumt von einer virtuellen Agora (einem Marktplatz), in der die „Kreuzchen-Demokratie" (Jungk) abgeschafft ist und der Bürger nicht nur alle vier Jahre seinen Stimmzettel abgibt, sondern im Rahmen eines permanenten Diskurses, zusammen mit anderen seine Zukunft selbstgestaltet. Sein visionäres Ziel ist, daß die Gesellschaft als Ganzes intelligent wird, indem die BürgerInnen nicht nur an allen Entscheidungen beteiligt sind und die Entscheidungsprozesse nicht mehr durch Repräsentanten verfälscht werden, sondern tendenziell die Vielheit der Vorstellungen aller BürgerInnen enthalten.

„Der Cyberspace könnte Äußerungsstrukturen beherbergen, die lebendige politische Symphonien hervorbringen, wodurch Kollektive von Menschen kontinuierlich komplexe Äußerungen erfinden und zum Ausdruck bringen, mit ihrer ganzen Bandbreite an Singularitäten und Divergenzen, ohne sich vorgegebenen Formen unterwerfen zu müssen. Eine Echtzeit-Demokratie will ein möglichst reiches ‚Wir' erschaffen, dessen musikalisches Vorbild ein improvisierter vielstimmiger Chor sein könnte.

Für den einzelnen ist die Mitwirkung deshalb eine besondere Herausforderung, weil er erstens den anderen Chorstimmen zuhören, zweitens anders als die anderen singen und drittens seine Stimme harmonisch in die der anderen einfügen, das heißt, die Gesamtwirkung verbessern muß – und das alles gleichzeitig." (Levy, S. 78)

Nicht zufällig greift Levy hier zu Metaphern aus dem Bereich der Musik. Besser als das Bild des Chors paßt aber das Modell der Jazzband zu seiner Vorstellung, weil in ihr nicht – unter Leitung eines Dirigenten – eine vorgegebene Partitur nachgesungen wird, sondern jeder nicht nur seine eigene Stimme, sondern auch seine eigenen Einfälle einbringt. In der „Individualisierungsfalle" (Burow, S. 18 ff.) habe ich deshalb die Jazzband als Führungsmodell der Zukunft charakterisiert. Bei der Entstehung der Wissensgesellschaft, die in zunehmendem Maß eine „Netzgesellschaft" sein wird, geht es deshalb darum, einen neuen „Rhythmus" zu finden, eine neue „Choreographie" des „polyphonen" demokratischen „Zusammenspiels" zu erfinden.

Dabei bietet das Netz besondere Chancen, denn hier ist es möglich, Randzonen zu maximieren. Im Netz haben auch Minderheitenthemen einen Platz. Jeder, der es möchte, kann ein Diskussionsforum zu welcher Idee auch immer gründen. Kann das Netz also zu einer Quelle der Vielfalt werden, zu einem Widerstandsort gegen den Trend zur Vereinzelung?

Mit der Idee der „digitalen" Kreativität gewinnt die konstruktive Nutzung und Freisetzung unseres kreativen Potentials in der Gemeinschaft Kontur. Subjektivität muß nicht mehr unterdrückt oder zur destruktiven Konkurrenz mißbraucht werden, sondern kann zur entscheidenden Quelle gegenseitiger Bereicherung werden. Levy bringt hier eine allgemeingültige Vision zum Ausdruck: „Es geht um den aktiven Ausdruck von Singularitäten, um die systematische Förderung von Kreativität und Kompetenz, um die Verwandlung von Unterschiedlichkeit in Gemeinschaftsfähigkeit..." (Levy, S. 66)

Das visionäre Ziel, das meinen Ansatz mit dem Levys verbindet, besteht in der Freisetzung und besseren Nutzung der in uns schlummernden und ungenutzten kreativen Potentiale. Uns unterscheiden die Wege, auf denen wir dieses Ziel zu erreichen hoffen. *Während ich auf die physische Begegnung in Zukunftswerkstätten, Zukunftskonferenzen, Syntopischen Kongressen, offenen Begegnungsfeldern etc. setze, sieht Levy den Königsweg im Cyberspace.* Doch beide Wege müssen sich nicht ausschließen, sondern sind vielmehr als gegenseitige Ergänzungen zu sehen. Levy sieht in der Entwicklung einer „Echtzeit-Demokratie" einen geeigneten Weg zur Umsetzung seiner Utopie.

„Da die Echtzeit-Demokratie eine Erziehung zur kollektiven Intelligenz darstellt und die menschlichen Fähigkeiten am besten mobilisieren, aufwerten und nutzen kann, ist sie jenes politische Regime, das am besten die für das 21. Jahrhundert charakteristische Effizienz herstellen und schlummernde Potentiale wecken kann.

Potentiale machen möglich, Macht blockiert. Potentiale befreien, Macht unterwirft. Potentiale akkumulieren Energie, Macht verschwendet Energie." (Levy, S. 98)

Ob das Cyberspace ein wirksames Instrument zur Freisetzung unserer schlummernden Potentiale und zum Ausbau der Demokratie ist, muß sich erst noch erweisen. Zweifel sind angebracht. Doch Zweifel allein ist zu wenig. Es liegt in unserer Verantwortung aus diesem neuen Raum der Information einen Raum des Wissens bzw. ein Kreatives Feld zu machen.

Transfer:
1. Wie müßte ein virtuelles Netzwerk beschaffen sein, das Sie bei der Entfaltung Ihres ungenutzten kreativen Potentials unterstützt?
2. Welche Netzwerke zur Lösung welcher Aufgaben wünschen Sie sich? Beschreiben Sie diese gewünschten Netzwerke möglichst genau!
3. Wo gibt es bereits existierende Netzwerke, an die Sie sich anschließen können? Welches könnten Sie selbst initiieren?
4. Welchen Stellenwert haben die neuen Technologien für die Entfaltung Ihres Kreativen Potentials? Welche Alternativen sehen Sie?

Die „Lernende Organisation" als Kreatives Feld

Nach diesem Ausflug in die Welt des Cyberspace kommen wir nun zum fünften Organisationstyp, der *„Lernenden Organisation"* als dem Ort, an dem Kreative Felder entstehen. Am Ausgang dieses Jahrhunderts erleben wir einen grundlegenden Umbau der Industriegesellschaft, der zu völlig neuen Formen der Aneignung und Umsetzung von Wissen und der Produktionsprozesse führt. Angesichts des sich verschärfenden Konkurrenzkampfes auf globalisierten Märkten setzt sich die Einsicht durch, daß nur solche Unternehmen überlebensfähig sein werden, die es verstehen, die ungenutzten Ressourcen ihrer Mitarbeiter so zu erschließen, daß sowohl Verkaufs-, Verwaltungs- und Produktionsprozesse im Sinne der permanenten Selbstverbesserung immer effektiver und kundenfreundlicher werden als auch vielfältige innovative Ideen umgesetzt werden können.

Immer mehr Kompetenzen werden in Arbeitsgruppen verlegt. *Kommunikations- und Kooperations- bzw. Synergiefähigkeiten* (vgl. Burow 1992; 1993) werden so zu Schlüsselqualifikationen und erfordern selbständig, verantwortungsbewußt und kreativ im Team arbeitende Mitarbeiter. Die *Wertschöpfung* findet nun immer stärker *in der optimalen Koordinierung der individuellen Ressourcen im Team* statt. Dabei müssen sowohl die individuellen Potentiale der Mitarbeiter entfaltet und genutzt, als auch „synergetisch" miteinander verbunden werden. Außerdem sollte man sich darüber Gedanken machen, wie eine optimale Organisation der Lern- bzw. Arbeitsumgebung aussehen könnte. Hinter Schlagworten wie *„Lean Production"* (vgl. Womack, Jones & Roos 1991; Stürzl 1992) und *„Lernende Organisation"* (vgl. Fatzer 1993) verstecken sich Konzepte, die darauf abzielen, die Organisation von Arbeitsprozessen und institutionellen Strukturen zu verändern.

Vom Individuum verlangt der sich unaufhaltsam beschleunigende gesellschaftliche Wandlungsprozeß neue Orientierungsleistungen und Fähigkeiten zur Selbstbehauptung, vor allem die *Fähigkeit zum Selbstmanagement*. Da sich die Gesellschaft rasant wandelt und wir alle aus Traditions- und Sozialverbänden „freigesetzt" sind und auf die ständig wechselnden Anforderungen eines unvorhersagbaren Arbeitsmarktes reagieren müssen, ist nun jeder selbst gefordert, die notwendigen Orientierungs- und Qualifizierungsleistungen zu erbringen. Doch wer dies alles allein meistern will, sitzt schnell in der „Individualisierungsfalle", weil diese Anforderungen den Einzelnen überfordern.

Teile der Großindustrie, die immer stärker auf die Kreativität und Flexibilität als auch auf die Kooperationsfähigkeit ihrer Mitarbeiter angewiesen sind, bezahlen deshalb ihrer Belegschaft Kurse, in denen sie nicht nur Techniken des Selbstmanagements lernt, sondern auch der *kooperative Entscheidungsfindung*. Die *soziale Kompetenz* der Mitarbeiter, worunter ich in Anlehnung an Siegfried Greif (1983) das „erfolgreiche Realisieren von Zielen und Plänen in sozialen Interaktionssituationen" verstehe, insbesondere die *Fähigkeit zum Selbstmanagement* und zur weitgehend *sich selbst organisierenden Kooperation mit anderen* (vgl. Heidack 1993), werden zu den wichtigsten Qualifikationen der entwickelten Industriegesellschaften. Moderne Großunternehmen sind in wachsendem Maße auf die *Problemlösefähigkeit* ihrer MitarbeiterInnen in *kreativer Eigenverantwortlichkeit* angewiesen. Immer häufiger wird vom Individuum verlangt, seinen Lebens- und Arbeitsbereich selbständig so zu organisieren, daß es in der Lage ist, eigenständig mit wechselnden Anforderungen umzugehen.

Die Erweiterung der fachlichen und sozialen Kompetenz wird immer öfter durch die Bildung von *Fraktalen* zu erreichen versucht. Unter Fraktalen versteht man relativ einfache Organisationsprinzipien, die als grundlegende Elemente die gesamte Firma durchziehen. Hierzu gehören z. B. sich selbst organisierende und optimierende Projektgruppen, die sich selbst Ziele setzen. Die Organisation in Form von Fraktalen macht viele überkommenen Formen der hierarchischen Führung überflüssig, da die wiederkehrenden Prinzipien ausreichende Leitlinien für die Selbstführung der Mitarbeiter bereitstellen. An die Stelle der belehrenden, befehlenden, kontrollierenden Top-down-Struktur tritt so in vielen Bereichen immer häufiger eine vernetzte Bottom-up-Kultur dezentraler, überschaubarer Projektgruppen, die ihre Aufgaben und Ziele weitgehend eigenständig lösen.

Die „Lernende Organisation" nutzt die ersten vier Grundtypen, also Paar-Kreativität, Team-Kreativität, Netzwerk-Kreativität und Virtuelle Kreativität, aber sie geht noch einen Schritt weiter. Mit Managementmethoden zur Organisationsentwicklung will man *Firmen und/oder Institutionen so umgestalten, daß sie selbst zu „Kreativen Feldern" werden*. Insofern kann in den entwickelten Bereichen der Unterschied zwischen Bildungsinstitutionen und Firmen verschwinden, da Erfinden, Umsetzen, Produzieren, Distribuieren zu einem einheitlichen Prozeß werden. Die „Lernende Organisation" kann nur überleben, weil sie eine Stätte des Lernens, eine Bildungsstätte ist, die zugleich ihre Lernergebnisse in Produkte umsetzt, die sie verwertet.

Dieses utopisch anmutende Bild wird allerdings durch die ernüchternde Alltagsrealität getrübt: In den meisten Managementbüchern zur „Lernenden Organisation" werden die Organisationsziele nicht auf die gesamte Mitwelt (vgl. Meyer-Abich 1988) bezogen, sondern auf die Durchsetzung egoistischer Profit-Interessen – letztlich auf Kosten anderer – reduziert. So taucht in kaum einer der Studien zur „Lernenden Organisation" die Reflexion öko-sozialer Probleme auf, die unsere nahe Zukunft dramatisch prägen werden. Statt dessen wird häufig so getan, also könnten wir das auslaufende Wirtschaftsmodell der expansiven Risikogesellschaft in das 21.Jahrhundert hinüberretten. Dies wird aufgrund der Verschärfung ihrer Probleme (vor allem: Überbevölkerung und Verteilungsungleichheit, Ressourcenverknappung und fortschreitende Zerstörung von Öko-Systemen, Überkonsum bei gleichzeitig sich ausbreitender Armut) mit Sicherheit nicht der Fall sein (vgl. Burow 1996a).

Insofern charakterisiert eine „Lernende Organisation", die diesen Namen auch verdient, daß sie die kreativen Problemlösungen nicht nur bezogen auf ihre eigenen Ziele entwickelt, sondern grundlegende Problemstellungen der Mitwelt berücksichtigt. Dies liegt übrigens in ihrem ureigensten Interesse. Denn wie der ehemalige Shell-Manager Aries de Geus (1998) in seiner Studie „Jenseits der Ökonomie. Die Verantwortung der

Unternehmen" gezeigt hat, zeichnet es langlebige Unternehmen aus, daß sie in einem konstruktiven Austausch mit ihrer Umwelt stehen. Darunter versteht er die Gesamtsumme der Kräfte, durch die ein Unternehmen in seinem Handeln beeinflußt wird. Konzerne, die den Umwelt- bzw. Umfeldbezug in ihr Handeln einbeziehen, haben demnach eine erheblich höhere Lebensdauer als Unternehmen, die diesen Aspekt vernachlässigen.

Das „Systemdenken", das Peter Senge (1996) in seinem gleichnamigen grundlegenden Werk als die „Die fünfte Disziplin" des Lernens bezeichnet, ist ein zentraler Aspekt des neuartigen Kreativen Feldes, das als „Lernende Organisation" bezeichnet wird. Insgesamt läßt sich ihr Wesen aus seiner Sicht anhand von fünf Aspekten charakterisieren:

Kennzeichen einer „Lernenden Organisation"
(nach Senge 1996)

- *Personal Mastery*
  Hierunter versteht er die „Disziplin der Selbstführung und Persönlichkeitsentwicklung". Wie kann man seine wahren Ziele erkennen und Wege finden, seine eigene persönliche Vision zu entwickeln und umzusetzen.

- *Mentale Modelle*
  Wie lernt man, seine persönlichen Überzeugungen, Glaubenssysteme und Verhaltensmuster zu erkennen und ggf. zu modifizieren.

- *Eine gemeinsame Vision entwickeln*
  Wie lernt man, seine individuelle Vision in eine gemeinschaftliche Vision einzubringen und gemeinsame Zukunftsbilder zu entwickeln.

- *Team-Lernen*
  Wie erwirbt man die Fähigkeit zum Dialog und

wie erkennt man Interaktionsstrukturen, die Lernen im Team behindern.

- *Systemdenken*
  Die Fähigkeit zum Systemdenken ist Senges „fünfte Disziplin"

Lernende Organisationen zeichnen sich demnach dadurch aus, daß ihre Mitarbeiter kontinuierlich an ihrer persönlichen Entwicklung arbeiten und so allmählich *Personal Mastery* erreichen. Nur wenn sie in der Lage sind, ihr kreatives Potential freizusetzen und ihrer Vision zu folgen, können sie auch innerhalb von Unternehmen zu Kristallisationskernen werden und Kreative Felder bilden.

Entwicklung, Innovation und Kreativität sind nur möglich, wenn man in der Lage ist, seine *mentalen Modelle,* seine Glaubensysteme und Verhaltensmuster kritisch zu überprüfen.

Mitglieder einer Lernenden Organisation müssen nicht nur über persönliche Visionen verfügen, sondern auch in der Lage sein, diese in die gemeinsame Visionsbildung einzubringen. Weiterhin sollten Mitarbeiter aufgeschlossen sein für die verschiedenen Formen der Co-Kreativität, die ich bereits beschrieben habe.

Laut Senge sind im Systemdenken die vorher genannten Aspekte vereint. „Schließlich macht das Systemdenken den subtilsten Aspekt der lernenden Organisation deutlich – daß Menschen sich selbst und ihre Welt mit anderen Augen sehen. Ein fundamentales Umdenken ist das eigentliche Herzstück einer lernenden Organisation; wir erkennen, daß wir nicht von der Welt getrennt, sondern mit ihr verbunden sind, und wir machen nicht länger Widersacher ‚da draußen' für all unsere Probleme verantwortlich, sondern erkennen, wie wir selbst durch unser Handeln zu unseren Problemen beitragen. Eine lernende Organisation ist ein Ort, an dem Menschen kontinuierlich entdecken, daß sie ihre Realität selbst erschaffen. Und daß sie sie verändern können." (Senge 1996, S. 22 ff.)

Die Mitglieder sollen ein Bewußtsein dafür entwickeln, wie sehr sie in ein komplexes, auf vielfache Weise miteinander vernetztes Umfeld eingebunden sind.

Meine These lautet nun, daß die Entwicklung *Lernender Organisationen* einen neuen Weg aufzeigt, wie wir Kreative Felder erzeugen können. In der (idealen) Lernenden Organisation existieren vielfältige Räume, die Synergie-Kreativität, Team-Kreativität und Netzwerk-Kreativität ermöglichen, fördern und fordern. Analog zum Jazzband-Modell ist sie ein Ort, an dem sich Solisten mit ihren Instrumenten treffen und weitgehend aus eigenem Antrieb über aktuelle Themen improvisieren. Die Lernende Organisation räumt den profilierten Egos soviel Experimentierraum ein, daß sie ihr Erfolgs-Team bilden können.

Hierbei gilt, daß die Einrichtung eines Kreativen Feldes ein tendenziell unabschließbarer Prozeß ist. Mit der Entwicklung Lernender Organisationen ist die Revolutionierung unserer tradierten Vorstellungen von Organisation eingeleitet: Firmen, Schulen, Hochschulen und sonstige Institutionen können nicht mehr als per Gesetz, Verordnung und Vorschriften festgelegte Einrichtungen betrachtet werden, sondern ihre Strukturen „verflüssigen" sich. Sie müssen immer wieder selbst die jeweils adäquate Gestalt gemäß den aktuellen Herausforderungen herausfinden.

Insofern wird hier der Bürokratietypus, der aus dem Obrigkeitsstaat des 19. Jahrhunderts herrührt, allmählich abgelöst durch einen neuen Typus, dessen noch unscharfe Konturen einstweilen mit Begriffen wie *Gestaltungsautonomie, Selbstverwaltung, Selbstorganisation, Selbstregulation, kontinuierliche Selbstverbesserung, permanenter Dialogprozeß* usw. umrissen werden können. Alle diese Begriffe und die entsprechenden Praxisformen lassen sich aus den von mir in der „Individualisierungsfalle" skizzierten Feldtheorie ableiten. Sie stimmen auch mit Organisationsprinzipien überein, die Querdenker wie Kevin Kelly (1997) aus der „Bio-Logik" lebender Systeme und Dana Zohar (1997) aus den Prinzipien der Quantenphysik abgeleitet haben. Am Ende des 20. Jahrhunderts befinden wir uns also auf einer spannenden, aber nicht ungefährlichen

Reise in eine völlig veränderte Gestaltung unserer Organisationen. Wie bei allen Innovationsprozessen ist noch unklar, in welchem Interesse und mit welchem Ergebnis dieser Umsteuerungsprozeß erfolgen wird. Die ernüchternden Erfahrungen mit totalitären Heilskonzepten des letzten Jahrhunderts des destruktiven Schreckens sollten uns achtsam sein lassen.

Dennoch sehe ich mit der Ausbildung Lernender Organisationen große Chancen für die konstruktive Freisetzung unserer ungenutzten Kreativitätspotentiale.

Transfer:
1. Analysieren Sie die Organisation/Institution, in der Sie arbeiten, nach den Kriterien Senges. Handelt es sich um eine Lernende Organisation? Wenn nicht – was sehr wahrscheinlich der Fall sein dürfte –, in welchen Punkten widerspricht ihr Aufbau einer Lernenden Organisation?
2. Was könnten Sie in Ihrem Arbeitsfeld zum Aufbau einer Lernenden Organisation beitragen?
3. Wie könnten Sie in Ihrem Bereich einen Prozeß der kontinuierlichen Selbstverbesserung einleiten?
4. Welche Unterstützung bräuchten Sie und wo könnten Sie sich entsprechende Hilfe holen?

Orte der Kreativität: „Haus der Zukunft" und „Stadt des Wissens"

Ein *sechster Typ des Kreativen Feldes* entsteht durch Generierung eines komplexen Ortes der Kreativität, der nicht eingeschränkten Unternehmenszielen dient, sondern als eine Art „Think Tank", eine Kreativitäts-Werkstatt für den Entwurf wünschenswerter Zukünfte entsprechende Umsetzungsstrategien darstellt. Obwohl dieser Typ fast alle Kriterien der Lernenden Organisation erfüllt, unterscheidet er sich doch durch eine andere Zielsetzung. Ein solcher Ort, den ich *„Haus der Zukunft"* nenne, müßte Verwertungszwängen enthoben sein und eine anregende Umgebung für kritische Reflexionen und die unbegrenzte Schöpfung von Visionen bieten.

Man muß dabei nicht soweit gehen wie Hans Volkmann, der Kreativitäts-Vordenker, den sich die Firma Siemens schon heute leistet: Volkmann möchte eine komplette *Stadt des Wissens* bauen. Im Unterschied zu Levys Architektur-Projekt eines virtuellen Raums des Wissens, geht es Volkmann um den Aufbau einer ganz konkreten Stadt des Wissens. Sie soll schon von der architektonischen Gestaltung her, aber auch der interdisziplinären und multinationalen Zusammensetzung seiner BewohnerInnen, eine Herausforderung für Kreativität jeglicher Art darstellen. Bibliotheken, Werkstätten, Meditationsräume, aber auch völlig neue Gebäude, Räume, die phantasievoll in die Landschaft eingepaßt sind usw. – kurz alles, was Kreativität ermöglicht – sollen hier in konzentrierter Form entstehen und die kreativsten Persönlichkeiten unserer Zeit anziehen. Es soll eine visionäre Denkwerkstatt sein, wie man sie sich nur in seinen kühnsten Träumen vorstellen kann. Alles, was wir an Knowhow und Phantasiefähigkeit haben, soll in die Gestaltung dieser Stadt des Wissens eingehen. Seine plausible These ist, daß Deutschland als rohstoffarmes Land vor der Herausforderung steht, eine besondere Kompetenz in der Entfaltung sozialer und technischer Kreativität zu entwickeln. Insofern wäre eine solche Stadt des Wissens ein attraktives und anspruchsvolles Projekt, das Signalcharakter haben könnte.

Nun sind die Ideen Volkmanns nicht neu. Robert Jungk träumte schon von Häusern der Zukunft als Ideen- und Kreativitätsschmieden. Und mit der Gründung seiner Internationalen Bibliothek für Zukunftsfragen in Salzburg hat er gegen Ende seines Lebens ein bescheidenes Stück dieses Traums verwirklichen können. Die mit Blick auf die Altstadt am Ufer der Salzach gelegene Bibliothek sammelt unter Leitung von Dr. Walter Spielmann die Neuerscheinungen zu Zukunftsfragen. Darüber hinaus gibt sie mit der Rezensionszeitschrift „pro Zukunft" ein wichtiges Informationsmedium heraus.

Wie im Kapitel „Salks Traum" bereits erwähnt, hat der Nobelpreisträger und Erfinder des Polio-Impfstoffes Jonathan Salk in den sechziger Jahren schon eine Art Haus der Zukunft gegründet. Wie kam es dazu?

Die Entwicklung des Polio-Impfstoffes „... machte Salk zu einer wissenschaftlichen Berühmtheit. Stiftungen und einzelne Spender wetteiferten darum, seine nächsten Projekte zu fördern. Salk interessierte sich zwar für die Fortsetzung der Laborforschung, aber er strebte ein noch ehrgeizigeres Ziel an: Er wollte die gewaltige Reise der Evolution von inorganischen Formen über das biologische Leben bis hin zum metabiologischen Reich der Ideen verständlich machen. Um diese Synthese zu erreichen, mußte man Vertreter aller Wissensgebiete zusammenbringen. Salk wollte sein enormes Prestige und den finanziellen Rückhalt nutzen, um ein neues interdisziplinäres Zentrum, einen ‚Schmelztiegel der Kreativität' zu schaffen, in dem Wissenschaftler, Künstler und Vertreter unterschiedlichster Denkrichtungen zusammenkommen sollten, um sich gegenseitig zu inspirieren. Salk träumte von einem wunderschönen Ort, der den neu belebten Geist von Goethes Weimar, vom Hof der Medici und von Platos Philosophenschule beherbergen würde. 1960 schloß sich Salk mit dem visionären Architekten Louis Kahn zusammen, und gemeinsam schufen sie das herrliche Bauwerk des Salk-Institutes in La-Jolla, Kalifornien, das wie ein zeitgenössischer Nachfahre alter griechischer Tempel in einem Hain über dem Pazifik steht. In diesen Gebäuden sollte Salks Traum von einem Ideenkraftwerk verwirklicht werden." (Csikszentmihalyi 1997, S. 401)

Diese traumhaft anmutende Geschichte hat allerdings einen wenig ermutigenden Ausgang: Um zunächst den wissenschaftlichen Ruf seines neuen Instituts zu festigen, stellte Salk Biologen ein. Ganz idealistischer Visionär, der er war, führte er sein Institut nach demokratischen Grundsätzen und übertrug einen wesentlichen Teil der Entscheidungsgewalt jüngeren Kollegen.

„Als es an der Zeit war, das Labor in das Zentrum seiner Träume zu verwandeln, mußte Salk leider feststellen, daß die traditionellen Wissenschaftler keine Sympathien für die neue Vision hatten. Seine Kollegen zogen es vor, alle Ressourcen des Instituts in die sichere, orthodoxe biologische Forschung zu investieren. Die Idee, Astronomen und Physiker, ganz zu schweigen von Musikern und Philosophen, zu ernsthaften Gesprächen zu versammeln, erschien ihnen als völlig überflüssiger Luxus. Der daraus resultierende Konflikt endete wie in der klassischen Mythologie: Der Schöpfer wurde von seinen Nachkommen entthront. Salk behielt ein Büro und einen repräsentativen Status, konnte aber die Ideen, die sein Institut überhaupt erst ermöglicht hatten, nicht verwirklichen." (Csikszentmihalyi 1997, S. 402)

Salk mußte leider feststellen, daß traditionellem Fachdenken verhaftete Wissenschaftler keine Sympathien für seine Utopie hatten und anstatt an interdisziplinärer Arbeit an einem engen Festhalten an ihrer Fachdisziplin interessiert waren.

Bei meinem Besuch dieses Instituts (1997) konnte ich nur wenig von den visionären Ideen Salks spüren. Zwar ist eines der weltbesten bio-chemischen Institute entstanden, doch der neue Präsident legt seine Schwerpunkte auf klassisch disziplinäre Forschung und das Einwerben von Mitteln dafür.

Salks Scheitern und Volkmanns bislang unrealisierte „Stadt des Wissens" besagen jedoch nicht, daß die dahinterstehende Idee falsch oder nicht realisierbar wäre. Vielleicht war bislang die Zeit für ihre Realisierung nicht reif. Auf jeden Fall ist es lohnenswert, dieses Projekt weiterzuverfolgen. Auf eine bescheidenere Weise verfolgt seit einigen Jahren Nicholas Albery in London ähnliche Ziele.

So hat er ein „Institute for Social Inventions" gegründet, das alljährlich einen Wettbewerb für die besten „sozialen Erfindungen" ausschreibt. Mit Unterstützung der Gründerin des Body Shop, der ehemaligen Grundschullehrerin Anita Roddick, wird für die besten Ideen ein Preis verliehen. Als ein Ergebnis dieser Arbeit gibt er ein „Handbuch der sozialen Erfindungen" heraus, in dem über 250 kreative Einfälle beschrieben sind, die man auch per Internet abrufen kann. Er hat dort eine „Global Ideas Bank" installiert, in die man seine eigenen Kreationen eingeben kann und die registriert, welche Erfindungen die „User" für besonders wertvoll halten. Wenn man so will, hat er damit ein *„virtuelles Haus der Zukunft"* geschaffen, das gleichzeitig Netzwerk-Kreativität fördert.

Die *Gesellschaft für Zukunftsgestaltung Netzwerk Zukunft e.V.* baut gerade ein Zukunftsnetzwerk in Deutschland auf. In einer soeben erschienenen Broschüre „Die Darstellung der Netzwerkknoten" (1997) werden Personen und Institutionen benannt, die unter dem Dach des Netzwerks an verschiedenen Orten in der Bundesrepublik Räume für Kreativität und Formen wirkungsvoller Zukunftsgestaltung schaffen.

Es wäre ein interessantes Experiment, neben einem *Technologie- und Gründerpark* ein Haus der Zukunft einzurichten. Allerdings kann man „Haus der Zukunft" auch als eine Metapher für die Einrichtung eines „zweckfreien" Kreativen Feldes verstehen, das nicht den unterschiedlichen Zwängen und Begrenzungen kognitiver Ordnungspolitik unterliegt. Ein solches „Haus" könnte – wie wir weiter unten sehen werden – auch in Form einer einwöchigen Zukunftskonferenz , einer Open Space Conference oder einer Sommer-Universität entstehen.

Transfer:
1. Gibt es in Ihrer Umgebung „kreative Orte der Zukunft"?
2. Wie können Sie sich über entsprechende Einrichtungen informieren?
3. Wo sehen Sie Chancen für die Einrichtung eines „Hauses der Zukunft"?
4. Was können/wollen Sie dafür tun?

Kreativitätskreise

Die bisher vorgestellten Typen zur Erzeugung besonders konturierter Kreativer Felder sollen als Anregung dienen, selbst über entsprechende Formen nachzudenken, die auch aus einer Mischung der bislang vorgestellten Typen bestehen kann. Ich möchte abschließend einen siebenten Typ skizzieren, den ich für besonders wichtig halte. „Kreativitätskreise" beschreibt einen Typ, der vergleichsweise einfach von jedem zu initiieren ist, nicht zuletzt deshalb, weil es ein wachsendes Bedürfnis für die Einrichtung solcher informellen Kreise zu geben scheint. Wie komme ich zu dieser Einschätzung?

Da unsere Gesellschaft aufgrund von Überspezialisierung und Individualisierung dazu neigt, bestimmte soziale Gruppen an bestimmten Orten zu konzentrieren, entsteht ein *Mangel an sozialem, gruppen-, disziplinen- und nationenübergreifendem Austausch*. Die Gesellschaft droht in Szenen, Cliquen, Eliten und Lebensstilgemeinschaften zu zersplittern, die wenig von einander wissen, sich nur selten begegnen und kaum in der Lage sind, sich untereinander zu verständigen (vgl. Schulze 1992). Der damit einhergehende *Zerfall der Gesellschaft* führt auch dazu, daß sich kaum noch jemand für das „Ganze" zuständig fühlt und fast jede Gruppierung ihre egoistischen Ziele verfolgt. Außerdem gibt es zuwenig Austausch zwischen unterschiedlichen Gruppen. Es fehlt die Agora, der Marktplatz, auf dem sich die BürgerInnen zu informellen Gesprächen treffen.

Mit der fehlenden Instanz für das „Ganze" offenbart sich ein *zentraler Konstruktionsfehler der Marktwirtschaftsdemokratie:* Es fehlt eine Instanz, die sich nicht nur um die Durchsetzung von Partikularinteressen kümmert, sondern „gemeinnützige" Ziele der Entwicklung von Konzepten und Aktionen zur Schaffung von tragfähigen, zukunftsfähigen Lebensstilen verfolgt. Die politischen Parteien versagen hier völlig. Expansion wird immer mehr auf Kosten anderer geplant. Der Wille zum Ausgleich fehlt.

Kein Geringerer als der einflußreiche Aufsichtsratchef von BMW, Eberhard von Kuenheim, konstatiert eine Abschottung der Topmanager und eine „Versäulung" der politikbestimmenden Eliten: „Das Problem der deutschen Elite liegt in der Versäulung. Hier Politiker, dort Wirtschaftler, hier Wissenschaftler, dort Journalisten. Zwischen diesen Säulen gibt es keine Durchlässigkeit, auch nicht im Gespräch." (Forschung & Lehre, 4-97, S. 176)

In diesem Sinne entsteht durch die Aufsplitterung der Gesellschaft in konkurrierende Interessengruppen, die sich nicht oder nur sehr eingeschränkt dem Allgemeinwohl verpflichtet fühlen, eine Verstärkung der Tendenz zu gruppenspezifisch verengten Sichtweisen, die dazu führen, daß wir immer weniger in der Lage sind, die Dimensionen komplexer Probleme auch nur annäherungsweise zu begreifen, da jeder nur durch seine „eigene Brille" schaut. Um dieser perspektivischen Verarmung entgegenzusteuern und unseren *„Gemeinsamen Grund"* wiederzuentdecken (vgl. Weisbord 1992), brauchen wir n*euartige Lern- und Begegnungsverfahren,* die der bedenklichen *Erfahrungsverdünnung* entgegenwirken.

Wenn ich hier von *„Kreativitätskreisen"* bzw. *„Kreativitätszirkeln"* spreche, dann meine ich *informelle Treffen von engagierten Personen, die sich aus ihrer Verengung befreien möchten*. Ich stelle mir vielfältige reale und virtuelle Orte vor, an denen der gesellschaftlich verregelte, durchstrukturierte, verschulte Raum zeitweise aufgehoben wird und Möglichkeiten zur Entdeckung des eigenen, oftmals verschütteten kreativen Potentials entwickelt werden. Kreativitätskreise sind Orte, wo möglichst unterschiedliche Menschen zusammenkommen, um über *lebenswerte Zukunftsbilder* nachzudenken oder sich mit sie speziell interessierenden Themen so auseinandersetzen, daß sie ihre persönlichen Perspektiven nachhaltig erweitern und neuartige Lösungen erarbeiten können.

Der Kreativitätskreis beinhaltet eine bestimmte, der Freisetzung von Kreativität förderliche Organisationsform: *Es geht um die Bildung eines Kreises von gleichberechtigten TeilnehmerInnen, die in einem dialogischen Diskurs versuchen, sich zu dem Thema, das sie besonders bewegt, anzuregen und herauszufordern*. Jeder kann einen solchen Kreis gründen und viele tun es bereits. Erst kürzlich wurde ich zu einem solchen Gesprächskreis von Berliner Kleinfirmen eingeladen. Hier ist ein informelles Forum zum Gedankenaustausch über vielfältige Themen entstanden, die z. T. eng auf betriebliche Aufgaben bezogen sind, aber auch weit darüber hinausgehen können. Im Zentrum steht der Austausch von Erfahrungen bezüglich der Entwicklung neuer Medien.

Solche „Kreise" entstehen aus Initiativen Einzelner, die eine Aktion starten, eine Zukunftswerkstatt durchführen, einen Gesprächskreis gründen, ungeeignete Seminarformen infrage stellen und Verbesserungsvorschläge machen. Menschen, die über neue Möglichkeiten, Arbeitsplätze zu schaffen, nachdenken und entsprechende Projekte entwickeln, die erstarrte Strukturen in der politischen Arbeit von Parteien überwinden wollen, die neue Formen von lebendigen Konferenzen entwickeln, die eine Initiative zur Gestaltung einer Straße in ihrem Wohnbereich gründen, die neue Formen des wissenschaftlichen Arbeitens und des gemeinsamen Schreibens von Seminararbeiten entwickeln und vieles mehr.

Zu solchen „Kreisen" gehören auch *Literaturzirkel,* in denen man aufgrund gemeinsamer Lektüre Diskussionen führt und seinen Horizont erweitert. Ein Freund von mir hat einen solchen Kreis gegründet. Man lädt sich reihum ein. Der jeweilige Gastgeber sorgt für die Bewirtung. Zu jeder der monatlich stattfindenden Sitzungen lesen alle einen Text, auf den man sich geeinigt hat. Einer macht sich besonders sachkundig zum jeweiligen Thema und hält ein kurzes Referat. Die Mitglieder des Zirkels unterstützen sich. Darüber hinaus sind konkrete Projekte (Roman-, Sachbuch- und Drehbuchvorhaben) entstanden, in denen einzelne zusammenarbeiten.

In Berlin gibt es eine *„Wissens-Tausch-Börse",* wo man seine speziellen Fähigkeiten registrieren lassen und im Austausch für eine Leistung, die man selbst nicht beherrscht, seine eigenen Fähigkeiten einbringen kann.

Solche Kreativkreise können auch in Form von *Seminaren und Workshops* entstehen. Ich stelle mir beispielsweise eine zweiwöchige *Sommeruni* auf einer Mittelmeerinsel vor, an der möglichst unterschiedliche Menschen teilnehmen, die Teile des Programms entsprechend ihrer Bedürfnisse selbst gestalten. Es können *Zukunftswerkstätten, Zukunftskonferenzen und Planungszellen* (vgl. Dienel 1992) sein. Ich kann mir eine *generationenübergreifende Gruppe* von Bürgern vorstellen, die bei kommunalen Planungen mitarbeiten und ein Bürgergutachten erstellt (Beispiele in: Stange 1996). Mit der weiter unten vorgestellten Open Space Technology verfügen wir über ein relativ einfach einzusetzendes Verfahren, um Inseln der Kreativität zu schaffen, an denen 50 bis 1000 Personen ohne aufwendige Leitung teilnehmen können.

Einen weitgehend ungenutzten Bereich stellen Schulen und Hochschulen dar, die – was der Nobelpreisträger Binnig aufgrund eigener Erfahrungen bedauernd feststellt – nur selten Orte der Kreativität sind. Es gäbe dort vielfältige Möglichkeiten der Erzeugung „kreativer Felder", in denen man die zukunftsweisenden Fähigkeit zu Synergie-Kreativität, Team-Kreativität und Netzwerk-Kreativität in geeigneten Projekten erwerben kann.

Ich selbst habe in einer Reihe von Publikationen, die auf Zukunftsprojekte in der Arbeit mit Schülern, Lehrerkollegien, Kollegien der unterschiedlichsten Institutionen, Parteivertretern, Universitätsmitgliedern zurückgehen, beschrieben, wie mithilfe von Konzepten „eingreifender Zukunftsgestaltung" selbst in erstarrten Institutionen individuelle Kreativität freigesetzt und Kreativitätskreise geschaffen werden können (vgl. Burow & Renner 1993; Burow & Neumann-Schönwetter 1995/1998).

Ich möchte dieses Brainstorming hier abbrechen und den Leser auffordern, es fortzuführen und damit den ersten Schritt zu tun, um selbst einen Kreativitätskreis zu initiieren. Er wird damit sich selbst und andere bereichern. *Der wichtigste Punkt ist dabei, daß man begreift, daß – jedenfalls zum Teil – wir selbst es sind, die unsere Zukunftsmöglichkeiten durch unsere persönlichen Glaubenssysteme bestimmen. Erfolgreiche kreative Persönlichkeiten werden von einer persönlichen Vision getragen, von der sie glauben, daß sie sie realisieren können. Diese Vision gründet sich in keinem simplifizierenden „think positive", sondern beruht auf der Kenntnis der eigenen Begabungen und der Erfahrung, daß man mit geeigneten Synergiepartnern über seine eigenen Begrenzungen hinaus wachsen kann.*

Das Beispiel herausragender Persönlichkeiten kann uns zeigen, wie folgenreich die Gründung eines Kreativkreises sein kann. Beeindruckend ist etwa das Beispiel Sigmund Freuds, der seine jahrelange Isolierung in der akademischen Welt nur dadurch ertrug, daß er seinen „Mittwochskreis" gründete, in dem er sich regelmäßig mit seinen Schülern austauschte. Dieser Kreis war eine Keimzelle für die Entwicklung von begabten Analytikern und die weltweite Anerkennung der Psychoanalyse. Bekannt sind auch die informellen Literaturzirkel der zwanziger Jahre oder die berühmte Salonkultur. Wir alle können so dafür sorgen, daß unser Umfeld anregender wird.

Transfer:
1. Gibt es in Ihrer Umgebung informelle „Kreativitätskreise"?
2. Welchen „Kreativitätskreis" wünschen Sie sich in Ihrer Umgebung?
3. Könnten Sie sich vorstellen, einen entsprechenden „Kreis" zu initiieren? Wenn ja: Beschreiben Sie ihn möglichst konkret. Mit wem können Sie ihn wann, mit welcher Unterstützung, in welchem Bereich, an welchem Ort, mit welchem Ziel eröffnen?

Im Praxisteil möchte ich sechs Verfahren zur Erzeugung von Kreativen Feldern vorstellen. Diese haben sich als besonders wirkungsvoll erwiesen, wenn es darum geht, daß alle Beteiligten Veränderungsprozesse aus sich selbst heraus einleiten und gestalten, also möglichst viele Mitglieder von Organisationen zu kreativen Zukunftsgestaltern und „Changing Agents" werden.

In unserer Arbeit haben sich eine Reihe von Grundelementen bewährt, die in allen praktischen Verfahren angewandt werden können. Ihre Kenntnis gibt den Moderatoren wichtige Anregungen für ihr Handeln. Hierzu gehören der *Kreis bzw. Marktplatz, eine Reihe von Anschlagtafeln mit Gruppenregeln, ein spezielles Aufgabenprofil der Moderatoren, das Schließen eines gemeinsamen Seminarkontraktes, einige handlungsleitende Maximen sowie kreative Verfahren und Methoden.*

In dem nachfolgenden Einleitungskapitel stelle ich zunächst diese „Werkzeuge zur Initiierung Kreativer Felder" vor. Sie bilden einen wichtigen Teil des Hintergrunds für die nachfolgende Darstellung verschiedener Ansätze.

In der Darstellung beginne ich in aufsteigender Linie mit Verfahren für Teams und kleine Gruppen bis hin zu Großgruppenverfahren, an denen bis zu 1000 Personen teilnehmen können.

Ich beginne mit einer knappen Skizze des *Erfolgsteam-Konzepts,* das ein Peer-Beratungsverfahren für Personen ist, die allein ein eigenes Projekt umsetzen möchten: Sie treffen sich mit Gleichgesinnten und nutzen deren Kompetenz zur gegenseitigen Beratung bei ihren individuellen Projekten.

Als zweites Verfahren stelle ich das Konzept der *Dialog-Gruppen* des Physikers David Bohm vor, das darauf abzielt, unbewußte Kommunikationsmuster in Gruppen offenzulegen, um ein für einen offenen Austausch anregendes Klima zu schaffen. Dialoggruppen bieten die Chance, ein Kreatives Feld gegenseitiger Anregung zu schaffen. Ihr Anwendungsgebiet reicht von informellen Gruppen mit offenen Zielen bis hin zur Verbesserung der Organisationskultur bei Prozessen der Organisationsentwicklung.

Als drittes Verfahren folgt die *Zukunftswerkstatt,* die ein relativ einfach zu handhabendes Instrument zur Einleitung von Prozessen teilnehmergesteuerter, partizipativer Zukunftsgestaltung ist. Im Bereich der Bürger- und Mitarbeiter-Beteiligungsverfahren ist sie ein Klassiker. In meine Darstellung sind Passagen aus meinem Interview (1991 in der Bibliothek für Zukunftsfragen) mit dem Begründer dieses Ansatzes, dem Futurologen Robert Jungk, eingebaut, die einen Einblick in den Entwicklungshintergrund geben sollen.

Als viertes Verfahren stelle ich dann die komplexere *Future Search Conference* vor, die sich als ein sehr wirksames Instrument für den Wandel in großen Gruppen erwiesen hat. Sie fußt auf eine lange Tradition, die bis in die sechziger Jahre hineinreicht. Sie wurde in siebenunddreißig Ländern in Bildunginstitutionen, mittelständischen Betrieben, Banken, multinationalen Konzernen und vielen anderen Organisationen mit Erfolg angewendet.

Mit der *Perfect Product Search Conference* beschreibe ich dann eine Modifikation der Future Search Conference, die einen praktikablen Weg zeigt, wie man die ungenutzten Potentiale von Entwicklern, Produzierenden, Verkäufern, Kunden usw. nutzen kann, um ein Kreatives Feld zur Erzeugung perfekter Produkte zu entwickeln.

Mit dem sechsten Verfahren, der *Open Space Technology,* stelle ich ein Konzept vor, das aufgrund seiner weitgehenden Unstrukturiertheit ähnlich wie Dialog-Gruppen konsequent die Theorie des „Kreativen Feldes" umzusetzen sucht. Wie der Name bereits andeutet, wird hier mit sehr großen Gruppen ein freier Raum geschaffen, der erstaunliche Möglichkeiten zur Freisetzung und Vernetzung ungenutzter Potentiale in spontan sich bildenden Synergiegruppen eröffnet.

Meine Darstellungen sind als praxisnahe Einführungen gedacht. Wer sich für ein vertiefendes Quellenstudium interessiert, wird in der kommentierten Literaturauswahl im Serviceteil fündig.

Abschließend ein wichtiger Hinweis: Wenn Sie meinen Theorieteil gelesen haben, dann wird ihnen klar geworden sein, daß die Konzepte, die ich hier darstelle, nur spezifische Ausprägungen von Möglichkeiten beschreiben. Wem nämlich die Gedanken der von mir beschriebenen Feldtheorien einleuchten, der hat damit ein Rüstzeug in der Hand, das es ihm ermöglicht, mithilfe der Kernkonzepte und handlungsleitenden Maximen meiner Theorie Kreativer Felder (vgl. Bd. 1: Die Individualisierungsfalle) sehr schnell und relativ unkompliziert selbst entsprechende Kreative Felder aufzubauen. Deshalb gilt auch: *Das Konzept des Kreativen Feldes ist nicht an bestimmte Verfahren gebunden, sondern beruht auf einer systemischen Betrachtungsweise und der Beachtung allgemein gültiger Erfolgsprinzipien der Selbstorganisation von komplexen Systemen. Wie Sie gesehen haben und gleich anhand der Praxisverfahren noch konkreter erkennen werden, handelt es sich dabei um eine überschaubare Zahl von Erfolgsprinzipien.*

Insofern geht es bei der Einrichtung Kreativer Felder um eine Beschränkung auf einen vergleichsweise einfachen Organisationsrahmen und die Orientierung an wenigen handlungsleitenden Prinzipien. Komplexität entsteht – wie ich gezeigt habe – weniger durch eine detailliert vorgeplante Veranstaltungsstruktur, sondern durch einen einfachen Rahmen, der es erlaubt, die Vielfalt der im jeweiligen Feld vorhandenen Impulse, Potentiale, Ressourcen, Energien etc. freizusetzen und zu vernetzen. *Entscheidend ist also die Schaffung eines offenen Raums, der Selbstorganisation ermöglicht.* Die hier vorgestellten Verfahren sind flexibel einsetzbare Unterstützungsinstrumente, die sich als wirksam erwiesen haben. Die Idee des Kreativen Feldes lehrt uns, daß wir – wenn förderliche Rahmenbedingungen gewährleistet sind – den Gestaltungs- und Organisationskräften von Gruppen vertrauen können. Eine zu starke Reglementierung etwa durch die rigide Fixierung auf ein detailliert festgelegtes Umsetzungsverfahren würde den Freisetzungsprozeß nur behindern.

Es sollte deutlich geworden sein, daß die Einrichtung von Kreativen Feldern ein experimenteller Prozeß ist, bei dem es darauf ankommt, für die spontan entstehenden Selbstgestaltungsversuche von Gruppen offen zu sein. Mit Sicherheit werden ModeratorInnen unterschiedliche Verfahren entwickeln. Mit den Erfolgsprinzipien und den theoretischen Überlegungen steht uns ein Methodenbaukasten zur Verfügung, der zum Experimentieren einlädt und diejenigen, die damit arbeiten, zu einer erfolgreichen Umsetzung führen wird.

Werkzeuge zur Initiierung Kreativer Felder

Ich stelle hier zunächst diejenigen Grundelemente vor, die allen Verfahren gemeinsam sind. Sie verkörpern so etwas wie archetypische Grundformen erfolgversprechender Begegnungen. Im Laufe der Zeit haben wir mit den unterschiedlichsten Arrangements experimentiert. Die nachfolgende Auflistung gibt Gestaltungsprinzipien wieder, die sich im Laufe der Jahre als besonders günstig erwiesen haben. Ablaufpläne, Zeitstrukturen und das konkrete Setting werden später erklärt, wenn ich die einzelnen Verfahren vorstelle.

Der Kreis bzw. Marktplatz

Das bedeutendste Grundelement ist der Kreis, der im Open Space auch als „Marktplatz" bezeichnet wird. Es hat sich als besonders günstig herausgestellt, Veranstaltungen damit zu beginnen, daß sich alle TeilnehmerInnen im Kreis treffen.

Allzu oft noch zeichnen sich Seminare und Tagungen durch eine frontale Anordnung aus, die sich äußerst ungünstig auswirkt, wenn es darum geht, die TeilnehmerInnen zu aktivieren und miteinander ins Gespräch zu bringen. Wenn man eine Großgruppenveranstaltung mit hundert bis tausend Teilnehmern durchführen will, dann muß man natürlich nach einem geeigneten Raum suchen und für eine entsprechende Anordnung der Stühle sorgen. Bei kleineren Veranstaltungen ist es günstiger, die vorhandenen Bedingungen zu nutzen und gemeinsam mit den Teilnehmern den Raum umzugestalten. Ohne daß wir es lange erklären müssen, übermitteln wir so die Botschaft, daß wir alle TeilnehmerInnen als gleichberechtigte Experten für die zu lösenden Aufgaben betrachten und daß wir gemeinsam die Kompetenz zur Lösung des jeweiligen Problems besitzen. Alle sind verantwortlich. Hierarchien und mitgebrachte Zuständigkeiten gelten hier nicht. Wir generieren einen freien Raum, ein offenes Feld, in dem sich die Zuständigkeiten problem- und fähigkeitsbezogen neu formieren können.

In der Regel formieren wir einen offenen Kreis ohne Tische. Wenn man in der traditionellen Konferenzordnung beginnt, fügen sich die TeilnehmerInnen normalerweise ohne nachzudenken in die gewohnte Form und setzen sich hinter Tische, die oft frontal oder in Hufeisenform ausgerichtet sind, wobei die Tagungsleitung wie selbstverständlich an der Kopfseite plaziert ist. Dieses als selbstverständlich hingenommene Arrangement durchbrechen wir, indem wir die TeilnehmerInnen auffordern, gemeinsam die Tische an den Rand zu stellen oder aus dem Raum zu entfernen und einen Stuhlkreis zu arrangieren. Der Wandel von einem durch Traditionen und Routinen festgelegten Feld zu einem offenen, tendenziell Kreativen Feld soll als gemeinsame Aktion erlebt werden.

Bei bestimmten Gruppen muß man hier allerdings mit den möglicherweise auftauchenden Widerständen und Ängsten sensibel umgehen, um keinen kontraproduktiven Widerstand zu erzeugen. In Konferenzen, die über mehrere Tage gehen, nehmen wir diese Umordnung manchmal auch erst am Morgen des zweiten Tages vor. Die *Grundstruktur des Kreativen Feldes* läßt sich folgendermaßen darstellen:

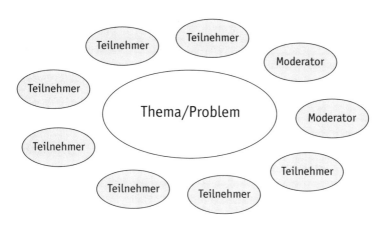

Je nach Aufgabenstellung werden durchmischte Teilnehmergruppen zusammengestellt, wobei hier vor allem zwei Grundsätze zu beachten sind:

- Ein möglichst hohes Maß an Vielfalt durch Personen aus unterschiedlichsten Bereichen sollte gewährleistet sein
- Bei der Veränderung von Organisationen sollten die Schlüsselpersonen, die die wichtigsten Bereiche der Organisation und ihres Umfeldes repräsentieren, teilnehmen (nähere Erläuterung im Kapitel zur Zukunftskonferenz)

Grundsätzlich geht es uns darum, daß wir alle Personen, die mit dem jeweiligen Thema direkt oder indirekt befaßt und auf ihre je eigene Weise Experten sind, im Raum versammelt haben. So kann – je nach Aufgabenstellung und Zielsetzung – das Spektrum vom Hausmeister bis zum Präsidenten oder Vorstandsvorsitzenden reichen; auf jeden Fall müssen aber Felder gebildet werden, in denen ein *möglichst breites Spektrum divergierender Ideen und Auffassungen* vertreten ist, die miteinander in Kontakt treten können.

Anschlagtafeln

Um die *Selbststeuerungsfähigkeit der Gruppe* aufzubauen und die gemeinsame Kommunikation zu erleichtern, sehen wir – in Abhängigkeit von der gewählten Konferenzart und der Problemstellung – eine Reihe von Anschlagtafeln vor. Es geht uns darum, daß die Teilnehmer in jeder Phase des Gruppenprozesses bzw. der Konferenz darüber informiert sind, nach welchen Regeln, Prinzipien, Methoden, theoretischen Hintergründen etc. wir die Gruppe moderieren. Denn das Ziel ist, die Fähigkeit der Teilnehmer zur Selbststeuerung zu fördern und sie wirkungsvoll zu unterstützen, daß sie die erlebten Verfahren auch auf ihr jeweiliges Anwendungsfeld übertragen können. Die Visualisierung erfolgt *prozeßorientiert,* d.h. wir geben Prinzipien, Regeln, Methoden, theoretische Modelle, Einsichten usw. immer dann auf den entsprechenden Anschlagtafeln bekannt, wenn es der Stand des Gruppenprozesses notwendig macht. Ein zentraler Gesichtspunkt ist dabei, daß die TeilnehmerInnen nachvollziehen können, wie aus dem Gruppenprozeß heraus bestimmte Handlungsleitende Orientierungen und Einsichten entstehen. Das Handlungsleitende

Prinzip ist hier *Transparenz*. Die Teilnehmer erkennen so, welches implizite Wissen um die optimale Organisation von Lern- und Gruppenprozessen bereits im Feld vorhanden ist.

Anschlagtafeln sollten einfach gestaltet werden (verschiedenfarbige, breite Filzschreiber auf Flip Chart oder Packpapier) und durch einfache, aussagekräftige Zeichen, Symbole etc. illustriert werden. Vorgefertigte, perfekte Computerausdrucke halten wir für problematisch, da alle Ergebnisse aus dem Prozeß heraus entstehen sollen und von den Teilnehmern, ohne unnötige technische Hürden, leicht auf ihr Arbeitsgebiet übertragbar sein sollen.

Anschlagtafeln beziehen sich auf die Organisation der Arbeit der Gruppe und sind von *Ergebnistafeln* zu unterscheiden, die die Ergebnisse themenbezogener inhaltlicher Arbeit wiedergeben. In der Regel verwenden wir Anschlagtafeln zu folgenden Themen:

**Anschlagtafeln zur Unterstützung
der Selbststeuerungsfähigkeit einer Konferenz**

- Seminarkontrakt
- Handlungsleitende Prinzipien
- Theoretische Modelle
- Methoden
- Kritik/Wünsche

Bevor ich die einzelnen Tafeln näher erläutere, möchte ich zum besseren Verständnis einige Anmerkungen zum Moderatorenverhalten anfügen.

Zur Aufgabe der Moderatoren

Ein gemeinsames Kennzeichen der hier vorgestellten Verfahren ist, daß wir versuchen, nach dem schon mehrfach erwähnten *Jazzband-Modell der Führung* (Burow 1999, S. 18 ff.) zu moderieren. Wie in einer Jazzband wird hier ohne Partitur und ohne Dirigent gearbeitet. Die Moderatoren haben vor allem die Aufgabe, die Gruppe bei der Formulierung ihres Anliegens zu unterstützen und einen hilfreichen Rahmen zu schaffen. Im Unterschied zur klassischen Leitungsfunktion ist der Moderator nur *Anstoßgeber, Unterstützer, Begleiter, „Garant des offenen Raums", Regelwächter* und hat die Aufgabe sich möglichst überflüssig zu machen.

Man könnte nun meinen, wegen dieser eingeschränkten Funktion seien die Moderatoren beliebig, und es handle sich um eine einfach auszuübende Tätigkeit. Das Gegenteil ist der Fall: Obwohl sie nur behutsam im Hintergrund agieren und in der radikalsten Form des Open Space fast gar nicht in Erscheinung treten, kommt den Moderatoren eine entscheidende Rolle zu. Von ihrer Erfahrung, ihrer Intuition, ihrer Fähigkeit, die handlungsleitenden Erfolgsprinzipien angemessen anwenden zu können, hängt es entscheidend ab, ob ein Kreatives Feld entsteht. Darüber hinaus üben Moderatoren eine *„Eisbrecher- und Motivationsfunktion"* aus. Viele der Verfahren, die ich nachfolgend vorstelle, sind für Menschen, die in traditionellen Organisationsumgebungen arbeiten, ungewohnt und können verunsichernd wirken. Durch eine gelassene, optimistische, ermutigende Haltung geben gute ModeratorInnen den Gruppen das Gefühl, daß sich die Sache lohnt, und die Zuversicht, daß etwas Interessantes daraus hervorgehen wird.

Dies bedeutet allerdings nicht, daß die Moderatoren das Feld steuern. Sie sind eher *behutsame Begleiter, Ermutiger, manchmal auch Reaktionsverstärker,* die zum einen der Gruppe die notwendige Erfolgsgewißheit geben, zum anderen aber darauf achten, daß die Regeln der Selbstorganisation eingehalten werden. *Ihre Aufgabe ist es, den Raum „offen" zu halten.* Überflüssig zu erwähnen, daß dies ein schwieriger Balanceakt ist, der nicht immer gelingt und der viel Mut (die entstehende Leere zuzulassen) und Erfahrung voraussetzt.

Ich spreche hier von *„Moderatoren"* weil es sich als günstig erwiesen hat, Gruppen zu zweit zu leiten. Gruppenprozesse sind oft sehr kompliziert, und es können unvorhersehbare Wendungen, Konflikte, Eskalationen etc. entstehen, die einen einzelnen Moderator überfordern. Auch hier gilt die *Überlegenheit* *der Co-Kreativität.* Hierzu eine eigene Erfahrung: Seit über einem Jahrzehnt moderiere ich Konferenzen mit einem Partner, dessen Auffassungen und Haltungen sich von meinen beträchtlich unterscheiden. Da wir uns aber in unserer unterschiedlichen Art schätzen und bedingungslos unterstützen sowie miteinander auf eine produktive Weise konkurrieren, ergänzen wir uns ausgezeichnet. Durch unsere Unterschiedlichkeit und gegenseitige Unterstützung können wir ein breites Spektrum von Teilnehmerbedürfnissen abdecken und nehmen sehr schnell problematische Gruppenverläufe wahr. Darüber hinaus ist das gemeinsame Leiten ein gemeinsamer Forschungsprozeß, in dem wir unsere unterschiedlichen Hypothesen überprüfen, Neues ausprobieren und durch gegenseitiges Feedback daran arbeiten, unsere Moderationskompetenz zu erweitern. Mit unserem „Führungsverhalten" geben wir zugleich den TeilnehmerInnen ein Beispiel für die Wirksamkeit der Co-Kreativität.

Allerdings ist die Einflußmöglichkeit von ModeratorInnen begrenzt. Entscheidende Erfolgsfaktoren sind vor allem das *Engagement der Gruppe* und das *Entstehen eines gemeinsamen Synergieprozesses*. Wenn die Gruppe nur mit halbem Herzen dabei ist, ihr die Teilnahme an der Veranstaltung gar verordnet wird, dann dürften selbst talentierteste ModeratorInnen wenig ausrichten können. Zwar kann im Kreativen Feld Erstaunliches geschehen, doch wenn keine Bereitschaft zur Selbstveränderung und Neuorganisation vorhanden ist, dann wird erst gar kein Kreatives Feld entstehen. Hier ist die Grenze der vorgestellten Verfahren.

In Fällen schwerwiegender Blockaden, wie z. B. eingespielten Abwehrroutinen, kann es angezeigt sein, mit gruppendynamischen und/oder therapeutischen Verfahren zu arbeiten. Ich habe da allerdings meine Vorbehalte, denn aus meiner Sicht geht es eher darum, mit den vorhandenen Kräften zu arbeiten. In Fällen schwerwiegender Blockierung sehe ich den Königsweg eher in einem Feldwechsel. *Wenn man etwas Schwieriges erreichen möchte, soll man es sich leicht machen.* Übertriebene Anstrengung wirkt sich ungünstig auf das Entstehen von Kreativen Feldern aus. Nun einige Erläuterungen zum Inhalt und zur Funktion der Anschlagtafeln.

Seminarkontrakt

Konferenzen und Seminare sind nur erfolgreich, wenn Sie auf die Problemstellungen und Bedürfnisse der TeilnehmerInnen passgenau zugeschnitten sind. Dies sollte eigentlich selbstverständlich sein. Um so erstaunlicher ist es, daß ein großer Teil von Veranstaltungen über die Köpfe der Adressatengruppe hinweg geplant und durchgeführt werden, mit dem Ergebnis eines äußerst dürftigen Wirkungsgrades. Darum gilt für alle der hier vorgestellten Verfahren, daß zu Beginn mit den TeilnehmerInnen *ein gemeinsam aufgesetzter Seminarkontrakt* geschlossen werden muß. Je nach Aufgabenstellung kann dies in unterschiedlicher Weise geschehen.

Bei Großgruppenveranstaltungen und Maßnahmen der Organisationsentwicklung wird zunächst eine *Steuergruppe,* die aus der Leitung, den Moderatoren und Vertretern der jeweiligen Organisation besteht, gebildet. Gemeinsam wird hier eine Planung für den Ablauf der Konferenz bzw. des Seminars entwickelt. Die Moderatoren klären die Bedürfnisse und die Zielstellungen, erläutern die Rahmenbedingungen und erarbeiten einen Vorschlag zum Vorgehen, der mit den Beteiligten abgestimmt wird. Am Ende der Planungsgespräche steht der Seminarkontrakt, der eine präzise Aufgabenbeschreibung, einen Ablaufplan und eine klare Zuordnung von Verantwortlichkeiten enthält. Möglichst frühzeitig sollten die übrigen TeilnehmerInnen über das Ergebnis des Planungsprozesses informiert werden. Die *Gewährleistung von Transparenz und das Ermöglichen von Beteiligung* sind wichtige Voraussetzungen für den Erfolg dieser Maßnahme.

Häufig beginnen wir eine Zukunftswerkstatt bzw. Konferenz mit einer *Bedürfnisabfrage,* in der die TeilnehmerInnen in Gruppen Fragen folgenden Musters auf verschiedenfarbigen Metaplankarten beantworten, zuordnen und gewichten:

- Diese Konferenz ist für mich erfolgreich, wenn...
- Diese Konferenz ist für mich nutzlos, wenn...
- Ich kann zum Erfolg beitragen...
- Die ModeratorInnen können zum Erfolg beitragen...

Das gewichtete Ergebnis dieser Abfrage wird dann an eine Anschlagtafel gepinnt und mit einem Konferenzkontrakt versehen, in dem der zeitliche und inhaltliche Ablauf der Konferenz, also die Agenda festgelegt ist. Man kann die Bedürfnisse und Erwartungen auch schon im Vorfeld durch eine schriftliche Befragung klären, was den Vorteil hat, daß man eine sichere Planungsgrundlage erhält und mehr Zeit für die Konferenz bleibt.

Bei allen Verfahren, die mit einer längeren Vorbereitungsphase arbeiten, wie etwa der Zukunftskonferenz, wird dieser Konferenzkontrakt gemeinsam mit der Steuergruppe bereits im Vorfeld gemeinsam ausgearbeitet. Im Open Space, in dem sogar völlig auf eine Agenda verzichtet und die Veranstaltungstafel in völliger Eigeninitiative der Beteiligten gestaltet wird, schließen die unterschiedlichen Arbeitsgruppen die Verträge in eigener Verantwortung in der Konferenz selbst.

Unabhängig vom gewählten Verfahren verbindet all diese Moderationsverfahren die Idee, daß von Anfang an klar wird, daß die *Gestaltung der Konferenz eine gemeinsam geteilte Aufgabe* ist und daß der Erfolg ausschließlich von der Initiative der Konferenzteilnehmer abhängt. Sie sind die Experten für die Inhalte, sie bestimmen die Agenda und von ihrem Engagement hängt es ab, ob die Konferenz ein Erfolg wird. Ziel dieses Vorgehens ist, die Bevollmächtigung *("empowerment")* und die Verantwortungsübernahme *("ownership")*, d. h. den Teilnehmern „gehört" das Problem, zu gewährleisten. Unsere Erfahrungen zeigen: Konferenzen sind nur dann folgenreich und damit erfolgreich, wenn die Beteiligten selbst aus eigenem Antrieb zu Motoren der Veränderung werden.

Handlungsleitende Maximen

Neben den Verfahren zur Bildung Kreativer Felder sind die handlungsleitenden Maximen das wichtigste Instrument der Moderatoren. Im Laufe unserer langjährigen Arbeit mit Gruppen haben sich eine Reihe von Prinzipien als günstig für die *Mobilisierung der Eigenkräfte von Gruppen* erwiesen. Sie sind gewissermaßen die Quintessenz aus den theoretischen Modellen und unseren Erfahrungen. Sie dienen sowohl als *Richtlinie für das ModeratorInnenverhalten,* wie auch als *Orientierung für das Selbststeuerungsverhalten der Gruppe.*

Die Begründungszusammenhänge für die Herleitung der einzelnen Prinzipien aus differenzierten theoretischen Hintergründen habe ich an anderer Stelle erläutert (Burow 1988; 1993). Deswegen beschränke ich mich hier auf eine knappe praxisbezogene Erläuterung. Nur soviel: „Handlungsleitende Orientierung" bedeutet, daß Prinzipien in Abstimmung mit den jeweiligen Gruppen und den jeweiligen ModeratorInnen immer wieder neu überprüft und abgestimmt werden müssen. Sie dienen der „Orientierung" und sind keine rigide anzuwendenden Leitlinien.

Handlungsleitende Prinzipien

1. Prinzip der Freiwilligkeit
2. Prinzip der Verantwortlichkeit
3. Prinzip des Lernens durch Erfahrung
4. Prinzip des Self-Support bzw. der „freundlichen Frustration"
5. Prinzip der Förderung von Bewußtheit
6. Prinzip der Synergie
7. Prinzip der Prozeßorientierung
8. Prinzip der Transparenz

Prinzip der Freiwilligkeit
Eine kreative Weiterentwicklung von Menschen und Organisationen gelingt aus unserer Perspektive nur dann bzw. ist nur dann dauerhaft wirksam, wenn sie aus einem freiwilligen Entschluß hervorgeht. Deshalb betonen wir als ModeratorInnen zu Beginn von Konferenzen, daß wir von einzelnen Programmteilen bis hin zur gesamten Konferenzstruktur „nur" *Angebote* machen, die wir als hilfreich für die Lösung der zu bewältigenden Aufgaben ansehen. Da es um die Entfaltung des eigenen kreativen Potentials geht, muß jeder Teilnehmer für sein Engagement oder seinen Widerstand selbst die Verantwortung über-

nehmen. Es würde den Sinn der Konferenz verfehlen, wenn jemand aus Anpassungsdruck die verschiedenen Programmteile mitmacht, innerlich aber längst aufgegeben hat. Die Beachtung des *Prinzips der Freiwilligkeit* kann soweit gehen, daß wir die Konferenz abbrechen, wenn sich mangelndes Engagement abzeichnet, oder wir – entgegen der Planung – eine völlig andere Form finden müssen, die von den TeilnehmerInnen gewünscht wird.

Prinzip der Verantwortlichkeit
Mit der Bekanntgabe der ersten zwei Prinzipien legen wir grundlegende Regeln fest, nach denen die Veranstaltung ablaufen soll. Nachdem wir zu Beginn der Veranstaltung das Prinzip „Freiwilligkeit" auf die Anschlagtafel der Handlungsleitenden Orientierungen an erste Stelle gesetzt haben, erläutern wir nun das Prinzip der Verantwortlichkeit. Freiwilligkeit bedeutet nicht Beliebigkeit. Jeder Teilnehmer ist mit-verantwortlich für den Erfolg der Konferenz. Deshalb ist es notwendig, daß er/sie Störungen, Kritiken, Wünsche und Ähnliches rechtzeitig einbringt. Das Prinzip der Verantwortlichkeit erfordert ein Verhalten nach den zwei grundlegenden Regeln, die Ruth Cohn (1984) als Bedingung für eine erfolgreiche „Themenzentrierte Interaktion" (TZI) benannt hat:

1. Störungen haben Vorrang!
2. Sei Dein eigener Chef!

Störungen wie Unbehagen, Konzentrationsabfall, Ärger usw. geben wichtige Hinweise auf den Verlauf des Gruppenprozesses und müssen deshalb in die Gruppe rückgemeldet werden, wenn eine optimale Beteiligung aller erreicht werden soll.
 Hierzu ist es notwendig, daß man die Verantwortung für sein eigenes Handeln und Erleben übernimmt, also sich als sein eigener Chef, seine eigene Chefin betrachtet. Diese Regeln erscheinen ziemlich simpel. Doch erfahrungsgemäß bereitet ihre Befolgung Mitgliedern aus hierarchisch strukturierten Organisationen große Schwierigkeiten, weil sie es kaum gewohnt sind,

über ihre Befindlichkeit nachzudenken, ihr Unbehagen zu äußern und zu erkennen, daß letztlich sie selbst es sind, die zum Erfolg oder Mißerfolg einer Konferenz beitragen. Die erstaunliche Wirksamkeit der weiter unten dargestellten Open Space-Technik beruht darauf, daß sie am radikalsten die Prinzipien des Chairmanship (Ich bin mein Chef) und des Vorrangs von Störungen realisiert.

Prinzip des Lernens durch Erfahrung
Ein durchgehendes Prinzip der hier vorgestellten Konferenztypen besteht darin, daß weitgehend auf Expertenvorträge verzichtet wird und der gemeinsam initiierte Erfahrungsprozeß im Vordergrund steht. Dieses Vorgehen beruht auf dem „Vakuumprinzip": Indem wir – anders als bei „normalen" Konferenzen – weitgehend auf inhaltliche Inputs verzichten und einen offenen Gestaltungsraum schaffen, entsteht ein ungewohntes und oft auch beunruhigendes Vakuum, das die Gruppe mit den im Feld vorhandenen Fähigkeiten selbst füllen muß. Erst durch die Wegnahme der gewohnten Vorstrukturierungen kann sichtbar werden, was normalerweise unsichtbar ist: Jede Gruppe verfügt über ein reichhaltiges kreatives Potential. Die TeilnehmerInnen erkennen, daß sie in ihrem Kreis bereits über das notwendige Wissen und die notwendigen Fähigkeiten verfügen. Alle entdecken, daß es möglich ist, das vorhandene Wissen und die Fähigkeiten durch selbstorganisierte Gruppenarbeit und in kreativer Konkurrenz freizusetzen. Anstatt folgenlosen „Darüberweg-Redens" soll gemeinsam gestaltet werden. Der Verzicht auf Vorträge ist allerdings kein Dogma: Falls es die spezielle Problematik notwendig macht, können an geeigneten Stellen kurze Experteninputs vorgesehen werden.

Prinzip des Self-Supports bzw. der „freundlichen Frustration"
Häufig sind TeilnehmerInnen an Konferenzen, die zur Ausbildung eines Kreativen Feldes beitragen sollen, irritiert durch den Freiraum, den Ihnen die ModeratorInnen anbieten. Viele erwarten eine klare Führung, und manche empfinden aufgrund des willkürlich herbeigeführten Vakuums eine gewisse Orientie-

rungslosigkeit. Aus feldtheoretischer Perspektive ist aber klar, daß der Verzicht auf eine vorgegebene Struktur sofort Gegenkräfte auf den Plan ruft: Das Feld ist nie wirklich leer. Diese Einsicht zählt zu den beeindruckendsten Einsichten, die die TeilnehmerInnen machten.

Wird das Gefühl der Orientierungslosigkeit zum Problem, führen wir bisweilen das Prinzip des Self-Supports bzw. der freundlichen Frustration ein. Das Konzept des „Self-Supports" stammt aus der Gestaltpädagogik (Burow 1988). Wörtlich übersetzt bedeutet es „Selbstunterstützung". Die Moderatoren haben demnach die Aufgabe, wo immer es möglich ist, die Selbstunterstützungs- bzw. Selbstorganisationsfähigkeiten von Einzelnen und der Gesamtgruppe zu fördern. Dahinter steht die Einsicht, daß die TeilnehmerInnen kompetenter sind, als sie es selbst von sich vermuten. An Führung und Belehrung gewöhnt, versuchen sie sich in Krisen an einer Führungsperson zu orientieren. Diese Erwartung enttäuschen die Moderatoren. Das Prinzip der „freundliche Frustration" bedeutet, daß die ModeratorInnen nichts für die TeilnehmerInnen der Konferenz tun sollen, wozu diese selbst in der Lage sind. Schließlich sollen die TeilnehmerInnen handlungsfähig werden und ihre Probleme selbst aktiv bewältigen.

Häufig geschieht es, daß die Experten fast alle Aufgaben an sich reißen und die Gruppe dazu benutzen, ihre überragende Kompetenz zu demonstrieren. Damit erreichen sie aber oft das Gegenteil von dem, was eigentlich das Ziel einer erfolgreichen Konferenz ist. Statt „Empowerment", Eigenständigkeit zu fördern, bauen sie ihre eigene Überlegenheit aus, mit dem Ergebnis, daß sich die Zuhörer als klein und ohnmächtig empfinden. Je brillanter ein Experte ist, desto mehr kann er die TeilnehmerInnen einer Konferenz in Bezug auf die Aktivierung ihrer Handlungsfähigkeit blockieren.

Wenn TeilnehmerInnen von uns Antworten für die Lösung ihrer Probleme haben wollen oder mehr Führung verlangen, dann weisen wir diesen Anspruch zurück. „Freundlich" ist diese Frustration deswegen, weil sie die selbstunterstützenden Kräfte der Gruppe mobilisiert und sie damit stärkt. Wenn die TeilnehmerInnen diese Frustration erst einmal verarbeitet haben, erkennen sie regelmäßig, welches vielfältige Potential an Problemlösefähigkeiten in ihrer Gruppe vorhanden ist. Im Verlauf der Konferenz führt diese ermutigende Erfahrung häufig zu einem deutlich gesteigerten Selbstbewußtsein der TeilnehmerInnen und zu vielfältigen Aktionsideen.

Prinzip der Förderung von Bewußtheit
Die verschiedenen Verfahren zur Initiierung Kreativer Felder zielen letztlich darauf ab, ein größeres Maß an Bewußtheit für die kreativen Ressourcen zu entwickeln, die in uns bzw. in den Feldern, in denen wir uns bewegen, enthalten sind. Förderung von Bewußtheit (Burow 1988) bedeutet eine *Steigerung der Bewußtheit dessen, was in mir, mit mir und um mich herum vor sich geht.*

Wenngleich die ModeratorInnen sich gemäß dem Prinzip der freundlichen Frustration mit Steuerungsimpulsen weitgehend zurückhalten, kann es doch gelegentlich wichtig sein, zur Förderung von Bewußtheit die Aufmerksamkeit auf bestimmte Leistungen der Gruppe zu lenken. Etwa, wenn jemand einen originellen Gedanken äußert, aber durch seinen zurückhaltenden Ausdruck von den anderen nicht wahrgenommen wird. So nuschelte in einem „Open Space-Forum" ein Teilnehmer im Plenum – für die anderen kaum verstehbar – eine wichtige Einsicht: „Mir ist klar geworden, daß ich der einzige bin, der dafür sorgen kann, daß ich meine Ziele erreiche." Hier haben wir ihn im Sinne der Verstärkungsfunktion gebeten, diesen Satz noch einmal laut und für alle verstehbar zu wiederholen. Manchmal werden auch bahnbrechende Einsichten, Sätze, Ideen, Visionen noch sehr tastend und vorsichtig formuliert. Hier greife ich ein und bitte die anderen um Unterstützung, den Gedanken noch prägnanter zu formulieren.

Oft ist ein solcher Eingriff nicht nötig, weil die gemeinsame Arbeit und die Ergebnisse als so beeindruckend erlebt werden, daß die Gruppe auch ohne besondere Akzentuierung aus sich selbst heraus einen neuen Eindruck von sich und ihren Möglichkeiten entwickelt.

Wenn Konflikte entstehen oder die Gruppe über ihren weiteren Weg entscheiden möchte, erweist sich die *Methode des Blitzlichts* als hilfreich: Ein Stift, der als symbolisches Mikrophon dient, wird von einem zum andern weitergereicht. Jeder, der den Stift hat, kann seine Eindrücke zu dem betreffenden Problem wiedergeben. In Großgruppenkonferenzen steht ein schnurloses Mikrophon zur Verfügung. Harrison Owen, der Begründer des Open Space, verwendet – eine indianische Traditionen aufgreifend– einen „Talking Stick", einen kultischen Gegenstand. Wir verwenden ganz bewußt einen bloßen Filzstift, weil esoterische Anklänge manche Teilnehmer zu sehr blockieren. Andere benutzen gerade die mythische Aufladung durch kultische Gegenstände und farbige Geschichten, um dem Ritual einen besonders bedeutungsvollen Ausdruck zu geben. Für welchen Weg man sich auch entscheidet: Unsere Erfahrung ist, daß nicht-direktiv geführte Gruppen durch das Blitzlicht sehr schnell aus sich selbst heraus zu einer Lösung kommen und dabei das Problembewußtsein aller Beteiligten deutlich steigern. Der Grund dafür ist, daß in Gruppen in der Regel ein großes Spektrum unterschiedlicher Ansichten vorhanden ist. Mithilfe des Blitzlichts hat jeder die Möglichkeit, seine spezifische Sicht einzubringen. Wenn wir beispielsweise nach einer Zeitreise in die Zukunft, die wir in den Zukunftswerkstätten machen, die TeilnehmerInnen fragen, ob die Begleitung durch meditative Musik im Hintergrund hilfreich war, dann ergibt sich ein faszinierend widersprüchliches Bild: In der Regel sind manche TeilnehmerInnen begeistert von der Musik, manche sind sogar in tiefe Versenkungszustände eingetreten, während andere sich blockiert fühlten. Dadurch, daß jeder sein Empfinden mitteilen kann, wird schnell klar, wie unterschiedlich die Verarbeitungsweisen sind und daß es keinen „richtigen" Weg gibt. Die Gruppe steigert so ihre Bewußtheit für die Vielfalt ihrer Mitglieder und wird toleranter.

Ein günstiger Platz zur Förderung der Bewußtheit kann die *Abschlußreflexion* am Ende der Konferenz sein. Oft genügt es, den Impuls zu geben, daß jeder Teilnehmer zwei Dinge mitteilen soll, die ihn besonders beeindruckt haben. Kreativität entsteht ja oft erst aus einem veränderten Blickwinkel. Eine vielfältig zusammengesetzte Gruppe, die sich selbst organisiert und einen freien Dialog führt, bietet die besten Voraussetzungen zur Steigerung von Bewußtheit.

Prinzip der Synergie
Alle der nachfolgend beschriebenen Verfahren zur Initiierung Kreativer Felder zielen in unterschiedlicher Weise auf die Förderung von Synergie ab: Während es im Erfolgsteamkonzept weniger darum geht, ergänzende Synergiepartner zu finden, um ein gemeinsames Ziel zu erreichen, sondern darum, kompetente Personen zu finden, die einen bei der Realisierung eigener Ziele unterstützen, soll in Dialoggruppen mit Hilfe der anderen herausgefunden werden, welche meiner Kommunikationsmuster hilfreich und welche begrenzend wirken. Gemeinsam erweitern wir unseren Horizont. In der Zukunftswerkstatt und der Zukunftskonferenz entdecken wir nicht nur, wie wir mit Synergiepartnern eine interessante Vision entwickeln können, sondern finden auch Unterstützer bei deren Umsetzung. Wie ich in der „Individualisierungsfalle" gezeigt habe, kann man mithilfe einer *„Synergieanalyse"* (Burow, S. 143 ff.) systematisch nach geeigneten Synergiepartnern suchen, um analog dem Lennon & McCartney- und Jobs & Wozniak-Modell ein kreatives Paar zu bilden.

Für Moderatoren stellt sich die Aufgabe, Gruppen mit dem „Synergieblick" zu moderieren, d. h. einen Rahmen und eine Atmosphäre zu schaffen, die intensive persönliche Begegnung, Vernetzung über Grenzen hinweg und Kooperationen fördern.

Prinzip der Prozeßorientierung
Das Prinzip der Prozeßorientierung fordert, daß die Moderatoren sehr genau den konkreten Prozeßverlauf der Gruppe wahrnehmen und ihr Handeln daran orientieren. Vorgeplante Ablaufstrukturen, Programmelemente und Ähnliches sollten je nach der Art des konkreten Verlaufs modifiziert oder sogar völlig aufgegeben werden. Wenngleich es in der Regel sinnvoll ist, sich an einen vereinbarten Zeitrahmen zu halten, so kann es doch – in

Abstimmung mit den Bedürfnissen der Gruppe – notwendig sein, flexibel neue Phasen vorzusehen, die die aktuellen Probleme berücksichtigen. Ein starrer Ablauf widerspräche dem Ziel der Kreativitätsförderung. *Insofern wird das Kreative Feld von der Gruppe selbst immer wieder neu erfunden.*

Prinzip der Transparenz
Wir lehnen jede Form der manipulativen Methode ab und bemühen uns, unser Vorgehen als Moderatoren durchgehend transparent zu machen. Hierzu werden den TeilnehmerInnen beispielsweise die Ablaufregeln, die Hintergründe der jeweiligen Gruppenverfahren und die handlungsleitenden Prinzipien auf Plakaten oder in kurzen Texten erläutert. Wir sind der festen Überzeugung, daß ein Kreatives Feld nur dann entstehen kann, wenn eine offene, vertrauensvolle Kommunikation gewährleistet ist, die den Selbstorganisationsfähigkeiten der TeilnehmerInnen Raum gibt, sie bevollmächtigt und leiterunabhängig macht.

Theoretische Modelle
Wenn es sich um *Ausbildungsgruppen* handelt, die Verfahren zur Initiierung und Moderierung Kreativer Felder kennenlernen wollen, verwenden wir eine weitere Anschlagtafel, in der wir nähere Erläuterungen zu den im Prozeß verwendeten theoretischen Hintergrundmodellen geben, in der Reihenfolge wie sie auftreten. Es handelt sich dabei um Konzepte aus der Kommunikationspsychologie, der Humanistischen Psychologie und der Gestaltpädagogik. Es würde den Rahmen dieses Buches sprengen, darauf detaillierter einzugehen. Im Serviceteil gebe ich aber entsprechende Lektürehinweise.

Kreative Verfahren
Zur Unterstützung eines intensiven Lernens auf den Konferenzen setzen wir gelegentlich *kreative Medien* ein, stellen *Methoden* und entsprechende *Übungen* vor, die den Einzelnen darin unterstützen sollen, über sich selbst bewußter zu werden, verschüttete kreative Potentiale und eigene Stärken (den „Self-

Support") wiederzuentdecken, Wahrnehmungs- und Verhaltensmuster aufzubrechen und ggf. zu erweitern. So legen wir z.B. in der Zukunftswerkstatt insbesondere in der Kritik- und Visionenphase Wert darauf, daß die TeilnehmerInnen ihre Vorstellungen zeichnen, malen, in Sketchen und sonstigen Gestaltungen ausdrücken. Der Sinn dieser Verfahren besteht darin, andere Kanäle und Ebenen der Wahrnehmung und des Ausdrucks zu nutzen, die es uns in der Regel erleichtern, auf neue Gedanken zu kommen.

Grundsätzlich gilt, daß wir Methoden und Übungen nur sehr behutsam einsetzen, denn unser Schwerpunkt liegt auf der Schaffung eines offenen Rahmens, der eine möglichst weitgehende Selbstorganisation der TeilnehmerInnen ermöglichen soll. Insofern ist die beste Konferenz die, in der die Gruppe weitgehend selbständig arbeitet und *die kaum wahrnehmbare Präsenz der ModeratorInnen im Hintergrund* ausreicht.

Methoden
Je nach Aufgabenstellung und Teilnehmerkreis verwenden wir eine weitere Anschlagtafel, auf der wir die angewandten Methoden skizzieren. Die Idee dahinter ist, daß für die TeilnehmerInnen der Seminarverlauf transparent wird und sie eine größere Bewußtheit über wesentliche Elemente der Kreativitätsförderung erhalten, die sie dann selbständig auf Ihr Praxisfeld übertragen können.

Blitzlicht
Von Zeit zu Zeit geben wir einen Stift herum, der ein Mikrophon symbolisiert. Jeder, der den Stift in der Hand hält, kann eine kurze Rückmeldung zu seinem gegenwärtigen Befinden und/oder unausgesprochenen Themen geben. Mit dem Blitzlicht können wir sicherstellen, daß wir wissen, wo die Gruppe steht.

Kritik/Wünsche
Als sehr hilfreich hat sich das Plakat „Kritik/Wünsche" erwiesen, das wir zu Beginn jeder Konferenz aufhängen. Aus der Erfahrung heraus, daß es für viele TeilnehmerInnen oft schwie-

rig ist, vor einem großen Plenum ihre Kritik und/oder ihre Wünsche zu äußern, entstand die Idee zu diesem Plakat. Damit verbinden wir die Aufforderung, alles zu notieren, was kritisiert bzw. zusätzlich gewünscht wird. Oft bleibt dieses Plakat leer. In Fällen, in denen wir auf das Plakat verzichtet hatten, kam es manchmal zu Unmutsäußerungen. Wir erklären uns diese Erfahrung so, daß allein die Tatsache, daß dieses Plakat im Raum hängt, auch wenn niemand etwas darauf schreibt, als Ermunterung verstanden wird, kritisch einzugreifen.

Mit Kreativen Feldern experimentieren
Meine einleitenden Überlegungen sollten deutlich gemacht haben, daß die Einrichtung von Kreativen Feldern ein experimenteller Prozeß ist, bei dem es darauf ankommt, offen zu sein für die spontan entstehenden Selbstgestaltungsversuche von Gruppen. ModeratorInnen werden vielfältige Verfahren entwickeln. Die hier beschriebenen Elemente zur Bildung Kreativer Felder sind Moderationswerkzeuge, die wir situationsgemäß und aufgabenbezogen bei den nachfolgend beschriebenen Verfahren einsetzen.

Zum Abschluß eine Warnung: Wer eindeutig vorhersagbare Ergebnisse erwartet, hat das Wesen des Kreativen Feldes nicht verstanden. Es geht um Innovation, um die Entstehung von Neuem. Neues entsteht aus den sich im Tanz des Feldes spontan ergebenden Beziehungsmustern in freien, weitgehend unkontrollierten Begegnungsräumen.

Das Erfolgsteam

„Das Neue ist ein zartes Pflänzchen und braucht das Fragenschutzgebiet"
Jürgen Werner

Bevor wir uns mit Großgruppenverfahren beschäftigen, möchte ich mit dem *Erfolgsteam* und den *Dialoggruppen* zwei Verfahren vorstellen, die es jedem von uns ermöglichen, mit relativ geringem Aufwand ein „Kreatives Feld" anzuregen. Wie ich im ersten Band ausgeführt habe (Burow, S. 29 ff.), nimmt aufgrund von Individualisierungs- und Freisetzungsprozessen der Druck auf uns zu, unser Leben selbst zu gestalten. Eine Möglichkeit, sich aus der Individualisierungsfalle zu befreien und für sich und andere ein Kreatives Feld zu schaffen, besteht im Erfolgsteam-Konzept. Ulrike Bergmann, die dieses Konzept zusammen mit anderen entwickelt hat, gibt folgende Definition: *„Auf einen kurzen Nenner gebracht, ist ein Erfolgsteam eine Gruppe von Menschen, die sich gegenseitig unterstützen, ihre Ziele zu erreichen.*

Aus dieser Definition ergibt sich bereits, daß die Arbeit an einem beruflichen oder persönlichen Ziel im Vordergrund steht. Bei den derzeit bestehenden Teams arbeiten etwa 90% der Teilnehmer an einem beruflichen Ziel." (Bergmann 1998, S. 15)

Im Erfolgsteam-Konzept geht es weniger darum, ergänzende Synergiepartner zu finden, um ein gemeinsames Ziel zu erreichen, sondern darum, kompetente Personen zu finden, die einen bei der Realisierung eigener Ziele unterstützen. Ein Erfolgsteam setzt sich aus Menschen zusammen, die einen starken Wunsch nach Veränderung empfinden und häufig vor einer Weichenstellung in ihrem Leben stehen. Obwohl jedes Mitglied für sich seine eigenen Ziele verfolgt, bilden doch alle *zusammen einen auf Gegenseitigkeit beruhenden Beratungsverbund*. In regelmäßigen Sitzungen tauschen sie sich über den Stand ihrer Projekte aus, mit dem Ziel, sich gegenseitig zu ermutigen. Bergmann verwendet deshalb auch die Bezeichnung „Empowerment-Team". Wie funktioniert ein Erfolgsteam?

Erfolgsteams sind ziel- und lösungsorientiert: Ausgangspunkt ist ein zu Beginn definiertes Ziel, das ein Mitglied in einem bestimmten Zeitrahmen erreichen möchte. Das Erfolgsteam gründet sich auf drei einfache Kernelemente:

1. Zwei Einführungssitzungen zum Kennenlernen, zur Teambildung und zur Festlegung der Ziele, die jeder einzelne erreichen möchte (ggf. auch als Teambildungstag unter Anleitung eines Moderators)
2. Teamsitzungen in Selbstorganisation (alle zwei bis drei Wochen)
3. Abschließende Auswertungssitzung (ggf. mit allen Teams und dem Moderator)

Ziel des Erfolgsteam-Konzept ist es, einen Unterstützungsrahmen für Personen zu schaffen, die ein eigenes Projekt verwirklichen möchten. Das Konzept geht davon aus, daß die nötigen Ressourcen in den sich bildenden Teams vorhanden sind bzw. mobilisiert werden können. Der Moderator hat lediglich die Aufgabe, den Teambildungsprozeß zu ermöglichen und mit dem Angebot einer einfachen Sitzungsstruktur und einer abschließenden Auswertungssitzung einen Motivations- und Arbeitsrahmen zu schaffen, der es den einzelnen Teams ermöglicht, gemäß ihren Bedürfnissen, ihre Projekte mit Unterstützung durch die anderen präzisieren zu können. Betrachten wir die einzelnen Elemente.

Einführungs- und Teambildungstag
Menschen, die sich vom Erfolgsteam-Konzept erhoffen, mehr Klarheit über ihre Projekte zu bekommen, treffen sich. Der Moderator stellt das Erfolgsteam-Konzept kurz vor und gibt als Zielperspektive für den Tag die Bildung von arbeitsfähigen Teams vor.

Zunächst strukturiert der Moderator eine *Kennlernphase,* in der die TeilnehmerInnen die Gelegenheit erhalten, ihre Erwartungen an das Erfolgsteam offenzulegen. In einem weiteren Schritt werden sie aufgefordert, ihr Projekt in Kleingruppen darzustellen und mit Beratung durch die Gruppenmitglieder ein allgemein verständliches *Projektposter* herzustellen. Die Projektposter werden im Plenum vorgestellt. Im Anschluß bilden sich Gruppen aus ca. 4–6 Personen, die ihre Adressen austauschen und *für das nächste halbe Jahr zwei- bis dreiwöchentliche Termine* vereinbaren, an denen sie sich zur Peer-Beratung treffen.

Wenn noch genügend Zeit vorhanden ist, können die frischgebildeten Teams mit einer Peer-Beratungsrunde zu den Projektideen einzelner Teammitglieder beginnen.

Je nach Verlauf dieses Teamtages können *Teambildungsübungen* und/oder *Gruppenklärungsverfahren* angewandt werden. Ziel ist jedoch, daß die sich bildenden Teams sich möglichst schnell selbständig über ihre konkreten Projekte gegenseitig beraten.

Bergmann betont, daß auch jeder selbst – ohne professionellen Moderator – ein solches Team gründen könne. Partner kann man aus dem Bekanntenkreis oder über Kleinanzeigen rekrutieren. Ähnlich wie Harrison Owen beim Open Space geht auch sie davon aus, daß Prinzipien der Selbstorganisation dafür sorgen, daß funktionierende Gruppen entstehen: „Letztlich finden sich in einem Team immer die richtigen Personen zusammen. Es begegnen sich dort die Menschen, die einander etwas vermitteln und sich damit gegenseitig weiterbringen können." (Bergmann 1998, S. 39)

Da jeder an einem für ihn *persönlich bedeutsamen Ziel* arbeitet und sich die Teammitglieder selbst wählen, wächst die Wahrscheinlichkeit, daß eine wirksame und anregende Gruppe entsteht.

Für solche selbstorganisierten Gruppen schlägt Bergmann zwei Einführungssitzungen vor, die dem Kennenlernen und der Zielklärung dienen.

Teamsitzungen in Selbstorganisation
Innerhalb des nächsten halben Jahres sollen sich die Teams ohne Moderator regelmäßig zu Beratungssitzungen treffen. Bergmann (1998, S. 43) betont die Bedeutung einer klaren Ablaufstruktur für diese Sitzungen. Mithilfe einer *„Musteragenda"* verdeutlicht sie die einfache Ablaufstruktur:

Erfolgsteam – Musteragenda

I. Einstieg   5 Min.
- Ankommen
- Rollen verteilen

II. Check-in (5 Min./Person)   30 Min.
- Wo stehe ich?
- Was ist seit dem letzten Treffen passiert?
- Was habe ich erreicht?

III. Unterstützung (15 Min./Person)   90 Min.
- Wo brauche ich Unterstützung?

IV. Zielsetzung (2 Min./Person)   12 Min.
- Was möchte ich bis zum nächsten Treffen erreichen?

V. Abschluß   5 Min.

(nach Bergmann 1998, S. 196)

1. Runde: Einstieg
Nachdem die Rollen (Berichtender, Zuhörer, Protokollant) verteilt sind, kann jedes Teammitglied (je nach Gruppengröße) ca. fünf Minuten über den Stand seines Projektes berichten. Leitfragen sind:

- Wo stehe ich?
- Was ist seit dem letzten Treffen passiert?
- Was habe ich erreicht?

2. Runde: Unterstützungsphase
Jeder Teilnehmer hat nun das Recht, die anderen Mitglieder um Unterstützung zu bitten. Er entscheidet selbst, welches Thema und welche Unterstützungsform er möchte. Für diese Phase stehen jedem Teammitglied zwischen 15 und 20 Minuten zur Verfügung.

3. Runde: Hausaufgaben festlegen
Abschließend stehen fünf Minuten zur Verfügung, in denen das Teammitglied seine weiteren Schritte benennt. Diese Schritte werden von einem anderen Teammitglied schriftlich festgehalten und als *Protokoll* spätestens in der nächsten Sitzung an alle verteilt. Je nach Zahl der Teammitglieder läuft dieser Zyklus mehrmals ab.

Die klare Zeitvorgabe zwingt die Teammitglieder schon bei der Vorbereitung auf die Sitzung über eine präzise und knappe Präsentation nachzudenken. Die vergleichsweise kurze Beratungszeit zwingt das Team, sich auf das Wesentliche zu konzentrieren und effektiv zu arbeiten. Jeder trägt die Verantwortung, daß die wertvolle Zeit gut genutzt wird. Das Team dient so als Beratungsinstrument und Motivationsverstärker. Indem ich andere berate und über ihre Projekte nachdenke, kann ich gleichzeitig Anregungen für mein eigenes Projekt erhalten. Wie bei den anderen beschriebenen Verfahren stehen hier die Prinzipien der Verantwortungsübernahme, Selbstunterstützung und Selbstorganisation im Zentrum.

Auswertungstag mit Moderator
Wird das Erfolgsteam von einem professionellen Moderator initiiert, dann ist es möglich, nach ungefähr einem halben Jahr einen gemeinsamen Auswertungstag zu veranstalten. Auf dem Auswertungstag präsentieren alle Teams ihre Arbeitsergebnisse. Es wird eine *ergebnisorientierte Auswertung* vorgenommen und untersucht, welche konkreten Schritte zur Präzisierung bzw. Umsetzung seiner Projekte jeder unternommen hat, wo es Schwierigkeiten gab und auf welche Weise das Team Unterstützung geben konnte. Ggf. kann ein neuer Halbjahreszyklus gestartet werden.

Modifikationen
In Abhängigkeit von den Bedürfnissen der Gruppe kann es sinnvoll sein, daß der/die ModeratorIn jede zweite Peergruppensitzung anwesend ist. Weiterhin können natürlich zusätzliche Beratungstermine angeboten werden. Grundsätzlich gilt aber

das Ziel einer möglichst selbständigen Arbeit der Teams, und daß diese auch ohne Moderator beginnen können. Das Erfolgsteam-Konzept beruht ebenso wie alle Moderationsverfahren zur Bildung Kreativer Felder auf dem KISS-Prinzip: Keep it simple and short! Die grundlegende Idee ist, daß ein einfacher Rahmen und einige wenige Prinzipien genügen, um die Teammitglieder zu befähigen, sich gegenseitig in der Projektrealisierung zu unterstützen. Insofern ist das Erfolgsteam-Konzept ausgezeichnet für die *Findungs- und Klärungsphase von Projekten* geeignet. Das Team soll gleichzeitig ein einfach umzusetzendes Beispiel dafür geben, wie man sich selbst ein Unterstützungsnetzwerk bzw. ein kreativitätsförderndes Feld schaffen kann.

Dialoggruppen

„In einem Dialog versuchen also die Gesprächsteilnehmer nicht, einander gewisse Ideen oder Informationen mitzuteilen, die ihnen bereits bekannt sind. Vielmehr könnte man sagen, daß die beiden etwas gemeinsam machen, das heißt, daß sie zusammen etwas Neues schaffen."

David Bohm

Während Zukunftswerkstätten und Zukunftskonferenzen gemeinsame Visionen der Beteiligten als Grundlage wirkungsvoller Zukunftsgestaltung entwickeln, bietet das Erfolgsteam-Konzept eher Unterstützung bei der Verfolgung individueller Interessen und Ziele in der Gemeinschaft. Das Konzept der Dialoggruppen zielt demgegenüber darauf ab, einen offenen Raum zu schaffen, in dem man sich auf einen *ergebnisoffenen Erkenntnisprozeß* einläßt. Das Neue kann für den Physiker David Bohm nur dann gemeinsam entwickelt werden, „wenn die Gesprächsteilnehmer in der Lage sind, einander uneingeschränkt und vorurteilsfrei zuzuhören, ohne zu versuchen, sich gegenseitig zu beeinflussen" (Bohm 1998, S. 27 ff.).

Bohm stellte bei vielen Konferenzen fest, daß die beteiligten Gruppen, die ein Problem lösen oder einen Erkenntnisfortschritt erreichen wollten, oft überhaupt nicht in der Lage waren, einander zuzuhören. Da jeder vorurteils- und interessengeleitet versucht, seine Auffassung durchzusetzen, kommen wir in vielen Bereichen weder einer Problemlösung näher, noch erweitern wir unser Wissen.

„Wenn wir in Harmonie mit uns selbst und mit der Natur leben wollen, müssen wir fähig sein, frei in einer kreativen Bewegung zu kommunizieren, in der niemand auf Dauer an seinen eigenen Vorstellungen festhält oder sie sonstwie verteidigt." (Bohm, S. 29).

Bohms zentrale Frage, die ihn dazu bewegte, ein Dialogkonzept zu entwickeln, lautet: Warum ist es so schwierig, eine derartige Kommunikation zustande zubringen?

Was hindert uns am Dialog?
Bohm analysiert eine Reihe von Blockaden, die uns daran hindern, das Gespräch als Chance für eine gemeinsame Weiterentwicklung zu nutzen. Dies beginnt damit, daß wir uns allzu oft mit unserer Position identifizieren und deshalb meinen, ein radikaler Perspektivenwechsel käme einer Selbstaufgabe gleich. Zudem unterliegen wir Gruppenzwängen, emotionalen und geistigen Sperren. Wer etwa in einer spezifischen Fachsicht gefangen ist oder einer bestimmten politischen Gruppierung zugehört, unterliegt dem Anspruch, sich seiner Gruppe gegenüber loyal zu verhalten. Hier spielen auch objektive oder subjektiv empfundene Einflüsse des Umgebungsfeldes, das sozialen Druck ausüben kann, eine wichtige Rolle. Aus solchen und ähnlichen Überlegungen, schließt Bohm, daß wir uns ganz im Sinne Brodbecks (1995) für kreatives Handeln entscheiden und unsere Bewußtheit so verstärken müssen, daß wir in der Lage sind, die Blockierungen sensibel wahrzunehmen.

„Aber wenn wir unsere volle Aufmerksamkeit dem zuwenden können, was konkret die Kommunikation ‚blockiert', während wir gleichzeitig gebührend auf den Inhalt dessen, worüber kommuniziert wird, achten, werden wir vielleicht in der Lage sein, gemeinschaftlich etwas Neues zu schaffen – etwas, das für die Beendigung der gegenwärtig unlösbaren Probleme des Individuums und der Gesellschaft von allergrößter Bedeutung ist." (Bohm 1998, S. 30 ff.)

Vom Ping-Pong-Spiel zum Dialog
Bohm charakterisiert traditionelle Diskussionen, wie wir sie z. B. von Politikerauseinandersetzungen zur Genüge kennen, als eine Art Ping-Pong-Spiel: Meinungen werden vor- und zurückgeschlagen mit dem Ziel, zu gewinnen, Punkte für sich zu sammeln und den Diskussionspartner zu schwächen. Demgegenüber sei der Dialog durch eine völlig andere Haltung charakterisiert.

„Aber ein Dialog hat eher etwas von gemeinschaftlichem Teilhaben, bei dem wir nicht gegeneinander spielen, sondern miteinander. In einem Dialog gewinnen alle." Im Dialog geht es nicht darum, Grundannahmen zu verteidigen, sondern die *Denk-*

gewohnheiten zu ergründen, die uns an diesen Annahmen festhalten lassen. „Im Grunde ist es Ziel des Dialogs, dem Denkvorgang auf den Grund zu gehen und den kollektiven Ablauf der Denkprozesse zu ändern." (Bohm, S. 37)

Die ermüdenden Ping-Pong-Spiele entstehen meistens dadurch, daß wir uns vor allem um unsere Gedankeninhalte kümmern und dem Vorgang des Denkens hingegen zu wenig Beachtung schenken. Wenn wir also unfruchtbare Gewinner-Verlierer-Spiele überwinden wollen, die allzu oft wenig echten Erkenntnisgewinn bringen, dann müssen wir das selbstbehauptende Ping-Pong-Muster verlassen und einen neuen Denkstil entwickeln, der die Fragmentierung von Wissen durch bewußtes Hören unterschiedlichster Positionen überwindet.

Wie der Dialog geführt wird
Bohm meint, daß eine *vielfältig zusammengesetzte Gruppe von ungefähr zwanzig bis vierzig Teilnehmern* so etwas wir ein „Mikrokosmos der Gesamtgesellschaft" darstellen könne. Wenn eine solche Gruppe sich regelmäßig trifft und Schritt für Schritt lernt, untereinander einen Dialog zu führen, dann kann sie – ähnlich wie ein Laser die Energie bündelt – eine *Kohärenz des Denkens* erreichen, die völlig neue Erkenntnisse möglich machen würde. Bohm ist davon überzeugt, daß durch die Bündelung des Denkens in einer Dialoggruppe ein enorm wirksames „Energiefeld" entsteht.

„Nun könnte man sagen, daß unser normales Denken in der Gesellschaft inkohärent ist – es geht in alle möglichen Richtungen und die Gedanken widersprechen sich und heben sich gegenseitig auf. Aber wenn Menschen gemeinsam auf kohärente Weise dächten, hätten die Gedanken eine ungeheuerliche Macht. Das ist meine These. In einer Dialogsituation, mit einer Gruppe, die den Dialog eine ganze Weile aufrechterhalten hat, so daß die Teilnehmer einander besser kennenlernen konnten, wäre eine solche Gedankenbewegung, eine kohärente Kommunikationsbewegung, möglich." (Bohm, S. 45)

Auch Bohm greift in den oben vorgestellten „Werkzeugkasten" und benutzt als wirkungsvolles Grundelement den Kreis, denn nur er gewährleistet, daß niemand bevorzugt und direkte Kommunikation möglich wird. Im Unterschied zum „Open Space" begrenzt Bohm den Kreis auf zwanzig bis vierzig TeilnehmerInnen und arbeitet mit dem Plenum, ohne Aufteilung in Untergruppen. Denn er möchte ja eine Art repräsentativen Mikrokosmos der Gesellschaft in der Gruppe bilden. Ähnlich wie im Open Space versucht Bohm mit einem Minimum an Regeln, ohne Tagesordnung und mit einem weitgehenden Verzicht auf eine Gruppenleitung auszukommen, so daß der offene Raum entsteht, der Neues möglich macht. Eine vielfältig zusammengesetzte Gruppe soll sich regelmäßig über einen Zeitraum von ein bis zwei Jahren treffen.

In der Anfangsphase könne ein *Dialogbegleiter* sinnvoll sein, der von Zeit zu Zeit der Gruppe erklärt, was gerade geschieht. Aber ähnlich wie bei der Zukunftswerkstatt und dem Open Space ist es seine Aufgabe, sich überflüssig zu machen. Bohm formuliert eine Erkenntnis, die auch Robert Jungk, Marvin Weisbord und Harrison Owen bestätigen könnten: „Unsere Gesellschaft ist so aufgebaut, daß wir glauben, ohne Leiter und ohne Autoritäten nicht auskommen zu können. Aber vielleicht können wir es doch." (Bohm, S. 48).

Wie in den oben beschriebenen Verfahren der Großgruppenmoderation gelten auch hier die Prinzipien der Selbstorganisation und Verantwortungsübernahme. Die Gruppe wählt sich daher selbst das Thema, über das sie arbeiten möchte. Allerdings, so Bohm, ist die Gruppe nicht in erster Linie für individuelle Probleme da, da es hauptsächlich um kulturelle Konditionierung geht".

Ähnlich wie Harrison Owen für das Open Space-Modell betont Bohm die *Bedeutung des leeren Raums:* „In der Dialoggruppe werden wir nicht entscheiden, was in irgendeiner Sache zu tun ist. Das ist von entscheidender Wichtigkeit. Sonst sind wir nicht frei. Wir müssen einen leeren Raum haben, wo wir nicht verpflichtet sind, etwas zu tun, zu irgendwelchen Schlüssen zu kommen, etwas zu sagen, oder nichts zu sagen. Der Dialog bleibt offen und frei, ein leerer Raum." (Bohm, S. 50)

Um kohärent und wahrhaftig zu kommunizieren, soll darauf verzichtet werden, irgend etwas „Nützliches" zu tun, weil auf diese Weise schon wieder Einschränkungen entstehen.

Was ist das Ziel des Dialogprozesses?
Im strengen Sinn hat der Dialogprozeß nur ein Ziel: *Sich gemeinsam „der Wahrheit" anzunähern.* Hier gilt: Der Weg ist das Ziel. In dem Maß, in dem wir das bekannte Ping-Pong-Muster verlassen und lernen, vorurteilsfrei zuzuhören, in dem Maß, in dem wir uns nach und nach aus unseren Denkmustern befreien, verändern wir uns selbst, verändert sich die Gruppe. Bohms Vision: „Ich denke, wenn wir fähig sind, einen Dialog dieser Art eine Zeitlang aufrechtzuerhalten, werden wir feststellen, daß die Gruppenmitglieder sich verändern. Sie verhalten sich anders, auch außerhalb der Dialogsituation." (Bohm, S. 53)

Dieser Veränderungsprozeß beginnt damit, daß man lernt, seine Annahmen in der Schwebe zu halten. Ziel ist es, sich von Bewertungen freizumachen, so daß man seinen Annahmen weder vertraut noch sie bezweifelt. Indem ich wahrnehme, wie ich auf Meinungen reagiere, wird die Gruppe zu einem Spiegel. Indem ich darauf verzichte, jemand dazu zu bringen, seine Meinung zu ändern, werde ich selbst offener für neuartige Sichtweisen: „Wir versuchen nicht, irgend etwas zu ändern, wir versuchen nur, uns all dessen bewußt zu werden."

Kernelemente des Dialogs nach Bohm

I. Einstieg
- regelmäßiges Treffen (20–40 Personen) im Kreis
- ergebnisoffenes Gespräch
- keine Tagesordnung
- keine Leitung (ggf. in der Anfangsphase Dialogbegleiter)

II. Denkmuster erkennen
- Das „Wie" des eigenen Denkens wahrnehmen
- emotionale Bewertungen erkennen

- Ausstieg aus dem Ping-Pong-Spiel
- Propriozeption („Eigenwahrnehmung") entwickeln

III. Annahmen in der Schwebe halten
- Grundannahmen in Frage stellen
- Bewertungen abbauen
- vorurteilsfrei zuhören
- vorschnelle Festlegungen vermeiden
- Aufgabe der Identität von Standpunkt und Person

IV. Neues entdecken
- Wahrnehmen, welche neuen Erkenntnisse und Haltungen durch den Dialog bei mir und anderen entstehen.

V. Erkenntniszuwachs beschreiben
- Austausch über die neuen Einsichten, die aus dem Dialog in der Gruppe entstanden sind.

© ISI 2000

Durch kollektives Denken wird die Gruppe zum Kreativen Feld
Je mehr wir lernen, „eigenwahrnehmend" zu denken, desto mehr werden wir Bohm zufolge auf Statuskämpfe und Feindseligkeiten verzichten können. Wir erreichen somit eine Form kollektiver Partizipation, die er als *„gemeinsames Denken"* bezeichnet. „Ein Beispiel für gemeinsames Denken wäre, wenn jemand eine Idee hat, die ein anderer aufgreift, während ein dritter noch etwas hinzufügt. Das Denken würde fließen, anstatt daß da eine Menge verschiedener Leute sitzt und versucht, sich gegenseitig zu überreden oder zu überzeugen." (Bohm, S. 65)

Indem wir alle – auf unsere individuelle Weise – das Gleiche tun, nämlich unser Bewußtsein in der Schwebe halten, indem wir die Ansichten der Teilnehmer anhören und ihren Sinn zu verstehen suchen – entsteht eine andere Art des Bewußtseins, die Bohm als *partizipierendes Bewußtsein* bezeichnet.

Wenn eine Gruppe, ein Team, eine Firma, eine Institution etc. diese Stufe erreicht hat, dann ist sie insgesamt zu einem Kreativen Feld geworden. Alle können sich selbst vergewissern, welche Ansichten und Urteile überzeugend sind. Hierzu ist keine Überredungs- oder Überzeugungsarbeit nötig, denn: „Wenn jemand recht hat, muß er andere nicht überreden. Wenn jemand andere überreden muß, ist die Sache wahrscheinlich irgendwie zweifelhaft." (Bohm, S. 68)

Wenn wir Bohms Ansatz aus der Perspektive der Zukunftskonferenz Marvin Weisbords betrachten, dann könnte man in dessen Begriffen feststellen, daß in solchen Dialoggruppen der „Gemeinsame Grund" entdeckt worden ist. Letztlich zielt auch die Zukunftskonferenz darauf ab, den Grundstein für die Ausbildung der Fähigkeit zum gemeinsamen Denken zu setzen.

Wo können Dialoggruppen angewandt werden?
Die bisherigen Ausführungen haben gezeigt, daß es sich beim Dialogverfahren um ein philosophisch begründetes Konzept handelt, dessen Praxisrelevanz für Menschen, die in Politik und Wirtschaft tätig sind, nicht auf den ersten Blick einleuchtet. Und doch hat das Dialogkonzept einen wachsenden Einfluß in unterschiedlichsten Feldern. Hartkemeyer & Dorithy (1998) beschreiben in ihrem Praxisbuch „Miteinander Denken. Das Geheimnis des Dialogs" vielfältige Anwendungsbereiche, die vom sozialen Alltag, über den Dialog in Schulen, in Organisationen bis hin zu den verschiedensten Projekten des politischen und ökologischen Dialogs reichen.

Nach meiner Definition ist der Dialog unverzichtbarer Bestandteil eines Kreativen Feldes. Die Fähigkeit zum Dialog spielte eine herausragende Rolle bei der Entwicklung der Musik der Comedian Harmonists und der Beatles, bei der Entwicklung des Personalcomputers und entsprechender Software. In der globalisierten Wissensgesellschaft wird es zu einer Überlebensfrage, daß wir neue Formen des interkulturellen Dialogs entwickeln, die zur Ausbildung eines gemeinsamen Bewußtseins beitragen. Die Entwicklung partizipativen Denkens ist eine Schlüsselfrage für das Überleben der Menschheit. Aber auch in Fragen alltäglicher Kommunikation in Firmen und Institutionen nimmt die Bedeutung der Fähigkeit zum Dialog zu. *Insofern ist Bohms Konzept auch Ausdruck der Tatsache, daß man komplexer werdende gesellschaftliche, soziale und kulturelle Umfelder nicht mehr mit Top-down-Strategien, Ping-Pong-Diskussionen und Gewinner-Verlierer-Spielen steuern kann. Dialogfähigkeit wird in fast allen Bereichen zu einer Überlebensnotwendigkeit und ist eine wichtige Voraussetzung für die Entwicklung von Kreativität und Demokratie.* Wir befinden uns mitten in einer Phase, in der kollektives, individuen- und kulturenübergreifendes Schöpfertum immer wichtiger wird. Dialoggruppen zeigen einen Weg, wie man diese Fähigkeiten erwerben kann.

Die Zukunftswerkstatt

> „Ich bin im Grunde immer dafür eingetreten,
> daß nicht eine Methode Zukunftswerkstatt da sein soll,
> sondern Zukunftswerkstatt beinhaltet eine Haltung,
> die eben viele Methoden möglich macht,
> sonst widerspricht sie sich selbst."
> Robert Jungk

Robert Jungk und die Entwicklung der Zukunftswerkstatt

Obwohl die Zukunftswerkstatt in ihrer Grundform – der *Kritik-, Visions- und Umsetzungsphase* – schon seit den sechziger Jahren existiert, ist sie erstaunlicherweise noch immer ziemlich unbekannt. Dies ist um so überraschender als sie eine sehr einfache und leicht umzusetzende Grundstruktur besitzt und ein universelles *Werkzeug zur Freisetzung von Kreativität und zur Erfindung wünschenswerter Zukunftskonzepte* ist, das sich Einzelne, Gruppen und Organisationen zunutze machen können. Wie wir sehen werden, handelt es sich um ein Verfahren, das konkrete Schritte angibt, wie wir in relativ kurzer Zeit den Aufbau eines Kreatives Feldes anregen und zu Problemlösungen kommen können. Bevor ich den Ablauf des Verfahrens beschreibe, möchte ich zunächst auf die Herkunft der Zukunftswerkstatt eingehen. Wer sich gleich mit dem Verfahren beschäftigen möchte, kann diesen Abschnitt überspringen.

Für die ausführlichere Schilderung habe ich mich entschieden, weil ich in der glücklichen Lage bin, den „Erfinder" selbst zu Wort kommen zu lassen. Ich kann so einen authentischen Einblick in die Entstehungsphase geben. Im September 1991 konnte ich in der von ihm gegründeten Bibliothek für Zukunftsfragen in Salzburg ein Interview führen, wovon auch ein ausführlicher Video-Mitschnitt existiert (s. Anhang). Wie kam Robert Jungk auf die Idee der Zukunftswerkstatt?

Instrument zur dialogischen Freisetzung von Kreativität

Jungks Lebenserfahrungen, die er in seiner Biographie „Trotzdem – Mein Leben für die Zukunft" eindrücklich schildert, gaben den entscheidenden Anstoß für die Idee einer Zukunftswerkstatt. Angesichts seiner dramatischen Erfahrungen mit Nazi-Deutschland und der Zerstörung von demokratischen Strukturen wollte er mit der *Zukunftswerkstatt ein Instrument zur Weiterentwicklung der Demokratie und zur Stärkung von BürgerInnen* gegenüber sich verselbständigenden Eliten schaffen. Sein Konzept basiert auf einem positivem Menschenbild, das davon ausgeht, daß jeder von uns über ungenutzte kreative Potentiale verfügt, die durch die Schaffung günstiger Rahmenbedingungen freigesetzt werden können. Die Zukunftswerkstatt sah er als ein *Instrument zur dialogischen bzw. multilogischen Freisetzung von Kreativität.* Aus der Perspektive meiner Theorie der Feldkreativität erhalten wir ein neues Verständnis der Zukunftswerkstatt: Letztlich ging es Jungk darum, Kreative Felder zu schaffen – auch wenn er diesen Begriff, meines Wissens, nie verwendet hat.

Die Erfahrungen von politischer Verfolgung und Exil machten Jungk zur *Kassandra und zum Hoffnungsträger in einem:* Obwohl er in der Zukunftswerkstatt in einem fast schon naiv zu nennenden Optimismus davon ausgeht, daß wir alle in weitgehender Selbstorganisation dazu in der Lage sind, unsere Zukunft bewußt und vernünftig zu gestalten, benahm er sich doch selbst wie ein Zukunftsexperte. So hielt er es für nötig, die Rolle eines Mahners einzunehmen, der nicht nur auf Zukunftschancen hinwies, sondern auch vor den sich abzeichnenden Gefahren warnte. So sind seine zahlreichen Bücher auch als Versuche zu verstehen, einer nichtinformierten Öffentlichkeit Zugang zum Wissen wissenschaftlicher Experten zu verschaffen und sie so zur Teilhabe an Zukunftsentscheidungen zu befähigen. War er auf der einen Seite der unermüdliche Ermutiger, so scheute er doch nicht die Rolle der Kassandra, wenn es darum ging, vor aus seiner Sicht bedrohlichen Entwicklungen zu warnen.

Von der Kritik zum (Er-)Finden der Zukunft

Jungk: Ich war in den 50er Jahren bereits sehr stark engagiert in der Anti-Atomkriegsbewegung und habe immer stärker gemerkt, daß die meisten Menschen bei der Kritik stehen bleiben. Daß sie die gegenwärtigen Zustände mit Recht kritisieren, aber dann gar keine Vorstellung, gar kein Instrument haben, um Vorschläge zu machen, wie wir es anders machen könnten. Sie sind sozusagen auf halbem Weg stehengeblieben. Ich habe es immer verglichen mit einem Arzt, der nur die Anamnese und Diagnose macht und sich nicht so sehr um eine Therapie bemüht. Aus diesem Grund habe ich Ende der 50iger Jahre in der Zeitschrift Kultur einen Artikel geschrieben „Richtung 2000", in dem ich mich sehr stark auf Dennis Gabor gestützt habe. Er war ja ein Physiker und Mitbegründer des Club of Rome und hatte sich sehr viel mit sozialen und politischen Fragen bewußter Zukunftsgestaltung beschäftigt. Und anknüpfend an ihn habe ich mich dann gefragt: Wie könnte man die Zukunft erfinden? Und da habe ich angefangen, mich mit Kreativitätstechniken zu beschäftigen.

In Deutschland und Europa war ja die Kreativitätsforschung ganz unterentwickelt, während in Amerika da sehr viel im Schwange war. Und so bin ich fast jedes Jahr nach Amerika gekommen und habe mir gesagt, jetzt schaue ich mir mal alle Institute an, die sich mit Kreativitätsforschung beschäftigen. Ich war in New York, war in Buffalo, war in Michigan und habe mir überall dort diese Kreativitätstechniken zeigen lassen und habe dabei auch die Forscher persönlich kennengelernt. Dabei ist mir besonders als einfachste Form die Form des Brainstorming von Osborne aufgefallen. Nur wurde dieses Brainstorming fast ausschließlich für die Erfindung neuer Produkte angewendet. Ich bin dann nach Wien zurückgekommen und habe dort das erste Institut für Zukunftsfragen gegründet und habe dort 1965 begonnen mit diesen Kreativitätsmethoden in Richtung Zukunft zu experimentieren.

Burow: Das war aber damals noch eine andere Form als die Zukunftswerkstatt, die wir heute kennen oder...?

Jungk: Nein, das war eigentlich schon diese dialektische Form, die ich von Osborne gelernt habe. Die ist nicht von mir. Ich habe sie einfach übertragen auf soziale Fragen, während er nur an Produkte gedacht hat. Also, es gibt auch bei Osborne diese verschiedenen Stadien, daß man erst eine kritische Bestandsaufnahme macht und dann ausgehend von der Kritik des Ist-Zustandes in einem Brainstorming, das heißt ja „Gehirnsturm", ohne Vorbehalte, ohne Kritik, ohne Selbstkritik, ohne Bewertung einfach mal frei in der Gruppe phantasiert. Das war das Entscheidende.

Bei der Entwicklung der Zukunftswerkstatt hat mir ein Schlüsselerlebnis, das ich 1954 in Sizilien hatte, entscheidend geholfen. Und zwar bin ich damals nach Palermo gefahren, um den Sozialreformer Danilo Dolci zu interviewen. Der machte damals einen Hungerstreik, um auf die Unterdrückung der Bauern durch die Mafia in Sizilien hinzuweisen. Er war also fast drei Wochen lang im Hungerstreik, und die Leute kamen zu ihm, weil sie ihn verehrt haben und wollten mit ihm sprechen. Da habe ich zum ersten Mal erlebt, daß er diesen ganz einfachen Menschen gesagt hat: Jetzt sagt doch mal, wie ihr es eigentlich anders haben wollt! Wie müßte es eigentlich sein, wenn die Mafia Euch nicht unterdrücken würde? Und da habe ich zum ersten Mal erlebt, daß Menschen in einem so schnellen Prozeß überhaupt zum Reden kommen, daß sie es wagen zu reden, daß sie es wagen, etwas zu erfinden. Da habe ich gesehen, wenn das diese einfachen sizilianischen Landarbeiter und Tagelöhner können, dann müßten es ja auch andere können. Ich dachte damals noch, das sei mit anderen Menschen einfacher. Dann habe ich aber herausgefunden, daß der kulturell belastete Mensch es viel schwerer hat, zu seiner Phantasie zu kommen, als jemand, der nicht soviel Wissen besitzt.

Burow: Bei uns ist schon viel mehr vorprogrammiert.

Jungk: Ich habe das immer verglichen, dieses Wissen, das wir alle akkumulieren, besonders eben Akademiker, mit den Schichten, die sich auftürmen über den Erdschätzen. Also, um zu den Schätzen zu kommen, muß man durch alle diese Schichten des akkumulierten Wissens hindurch, ehe man an die eigentlichen

Quellen kommt. Und so denken wir auch immer bei allem, was wir sagen: hat das nicht schon jemand besser gesagt? In diesem Vorwissen, in diesen Standards besteht eine große Belastung. Man sieht immer die großen Namen vor sich und traut sich nicht, seine eigenen Gedanken zu formulieren. Es besteht ein Minderwertigkeitskomplex der meisten Bürger gegenüber den Gelernten, Gelehrten, Belesenen.

Burow: Nach unserer Erfahrung besteht ja gerade in der Überwindung dieses Minderwertigkeitskomplexes und der Ermutigung zum Ausdruck der eigenen Ideen eine zentrale Leistung der Zukunftswerkstatt.

Jungk: Genau, genau!

Zukunftswerkstätten rechnen sich

Bürgerbeteiligung ist in der Anfangsphase eines Projekts kein überflüssiger Luxus, sondern zahlt sich trotz oder gerade wegen des größeren Zeitaufwandes auf mittelfristige Sicht aus.

Robert Jungk hatte schon früh ein Gespür für die Problematik von der Planung von Experten, die keine Verbindung zu dem betreffenden Umfeld haben: Als aufmerksamer Zeitzeuge hat der von politischer Verfolgung und Exil geprägte Jungk in unterschiedlichen Kulturkreisen sehr sensibel wahrgenommen, welche Fehlentwicklungen entstehen können, wenn man Experten allein das Feld überläßt und der Bürger- bzw. Mitarbeiterphantasie zu wenig korrigierenden Gestaltungsraum läßt. Insofern ist die auf den ersten Blick unprofessionell wirkende Zukunftswerkstatt ein ernstzunehmendes und in seiner Bedeutung bislang unterschätztes universell verwendbares *Werkzeug zum Er-Finden und Gestalten wünschenswerter Zukünfte*, das nicht nur die Beteiligung der Mitglieder eines Feldes erlaubt, sondern auch dazu verhilft, daß die in einem Feld vorhandenen Informationen besser erhoben werden können und ein von zahlreichen Detailinformationen gesättigtes Gesamtbild entsteht.

Zukunftswerkstätten schaffen Lernende Felder

Die Erfahrung zeigt, daß durch eine solche *Feldbeteiliguung* oft bedürfnisgerechtere, problemangemessenere und kostengünstigere Lösungsmöglichkeiten entstehen, weil man damit nicht nur etwa ein neues Gebäude plant, sondern im Sinne einer *Theorie Lernender Felder* gleichzeitig eine lernfähige Struktur im Feld installiert: Die späteren Benutzer gehen mit dem Gebäude sorgfältiger um, weil sie an der Planung beteiligt waren. Ebenso wichtig ist ein weiterer Effekt: Die Zukunftswerkstatt ist im Sinne Jungks ein *Instrument zur Mobilisierung von Bürgerphantasie* und kann dazu verhelfen, das in weiten Teilen verlorengegangene Engagement für das demokratische Gemeinwesen wiederzubeleben. Aus feldtheoretischer Perspektive wissen wir, wie wichtig es ist, daß alle Teile eines sozialen Systems angemessen am Wandel beteiligt sind. Das Feld lernt, und keine unterdrückte Kraft geht verloren. Intelligente Politik arbeitet also mit den Kräften des Feldes und ist sich darüber im Klaren, daß die Einnahme einer extremen Position im Feld sofort die Gegenkräfte auf den Plan rufen wird. Insofern kann man die Zukunftswerkstatt auch als intelligentes Instrument zur Felderkundung betrachten.

Auf dem Weg zum universellen Zukunfts-(er-)findungs-Instrument

Der politische Entstehungszusammenhang der Zukunftswerkstatt kann erklären, warum diese Methode lange Zeit nur in Bürgerinitiativen und politisch engagierten Kreisen Verwendung fand. Die Zukunftswerkstatt wurde deshalb oft nur als Instrument von Bürgerinitiativen gesehen, die es zum Teil als eine Art basisdemokratisches Kampfinstrument benutzten, um sich Klarheit über ihre Ziele gegenüber klar definierten Gegnern zu verschaffen.

Seit einigen Jahren zeichnet sich aber eine Differenzierung sowohl des Methodenspektrums ab, das in Zukunftswerkstätten zur Anwendung kommt, als auch eine Ausweitung des Anwendungsbereichs. Die Zukunftswerkstatt ist zu einem universellen Zukunfts-(er-)findungs-Instrument geworden, dessen Anwendungsbereich von der Zielfindung und Zukunftsplanung in Firmen, Verbänden, Institutionen bis hin zum Instrument der Bürgerbeteiligung und Instrument der Kreativitätsförderung reicht. Aufgrund ihrer vergleichsweise einfachen Struktur sind Zukunftswerkstätten mit relativ wenig Aufwand in allen Bereichen einsetzbar, in denen über eine kritische Bestandaufnahme des Ist-Zustands erstrebenswerte Zukünfte visioniert werden, um dann in einem weiteren Schritt die Veränderungsenergien des jeweiligen Feldes zu mobilisieren.

Wie läuft eine Zukunftswerkstatt ab?

Zukunftswerkstätten sollen nach Jungk ein Ort des demokratischen Diskurses sein, an dem nach einem Jahrhundert der technischen Erfindungen *„soziale Erfindungen"* und Experimente erdacht und ausprobiert werden können, ein Ort, an dem sich die vernachlässigte soziale Phantasie entfalten soll. Menschen, die Einfluß auf die Gestaltung ihrer Zukunft nehmen wollen, treffen sich, um sich mit einer sie besonders betreffenden Problematik auseinanderzusetzen. Dabei kann es sich um eine Firma handeln, die nach Wegen sucht, die ungenutzten kreativen Ressourcen ihrer Mitarbeiter für zukunftsträchtige Projekte zu erschließen und ein gemeinsam geteiltes *Leitbild* in Form einer Zukunftsvision zu entwickeln; um einen Bildungsträger, der ein zukunftsträchtiges *Fortbildungsprogramm* entwickeln will; um den Ausschuß einer politischen Partei, der ein zugkräftiges *Wahlprogramm* entwickeln will; um die Mitglieder eines Ärzteteams, die ihre bisherige Arbeit analysieren und verbessern wollen. Die Liste läßt sich beliebig verlängern.

Allgemein kann man sagen, daß die Zukunftswerkstatt ein *zieloffenes Verfahren* ist. Wir wissen vorher nie, welche Ergebnisse wir erhalten werden, da wir nicht wissen, welche bislang unangetasteten kreativen Ressourcen angezapft werden und welche Gruppenprozesse entstehen. Trotzdem ist es nicht beliebig, was passiert. Die Zukunftswerkstatt gibt eine relativ einfach und leicht zu handhabende Struktur vor. Dabei gilt im Jungschen Sinne, daß alle Beteiligten gleichberechtigte Experten zur Lösung des Problems sind.

Allen „gehört" das Problem und alle (er)finden Lösungen

Da in der Zukunftswerkstatt die bisherigen Zuständigkeiten, Abhängigkeiten und Hierarchien – zeitweise – aufgehoben sind, kann bislang nicht abgefragtes, verdrängtes, verschüttetes Wissen an die Oberfläche gelangen. Die Teilnehmer schöpfen so auf eine bisher ungenutzte Weise aus einer Informationsquelle, indem sie lernen, die in der Gruppe vorhandenen Ressourcen zu erschließen. Die Werkstatt ist ein offenes Feld, in dem nicht nur bislang unterdrückte Informationen zugelassen werden, sondern auch Raum geschaffen wird für vielfältige Begegnungen und eine informationelle Um- bzw. Selbstorganisation des gesamten Feldes. Wenn ich z. B. als Mitglied einer Institution in einer Zukunftswerkstatt erfahre, wie meine Arbeit von verschiedenen Abteilungen unterschiedlich wahrgenommen wird, wenn ich erkenne, welche Probleme gesehen werden, und wenn ich mich in der Gruppenarbeit der Begegnung mit KollegInnen aussetze, mit denen ich bisher kaum Kontakt hatte – so kann dies dazu führen, daß wir alle eine differenziertere Sicht der Problemlagen und unseres eigenen Anteils daran erhalten. Die Botschaft dieses *Dialogprozesses* besteht zudem darin, daß alle Beteiligten zur Lösung des Problems ihren Beitrag leisten können und daß ihre individuellen Sichtweisen und Urteilsvermögen gehört und ernstgenommen werden. Hierdurch werden die oftmals zersplitterten und gegeneinander kämpfenden Energien auf die gemeinsame Problemlösung fokussiert.

Im Zentrum der Zukunftswerkstatt steht also ein *aufgabenzentrierter Begegnungs-, Austausch- und Informationsverarbeitungsprozeß*. Um zu vermeiden, daß wir uns in den gewohnten Rollen begegnen und nur Stereotypen austauschen, arbeitet die Zukunftswerkstatt in ihrer professionellen Weiterentwicklung mit vielfältigen Kreativitätstechniken. So lassen wir, um ein Beispiel zu geben, die Mitglieder einer Institution, die ihre Kommunikationsstruktur verbessern möchten, zunächst ein Symbol malen, das die Gefühlsqualität ausdrücken soll, die sie mit ihrem Arbeitsplatz verbinden. Mithilfe solcher – für viele zunächst ungewohnten – Verfahren gelingt es in der Regel sehr schnell, einen intensiven, problemzentrierten Austausch einzuleiten, der auf diejenigen Aspekte fokussiert ist, die die TeilnehmerInnen wirklich betreffen.

Phasen der Zukunftswerkstatt

Eine Zukunftswerkstatt gliedert sich im Kern in drei Phasen:

Phase 1: Kritik/Bestandsaufnahme
Phase 2: Utopie/Phantasie
Phase 3: Verwirklichung/Praxis

Phase 1: Kritikphase
Die klassische Zukunftswerkstatt beginnt zunächst mit einer *Kritikphase*. Hier darf – je nach zeitlichem Rahmen – über zwei Stunden oder einen ganzen Tag nur Kritik geübt werden. Mitglieder einer Betriebsabteilung werden beispielsweise aufgefordert, ihren Arbeitsalltag, die Arbeitsabläufe und die Arbeitsergebnisse aus kritischer Perspektive zu beleuchten. Häufig werden so innerhalb kurzer Zeit eine Vielzahl von Kritikpunkten gesammelt, die aus Sicht der Beteiligten veränderswert sind. Wir erhalten so eine Art *subjektiver Problemdiagnose*.

Arbeitete Jungk zunächst mit einer einfachen Abfragetechnik, in der jeder seine Kritik per Zuruf nannte und diese dann auf Papierbahnen notiert wurden, so sind mittlerweile die unterschiedlichsten Analyseverfahren entwickelt worden, die es ermöglichen, die kritisierten Mißstände genauer zu analysieren. Heute wird meist nach dem *Metaplansystem* gearbeitet. Hierbei handelt es sich um eine ausgefeilte Moderationsmethode, deren Kern darin besteht, daß die TeilnehmerInnen selbst alle wichtigen Arbeitsschritte mithilfe vorgefertigter Materialien visualisieren. In der Kritikphase schreibt zunächst jeder Teilnehmer seine Kritikpunkte auf einzelne rote Karten. Innerhalb kürzester Zeit entstehen so in einer Gruppe von 30 TeilnehmerInnen bis zu 150 Kritikkarten. Die Karten werden dann von den Gruppen nach Oberbegriffen sortiert. Auf diese Weise entsteht eine nach thematischen Schwerpunkten geordnete Liste der Kritikpunkte. Arbeitet man mit Schulkollegien (Burow & Neumann-Schönwetter 1998), dann tauchen häufig folgende Kritikpunkte auf: Schlechte Kommunikation untereinander, Zeitdruck, kein gemeinsames pädagogisches Konzept, mangelnde Unterstützung durch Eltern etc. Im Anschluß erhält jeder der TeilnehmerInnen fünf Klebepunkte, die er auf die den Oberbegriffen zugeordneten Kritikpunkten kleben kann, um auszudrücken, welches Thema er/sie für am wichtigsten hält. Auf diese Weise erhält man schnell ein Bild der relevanten Mißstände.

Je nach Zielstellung arbeiten wir in dieser Phase auch mit szenischen Inszenierungen typischer Alltagssituationen. Oder die KollegInnen malen ein Bild ihrer Organisation bzw. ein Symbol, das ihre Situation am Arbeitsplatz ausdrückt. Im Anschluß an die Punktewertung bilden sich Interessensgruppen, die selbständig eine Problemanalyse ausarbeiten und später dem Plenum vorstellen. Hier kommen je nach Aufgabenstellung Verfahren zur Analyse der Problemebenen zur Anwendung (Beispiel für Analysefragen: Was liegt an den gesellschaftlichen Rahmenbedingungen? Was liegt an unserem Team? Was liegt an mir selbst?) Je nach Teilnehmerzahl findet die Kritikanalyse im Wechsel von Kleingruppen und Plenum statt.

Die Kritikphase wird häufig sowohl als Befreiung erlebt (endlich kann man mal aussprechen, was einen stört, und mögliche Ursachen ausmachen), aber auch als deprimierender Tiefpunkt. Die Betrachtung der eigenen Lage unter einseitig kritischem Blickwinkel kann einem bisweilen das ganze Ausmaß der Misere drastisch bewußt machen. Das erklärt auch, daß TeilnehmerInnen häufiger Schwierigkeiten haben, die tatsächlichen Probleme in aller Schonungslosigkeit zu benennen. Viele müssen erst lernen, daß Kritik etwas Positives sein kann, daß Kritik bedeutende Ressourcen für die Verbesserung freilegen kann. Hier ist der qualifizierte Moderator gefragt, der – je nach Kontrakt – dafür sorgen muß, daß eine den Problemen angemessene Tiefendimension erreicht wird.

Die Zukunftswerkstatt ist ein experimenteller Schonraum, in dem wir uns gegenseitig mit der gebotenen Offenheit mit den negativen Aspekten unserer beruflichen und/oder privaten Lebensverhältnisse konfrontieren. Diese bisweilen dramatisch wirkende Konfrontation ist gewollt. Aus der Konfrontation mit den negativen Aspekten entsteht der starke Wunsch nach einem Perspektivenwechsel. Während wir uns noch in der entmutigenden Kritikphase wähnen, wächst doch schon in Untergrund eine Veränderungsenergie, die die Suche nach kreativen Lösungen speist und die in der Regel schon bald kraftvoll zum Ausdruck drängt.

Phase 2: Phantasie- oder Visionsphase
Wenn die jeweilige Problemlage hinreichend beschrieben und analysiert worden ist, erreichen die TeilnehmerInnen die *Phantasie- oder Visionsphase*, in der sie, unterstützt durch Verfahren der Kreativitätsförderung, utopische Phantasien und Visionen entwickeln und gestalten sollen. So sollen sie sich z. B. im Rahmen einer „Zeitreise" vorstellen, sie befänden sich im Jahr 2010 und die beklagten Mißstände hätten sich völlig nach ihren Wünschen und Vorstellungen verändert. Wichtig ist dabei die Vermittlung der Vorstellung, daß im Jahr 2010 alles möglich ist. In dieser Phase werden die TeilnehmerInnen dazu ermutigt, Routinen, Denkschablonen, fixierte Vorstellungen usw. aufzugeben und sich im Sinne eines visionären Brainstorming, eines freien Phantasierens und des Tagträumens für bisher nicht für möglich gehaltene, überraschende, neuartige Lösungsperspektiven zu öffnen.

Dieser Visionsphase, die nach der belastenden Kritikphase häufig als befreiender, euphorisierender Augenblick erlebt wird, liegt ein interessanter Perspektivenwechsel zugrunde, der einen Teil ihrer erstaunlichen Wirksamkeit erklären kann. In den folgenden Schaubildern habe ich versucht, den Charakter und die Richtung dieses Perspektivenwechsels zu verdeutlichen:

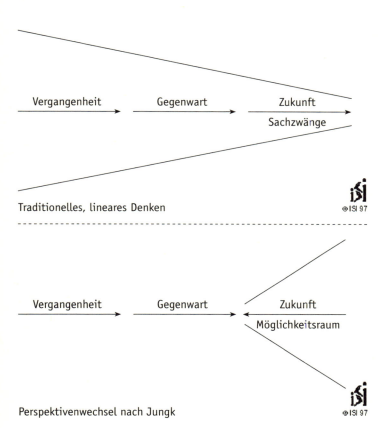

Wie sind diese Schaubilder zu lesen?
Das erste Abbild will zeigen, wie unser traditionelles Denken häufig abläuft: Wir betrachten, wie Entwicklungen aus der Vergangenheit sich in der Gegenwart fortsetzen, und verlängern die so gewonnenen Einsichten als Trends in die Zukunft. Aus einem solchen linearen Denken, das die Entwicklungen der Vergangenheit in die Zukunft verlängert, entsteht das *Sachzwangdenken*. Zukunft ist in einem solchen Denken durch die Festlegungen

von Vergangenheit und Gegenwart bestimmt. Der eigene Handlungsspielraum *verengt* sich durch diese Festlegungen, grundlegende Innovationen erscheinen als unmöglich, weil wir uns als Gefangene der unumstößlich feststehenden Sachzwänge empfinden.

Die Orientierung an den Trends, die sich aus Vergangenheit und Gegenwart ablesen lassen, läßt die Zukunft als determiniert erscheinen und bewirkt eine verhängnisvolle Einengung unseres wahrgenommenen Handlungsspielraums. Allzu oft schränkt sie unsere soziale Phantasie ein und produziert Lösungen nach dem Mehr-desselben-Prinzip. Man kann das sehr schön an bestimmten Ausprägungen der Verkehrspolitik der letzten Jahre zeigen.

Aufgrund der ungebremsten Zunahme des Individualverkehrs sehen sich Politiker gezwungen, immer neue Straßen zu bauen. Zunächst wird der Belag der alten Straße erneuert. Nach einiger Zeit erkennt man, daß die so verbesserte Straße mehr Verkehr anzieht. Als Konsequenz wird sie ausgebaut, und es werden Maßnahmen zur Regelung des Verkehrsflusses wie Ampeln etc. getroffen. Doch auch diese bringen auf Dauer keine Verbesserung. Also beschließt man einen zweispurigen Ausbau, was nur dazu führt, daß nach drei Jahren zur Rushhour regelmäßig Staus aufkommen. Nun denkt man über eine Entlastungsstraße nach oder plant gar den dreispurigen Ausbau. Wohin diese Lösungen nach dem Mehr-desselben-Prinzip führen, kann man in ernüchternder Weise an Los Angeles sehen, einer Metropole, die im Stau und Smog zu ersticken droht, trotz oder gerade wegen bis zu achtspuriger Highways. Was ist die Lösung für solche komplizierten Probleme?

Betrachten wir das zweite Schaubild, das die Wirkungsweise der Phantasiephase der Zukunftswerkstatt verdeutlichen soll: In der Phantasiephase versuchen wir uns von den Trendlinien, die eine Fortschreibung von Vergangenheit und Gegenwart darstellen, zu lösen und uns statt dessen freizumachen vom Sachzwangdenken nach dem Mehr-desselben-Prinzip. Vorübergehend verlassen wir das, was wir als „Realität" und „realistisch" betrachten, und schaffen uns einen *visionären Möglichkeitsraum*, in dem wir querdenkerisch die gewohnten Gleise verlassen und

Absender:

Vorname, Name

Straße

PLZ/Ort

e-mail-Adresse

Ich habe diese Karte folgendem Buch entnommen:

Ich wurde auf dieses Buch aufmerksam durch:

Mit der Rücksendung dieser Karte erkläre ich mich damit einverstanden, daß ich in Ihre Informationskartei aufgenommen werde.

Antwort

Klett-Cotta
Leser-Service
Postfach 10 60 16

70049 Stuttgart

Bitte als Postkarte freimachen

Ich interessiere mich besonders für:

- Belletristik
- Sachbücher/Ratgeber
- Geschichte
- Philosophie

Klett-Cotta im Internet:
www.klett-cotta.de

Sehr geehrte Leserin,
sehr geehrter Leser,

mit dem Kauf dieses Buches haben Sie Interesse an unserem Programm gezeigt. Wenn Sie auch in Zukunft unverbindlich über unsere Neuerscheinungen informiert werden möchten, dann senden Sie uns diese Karte ausgefüllt zurück.

Selbstverständlich gibt Ihnen auch Ihr Buchhändler gerne Auskunft über unser Programm.

Verlosung:
Einmal im Jahr verlosen wir unter den Einsendern folgende Preise:
1. Preis: Klett-Cotta-Bücher im Wert von DM 200,–
2. – 10. Preis: Klett-Cotta-Bücher im Wert von je DM 50,–

An der Verlosung nehmen nur ausreichend frankierte Karten teil.

völlig neue Perspektiven entwickeln können. Diese Lösung von den Sachzwängen wird oft als befreiend erlebt. Für viele TeilnehmerInnen ist es zunächst schwierig, eingefahrene Bahnen zu verlassen und völlig frei zu visionieren. Nachdem entsprechende Blockierungen überwunden sind, erleben wir aber oft, daß eine erstaunliche Gestaltungsfreude zum Vorschein kommt. Viele Menschen entdecken, daß sie in der synergetischen Zusammenarbeit, in der Co-Kreativität der Gruppe kreative Ideen entwickeln können, die bisweilen weit über das hinausgehen, was im Sachzwangdenken verhaftete Politiker und Experten entwerfen.

Ist die Visionsphase nicht nur eine folgenlose Spielerei?
Kritische LeserInnen werden spätestens hier fragen, ob es sich bei diesem Verfahren nicht um eine idealistische, folgenlose Spielerei handelt und ob man nicht besser die Planung der Zukunft den berufeneren Experten überlassen sollte. Die Ergebnisse der systematisch betriebenen Zukunftsforschung sind laut Armin Bechmann (1998) jedoch äußerst dürftig. Der Futurologe bilanziert 40 Jahre Zukunftsforschung mit der ernüchternden Feststellung: *Der Zeitgeist irrt immer!*.

Was heißt das? Wenn man die Voraussagen von Zukunftsstudien der letzten vierzig Jahre überprüft, dann stellt man fest, daß es alle Studien auszeichnet, daß sie – trotz zum Teil aufwendiger wissenschaftlicher Begründungen – mit ihren Prognosen in wesentlichen Aspekten danebenlagen. Die berühmten Prognosen von Kahn & Wiener in den sechziger Jahren, um nur ein Beispiel anzuführen, konnten zwar einige Trends voraussagen, sie übersahen aber völlig das mit der Ressourcenverknappung einhergehende Ökologieproblem und gingen von einer globalen Zunahme des gesellschaftlichen Reichtums aus. Arbeitslosigkeit als zentrales Problem wurde nicht vorhergesehen. Und manchmal irrt sogar die gesamte Zunft: Der Zusammenbruch der sozialistischen Staatensysteme wurde von der Expertenschar nicht vorhergesagt.

Bechmann zieht aus solchen Einsichten die Schlußfolgerung, daß bei der Bestimmung von Zukunftstrends die *Bedeutung überraschender Ereignisse (sogenannter Wildcards) drastisch unterbewertet* wird. Wenn man sich systematisch mit der Geschichte der Zukunftsprognosen beschäftigt, erkennt man, daß es sehr viel wahrscheinlicher ist, daß in Zukunft völlig überraschende, von kaum jemandem vorhergesehene Entwicklungen eintreten werden, als daß sich die mutmaßlichen Trends in der Vergangenheit und Gegenwart linear in die Zukunft verlängern werden.

Wenn aber Zukunft so wenig vorhersagbar ist, warum beschäftigen wir uns dann überhaupt mit ihr? Ein Grund besteht darin, daß Zukunft in hohem Maße auch von *unseren Zukunftserwartungen und Zukunftsvorstellungen* beeinflußt wird, denn mit diesen Vorstellungen induzieren wir Felder, die die zukünftige Entwicklung beeinflussen. Die Phantasiephase der Zukunftswerkstatt dient in diesem Sinne als *Zukunft-Suchinstrument* und kann nicht nur helfen, völlig neue Vorstellungen hervorzubringen, sondern zu einem Bewußtseinswandel im jeweiligen Feld beitragen. Indem wir uns beispielsweise vom Sachzwangdenken freimachen, hoffen wir, nicht nur neue Lösungswege zu entdecken, sondern uns auch von der scheinbaren Zwangsläufigkeit linearer Fortschreibungen zu befreien und durch die Mobilisierung sozialer Bürgerphantasie Entwicklungen nach unseren Bedürfnissen zu beeinflussen. Anders als die Trendforschung eines Matthias Horx (2000), die durch Expertenbefragungen und Marktbeobachtung zu Aussagen über mögliche Zukünfte zu gelangen sucht, werden hier intuitive Zukunftsprojektionen abgefragt.

Hätten sich etwa die protestierenden BürgerInnen in der DDR nach Expertenprognosen gerichtet, dann hätten sie annehmen müssen, daß – aus Expertensicht – ihr Protest keine realistische Chance gehabt hätte. In diesem Sinne kann ich an Negts These (Negt & Burow 1998) anknüpfen, daß nur noch die Utopie realistisch ist. Visionen sind realistischer als das Festhalten an den scheinbar unveränderbaren Fakten, denn sie sind zukunftsgestaltend. Trendforschung kann anregend und orientierend sein. Doch wenn sie nur zur Fortschreibung angeblicher Sachzwänge dient, dann führt sie in eine Sackgasse. Deshalb ist es an der Zeit, in völlig neue Richtungen zu denken und zu handeln. Das Wissen, daß wir neue Lösungen brauchen, ist im System vorhanden und wird in fast jeder Zukunftswerkstatt ohne jegliche Beeinflussung von den TeilnehmerInnen in beeindruckender Weise artikuliert. In den Zukunftsvisionen scheint eine Ahnung des Neuen auf. Insofern ist die Phantasiephase der Zukunftswerkstatt keine folgenlose Spielerei, sondern ein wichtiges Instrument zur Erweiterung unserer sozialen Phantasie.

Abseits solcher übergreifenden Ziele eines Bewußtseinswandels, trägt die Visionsphase aber auch dazu bei, daß die TeilnehmerInnen entdecken, welche *gemeinsamen Sehnsüchte und Wünsche* sie verbinden. Diese werden zu einen kraftvollen Antrieb in Richtung auf den gewünschten Wandel. Wenn – wie wir oben gesehen haben – die meisten Probleme mit Veränderungen haben, so entdecken TeilnehmerInnen in der Visionsphase die *Faszination, die von Wandlungsprozessen ausgehen kann,* an denen man selbst beteiligt ist.

Methodenvielfalt ermöglicht Ausbruch aus Denkschablonen

Jungk selbst forderte dazu auf, die Phantasiephase mithilfe vielfältiger Methoden zu nutzen, um uns von unseren Denkschablonen befreien. „Wir sitzen nicht nur in unserem Personengefängnis, sondern wir sind außerdem noch in einem Zeitgefängnis, weil wir gewisse Ideen unserer Zeit als selbstverständlich und als die einzigen wirklichen und richtigen betrachten. Z.B. ist ja die Chaos-Theorie ein Versuch, aus der Logik unserer wissenschaftlich-technischen Revolution herauszuspringen. Wir sind sowohl in einem individuellen Gefängnis, als auch in einem Zeitgefängnis, aus dem wir herauszukommen versuchen müssen. Wie können wir unser Gefangensein in Schablonen überwinden?" (Jungk 1991, S. 101)

Ein wichtiger Aspekt einer gelungenen Phantasiephase besteht darin, daß die visionären Entwürfe in gegenseitiger Anregung in einem Dialogprozeß in Gruppen entstehen. Zukunft wird so als etwas erfahren, das der gemeinsamen Gestaltung bedarf – ein Aspekt, dem in der individualisierten Risikogesellschaft eine besondere Bedeutung zukommt. Insofern sind Zukunftswerkstätten so etwas wie *öffentliche Versammlungsorte,* eine Art *polis* im Kleinen, eine konkrete Möglichkeit, sich aus der Individualisierungsfalle zu befreien. Jungk führt dazu aus: „Ein weiterer wichtiger Punkt ist, daß man in Zukunftswerkstätten lernt zu kooperieren und da kommen wir auf eine Frage: Bringen die Leute nicht immer nur ihre eigenen Interessen ins Spiel? Wiederholen sie nicht nur, was sie sowieso schon gedacht haben? Das ist in der Tat eine große Hemmschwelle und da spielt der Moderator eine ganz wichtige Rolle. Wenn ich als Moderator so etwas höre, dann sage ich dem Betreffenden: Das habe ich schon öfter von Dir gehört. Jetzt dreh es doch einmal um. Jetzt versuch doch einmal das Gegenteil zu machen. Ich habe ja diese ganzen Kreativitätstechniken gelernt, wo man die Sache auf den Kopf stellt, wo man es paradox ausdrückt. Das sind zum Teil ganz mechanische Sachen, aber trotzdem merken die Leute mit einmal, es gibt ja nicht das, was ich denke, sondern es gibt noch andere Möglichkeiten. Durch den spielerischen Charakter der Zukunftswerkstatt können sie fixierte Denkstrukturen verlassen." (Jungk 1991, S. 100)

Sicher werden Sie sich jetzt fragen, ob diese optimistischen Thesen Jungks einer Überprüfung in der Realität standhalten. Was kommt bei diesem auf den ersten Blick recht simpel erscheinenden Verfahren heraus? Inwiefern sprengen die Visionen den bestehenden Rahmen? Inwiefern scheint in ihnen eine Ahnung neuartiger sozialer Phantasien und Visionen auf? Ist es überhaupt möglich, innerhalb des kurzen Zeitraums einer so begrenzten Veranstaltung die eigenen Denkgefängnisse zu sprengen?

Was kommt in der Phantasiephase heraus?
Natürlich ist die Zukunftswerkstatt kein Zauberinstrument und sicher funktioniert sie nur, wenn eine entsprechende Offenheit der TeilnehmerInnen vorhanden ist. In unserer Arbeit mit Zukunftswerkstätten zeigt sich aber häufig ein merkwürdiges Phänomen. Nach einem von Widerständen gekennzeichneten Anlauf, der oftmals durch bedrückende Zustandsbeschreibungen

in der Kritikphase verschärft wird, kommt es in der Phantasiephase zu lustvollen, lebendigen, oft euphorisch besetzten kreativen Gestaltungen. Ein Beispiel aus der Lehrerfortbildung soll dies verdeutlichen. Langjährig tätige LehrerInnen etwa drücken ihre Vision in einem Rollenspiel aus. Ein müdes, ausgebranntes, weitgehend kommunikationsunfähiges Kollegium sitzt zunächst voneinander abgewandt. Erst zaghaft, dann immer bestimmter kommen die Darsteller in Bewegung, werfen die einengende Ordnung um und stehen einander zugewandt im Kreis. Gemeinsame Vorstellungen eines veränderten Umgangs miteinander und einer bedürfnisorientierten Unterrichtsgestaltung werden in der spontanen Inszenierung einer Zukunftsschule sichtbar.

Oder: Eine Gruppe von Oberstudiendirektoren von Gymnasien gestaltet folgende Vision in Form eines Rollenspiels: Isoliert voneinander, in starrer Haltung stehen sie mit dem Rücken zueinander um einen runden Tisch, bis einer beginnt sich vorsichtig umzusehen und zu bewegen. Er lockert sich, setzt sich und legt seine geöffnete Hand auf den Tisch. Nach und nach folgen alle seinem Beispiel: Acht Direktoren sitzen sich zugewandt und haben ihre Hände ineinander gelegt. Einige haben Tränen in den Augen. Das Plenum ist tief berührt von der Darstellung ihrer Kollegen.

Es ist schwer, in dürren Worten wiederzugeben, welche Intensität der Begegnung in Zukunftswerkstätten entstehen kann und wie prägnant unterdrückte Wünsche hervortreten. Bedürfnisse und Wünsche, die unterdrückten Visionen eines anderen Miteinanders, kommen in der Visionsphase zum Vorschein und wirken als Antriebskraft zur Bearbeitung der in der Kritikphase aufgeführten Probleme. Das einfache Strukturschema (Kritik-Vision-Umsetzung) läßt – je nach Zielgruppe und Aufgabenstellung – Raum für vielfältige Gestaltungen: von Sketchen, über Rollenspiele bis hin zu kleinen Theateraufführungen, spontanen Aktionen, der Entwicklung von Szenarien, dem Bau eines Therapiezentrums der Zukunft als Papiermodell, der Vorstellung neuer Produkte usw. reicht eine breite Palette innovativer Gestaltungsversuche, die wir im Lauf der Jahre in unterschiedlichsten Teilnehmerkreisen erlebt haben.

4. Kreative Felder in der Praxis

Was kommt in der Phantasiephase heraus?

Kritik an Schule

- Arroganz gegenüber Schülern
- Neid und Eifersucht

- Abtötung der Phantasie (Oberschule)
- Willkür
- Zwang zur Anpassung
- Erziehung zum Lügen
- Kontrollsystem
- Lehrer ohne Ideale
- in eine Norm gepreßt werden

- der Schüler/Lehrer als Nummer
- Zensierung der Handschrift
- Zwang

- kein Raum für Diskussion, die nicht vom Lehrer gelenkt wird
- Schubladendenken der Lehrer beim Zensieren
- Wehrlosigkeit und Abhängigkeit des Schülers
- Unterdrückung von Bedürfnissen
- bei Problemen alleingelassen zu werden
- totes Wissen, Langeweile

- Leistungsdruck
- Schule erzieht zur Unmündigkeit
- Sozialverhalten wird nicht gefördert
- kein realitätsbezogener Unterricht

- keine Zeit, etwas selber zu erforschen

- Schule ist Auslese der Gesellschaft

- zu große Klassen

- häßliches Schulgebäude
- keine Natur

- Lernen auf Befehl

- abgeschlossene Klassenräume

- Trennung vom täglichen Leben

- Zwang zur Ordnung
- Eigenes ist nicht gefragt
- Verdummung

Vorschläge zur Veränderung von Schule

- Gleichstellung, Akzeptanz, Toleranz
- Anerkennung und Förderung der vorhandenen Kreativität
- Freiheit für die Phantasie, Viva la fantasía!!!
- Gerechtigkeit, Vertrauen
- ich bin, wie ich bin: Individualität fördern
- Förderung der Echtheit
- Freiheit
- engagierte Lehrer
- freie Entfaltung, Individuation fördern, Raum für Selbstfindung
- persönliche Begegnung
- weg mit der Zensierung; weg mit der Grenze
- Freiheit, Freiwilligkeit, Unterstützung, Freude, Spaß, Lust, Liebe
- freies Philosophieren und Diskutieren

- keine Zensuren, Flexibilität ganzheitlichen Wachstums
- gleichberechtigte partnerschaftliche Beziehung, Recht auf Unantastbarkeit
- Bedürfnissen nachgehen, Wünsche äußern
- helfen, Verständnis, Unterstützung, Kontakte

- Lebendiges Lernen, Lernen fürs Leben, nach Interesse
- selbstbestimmtes Lernen
- zur Selbständigkeit erziehen
- Sozialverhalten fördern, Solidarität
- Lernen in und aus dem Leben, keine Trennung zwischen Schule und Leben
- zeitlos, Zeit nach Bedürfnis; spielerisches Forschen und Lernen, Schüler plant seinen Unterricht
- integrative Förderung, individuelle Lernchancen für jedermann
- kleine Lerngruppen bis hin zum Einzelunterricht nach Bedarf
- kreative Architektur, Schule als Lebensraum
- Schule als natürlicher Lebensraum für Menschen, Tiere und Pflanzen
- Lernen nach Lust, Laune, Motivation und individuellen Fähigkeiten
- kleine Klassen, offener Unterricht, Begegnung der verschiedenen Altersstufen
- Schule als Lebensraum; Integration des täglichen Lebens
- freiwillige Ordnung und Unordnung
- Schüler bestimmen Unterrichtseinheiten mit
- Wertschätzung, Erkennung des Genies

Handelt es sich um eine gut strukturierte Zukunftswerkstatt mit ausreichender Zeit zum Ausarbeiten und Gestalten, dann zeigt eine genauere Analyse der Visionen zum einen eine erstaunliche Kreativität der TeilnehmerInnen, zum anderen aber auch eine oft überraschende Fähigkeit zur innovativen Problemlösung, selbst in Gruppen, von denen man solche Durchbrüche zunächst nicht erwartet.

Zu welchen innovativen Leistungen solche Gruppen fähig sind, habe ich an anderer Stelle (Burow & Neumann-Schönwetter 1998. S. 145 ff.) ausführlich geschildert.

In einem unserer Einführungskurse kritisieren Lehramts-Studierende die Schulwirklichkeit, die sie vor kurzem noch als SchülerInnen erfahren haben. In Abb. 1 sind in der rechten Spalte die Kritikbegriffe aufgelistet, die dann in der linken Spalte positiv umformuliert wurden, als Grundlage für die Entwicklung eigener Visionen. In der Phantasiephase stellen sich die Studierenden eine Schule vor, die ihren Bedürfnissen entspricht und gestalten diese Vorstellungen. In Abb. 2 sehen wir eine solche Vision. Was ist an ihr bemerkenswert?

Unter der programmatischen Überschrift „Alles ist möglich" wird ein Schulmodell vorgestellt, das Hartmut von Hentigs in der Laborschule Bielefeld in vielen Jahren entwickeltem Konzept der Schule als Lebens- und Erfahrungsraum ähnelt. Das Klassen- und Fachprinzip ist aufgelöst zugunsten eines personenbezogenen Interessensgruppenkonzepts. Die Schule ist so aufgebaut, daß sie zum Lernen einlädt und den SchülerInnen selbstbestimmtes Lernen ermöglicht. Neben Labors und Fachräumen gibt es auch Spiel- und Ruhezonen. In der Architektur geht diese Vision allerdings weit über die Laborschule hinaus. So bettet sie sich harmonisch in die umgebende Natur ein und ist schon von ihrer archetypischen Rundform her kein Fremdkörper. Lernen und Leben, Schule und Umwelt sind nicht künstlich voneinander getrennt.

Dieses Beispiel ist kein Einzelfall. Auch in anderen Bereichen, etwa bei der Entwicklung von Vorstellungen für eine veränderte Zusammenarbeit in Teams, beim Entwurf von Zukunftsvisionen in Kleinbetrieben, bei der Gestaltung optimaler Arbeitsplätze oder der Erfindung neuer Produktlinien treten in der Phantasiephase ungenutzte kreative Ressourcen und soziale Phantasie zutage. Doch wie steht es mit der Umsetzung, denn schließlich ist sie der Prüfstein für die Wirksamkeit des Ansatzes.

Phase 3: Umsetzungsphase
Obwohl Jungk die Zukunftswerkstatt als Instrument der Kreativitätsförderung verstand, sollten Kritik und Visionen in konkrete Umsetzungsprojekte münden.

Protokolle über erfolgreiche Werkstätten werden von der Internationalen Bibliothek für Zukunftsfragen gesammelt. Sie sind aber noch nicht systematisch ausgewertet. Auch der ehemalige Mitarbeiter Jungks, Norbert Müllert, (1996) sammelt und publiziert entsprechende Protokolle. Der Nürnberger Stadtplaner Reinhard Sellnow (1995) hat eine Reihe solcher Dokumentationen veröffentlicht. Besonders die zahlreichen Veröffentlichungen Waldemar Stanges und dessen Projekt „Planen mit Phantasie", zu dem auch ein Begleitfilm existiert, zeigen auf beeindruckende Weise, welche Auswirkungen die Arbeit mit Zukunftswerkstätten bei der kommunalen Bürgerbeteiligung haben kann. Ich habe selbst – zusammen mit KollegInnen – in mehreren Veröffentlichungen unsere Arbeit mit Zukunftswerkstätten – insbesondere im Bildungsbereich und in der Beratung von Organisationen – dokumentiert. Eine systematische Aufarbeitung der Ergebnisse steht einstweilen noch aus.

Betrachten wir deshalb zunächst den idealtypischen Ablauf der Umsetzungsphase. Der geniale Kunstgriff Jungks besteht – wie ich oben erläutert habe – im *Perspektivenwechsel* und der *Eröffnung eines tendenziell unbegrenzten Möglichkeitsraum für Zukunftsgestaltung*. In der Realisierungsphase wird dieser Gedanken aufgegriffen. Sie arbeitet zunächst aus den Visionen diejenigen Ideen, Projekte usw. heraus, an deren Umsetzung Interesse besteht. An die Einigung auf konkrete Projekte, z.B. die Umgestaltung des Lehrerzimmers, die Abschaffung des Schulstundenprinzips, die Gründung eines Teams, die Einführung einer neuen Produktlinie, die Konzipierung eines Fortbildungsprogramms, die Entwicklung einer neuartigen Wahlkampfstrategie, der Entwurf eines neuen Verkehrskonzepts – um nur einige Beispiele aus unserer Arbeit zu nennen – schließt sich die Bildung von Projektgruppen an, die einen Umsetzungsplan erarbeiten.

Dies geschieht in folgender Weise: Die Mitglieder der Projektgruppe gehen in Teilschritten von ihrer Zukunftsvision, deren Realisierung sie z.B. im Jahr 2010 abgeschlossen haben wollen, in die Gegenwart zurück. Die Frage lautet: *Was* muß bis 2007 geschehen? *Was* bis 2003? *Was* bis 2000? *Welchen* konkreten Schritt unternimmt *wer mit wem* Montag nächster Woche?

Konkreter Umsetzungsplan

In der *Umsetzungsphase* erweist sich, wie groß der Problemdruck auf den TeilnehmerInnen lastet. In Firmen und Institutionen, die durch äußere Zwänge unter Veränderungsdruck stehen, entsteht oft eine engagierte Bereitschaft, konkrete Projekte anzugehen. In öffentlichen Institutionen oder informellen Gruppen fehlt häufig dieser Druck und das dahinterstehende gemeinsame Interesse. Deshalb ist es dort schwieriger, sich auf eine gemeinsame Umsetzungsstrategie zu einigen.

Nach Abschluß der Visionsphase wird in Gruppen erarbeitet, welche Projekte sich aus den Visionen ergeben. TeilnehmerInnen ordnen sich den sie interessierenden Projekten zu und erstellen einen detaillierten Umsetzungsplan, in dem die konkreten Teilschritte mit klaren Verantwortlichkeiten benannt werden und bestimmte Überprüfungsphasen vorgesehen sind. Je nach Zielstellung der Werkstatt kommen spezielle Projektplanungshilfen bzw. Verfahren des Projektmanagement zur Anwendung, die die Zielklärung und die Suche nach einer geeigneten Umsetzungsstrategie unterstützen. Hierzu gehören die bekannten Verfahren, die wir aus dem Bereich der Organisationsentwicklung kennen, wie z. B. Stärken-/Schwächen-Analysen, Kräftefeldanalysen usw.

Eine wichtige Aufgabe der Moderatoren ist in dieser Phase, die Interessen der TeilnehmerInnen genauer abzuklären und festzustellen, inwieweit Veränderungsbereitschaft besteht. Es kommt also durchaus vor, daß Mitglieder einer Institution den dreiphasigen Prozeß durchlaufen und am Ende feststellen, daß sie keine Veränderung wünschen. In einem solchen Fall benutze ich die Werkstatt als Feedback-Instrument, indem ich den TeilnehmerInnen deutlich mache, in welcher Weise sie selbst dazu beitragen, den beklagten Status-Quo aufrechtzuerhalten.

Handelt es sich jedoch um eine engagierte Gruppe mit geklärten Zielen und gemeinsamen Interessen, dann kann die begeisternde Aufbruchsstimmung in die Umsetzungsphase hineinstrahlen und einen bedeutsamen Energieschub für einen gemeinsamen Wandel bewirken. Das stagnierende Feld ist nach einer solchen Werkstatt nachhaltig verändert.

Im Anhang habe ich Literatur aufgeführt, die vertiefend in die Methodik der Zukunftswerkstatt einführt. Die *Zukunftswerkstatt ist ein ideales Instrument für die Initiierung phantasievoller und folgenreicher sozialer Experimente.* Ein solches Projekt, an dessen Realisierung ich arbeite, möchte ich abschließend skizzieren.

Das Projekt Zukunftszeichen – Eine Stadt wird zum Kreativen Feld
Eine Möglichkeit, um die innovativen Kräfte einer Firma, einer Institution oder eines Gemeinwesens so zu konzentrieren, daß sie

insgesamt zu einem Kreativen Feld werden, besteht darin, mehrere Zukunftswerkstätten parallel zu veranstalten. So haben wir mit 120 zunächst äußerst skeptischen LehrerInnen, die zu Schulentwicklungsmoderatoren ausgebildet wurden, zehn Zukunftswerkstätten zur Ausarbeitung eines neuen Schulentwicklungsprogramms parallel durchgeführt (dokumentiert in: Ullmann 1998). Die ModeratorInnen präsentierten ihre Visionen vor der Großgruppe in vielfältigen Darstellungsformen: Die Präsentation der Visionen reichte von detaillierten Prozeßplanungen, über begeisternde Zukunftsmärchen und mitreißende Songs bis hin zu ganz konkreten Programmen und regten eine Reihe von konkreten Projekten an. Die anfängliche Skepsis wich einem Erstaunen darüber, wieviel an unentdeckten Fähigkeiten in der Großgruppe steckte.

Dadurch, daß neue Beziehungen geknüpft und gemeinsam geteilte Wünsche ausgedrückt werden, kommt das Feld in Bewegung und wird tendenziell zu einem Kreativen Feld. Das Erlebnis dieses Wandels vom stagnierenden zum Kreativen Feld ist einer der Gründe, warum Zukunftswerkstätten häufig als befreiende und begeisternde Erfahrung gewertet werden. Einzelne und Gruppen erleben in solchen Fällen, wie sie aus verhärteten Verhältnissen heraus gemeinsam in Bewegung kommen und zu selbstbewußten Mitgestaltern ihrer Zukunft werden. In erfolgreichen Zukunftswerkstätten haben sie ein Stück ihrer bislang ungeahnten Fähigkeiten entdeckt, ihren „Self-Support" (die selbstunterstützenden Fähigkeiten) erweitert. Die gemeinsam erarbeitete Vision wirkt als energetisierender Anziehungspunkt im Feld, während die Realisierungsschritte den Weg zeigen, wie diese Vision Wirklichkeit werden kann.

Mit unserem „Institut für Synergie und soziale Innovationen" arbeiten wir an einem *Projekt Zukunftszeichen*. Dieses Projekt knüpft bewußt an Josef Beuys bekannten Projekt „7000 Eichen" an, der mit seinem Konzept der „sozialen Plastik" nach neuen Wegen der Bürgerbeteiligung gesucht hat. Unter dem Motto „Stadtverwaldung statt Stattverwaltung" hatte er auf einem Platz der Stadt Kassel 7000 Basaltstelen auftürmen lassen. Die Bürger konnten jeweils eine Stele kaufen, und mit dem Erlös wurde eine

Eiche gepflanzt, neben die die Stele gesetzt wurde. Noch heute profitiert das Stadtbild Kassels von dieser umstrittenen Aktion, die von Reaktionen begeisterter Zustimmung bis radikaler Ablehnung begleitet wurde. Neben der ästhetischen Gestaltung des Stadtraums erreichte Beuys mit dieser Aktion einen hohen Grad an Sensibilisierung für die Probleme der Stadtökologie.

Die Idee des Projekts Zukunftszeichen besteht nun darin, in einer Stadt eine Vielzahl von Zukunftswerkstätten mit Hunderten von Bürgern, Vereinen, Verbänden etc. gleichzeitig durchzuführen. Unter dem Motto „Zukunftszeichen – Bürger gestalten ihre Stadt" arbeiten Bürgergruppen, die einen repräsentativen Querschnitt der Stadtbevölkerung darstellen, und durchlaufen die Kritik-, Visions- und Realisierungsphase. Die Stadt wird so zu einer einzigen großen Zukunftswerkstatt. Ziel ist es neben anderem, eine *neue Form des politischen Diskurses durch die Verwendung ästhetischer Gestaltungsprozesse* zu erreichen. So sollen die Gruppen ein Symbol erfinden, das ihre Kritik bündelt und positiv wendet. Mit diesem Zeichen drücken sie das aus, was sie für die Entwicklung ihrer Stadt am wichtigsten empfinden. Diesem graphisch gestalteten Zeichen können sie eine Unterschrift, ein Motto oder eine Parole hinzufügen.

Auf diese Weise entstehen in allen Stadtteilen und von unterschiedlichsten Gruppierungen mehrere hundert Zeichen. Diese werden mit den Fotos der Gruppe versehen und in Geschäften und öffentlichen Gebäuden ausgestellt. Auf diese Weise wird die Stadt zum Kreativen Feld. Die vielfältigen Zeichen, die ihre Bürger setzen, werden sichtbar und bilden den Anstoß für in den Stadtteilen stattfindende Diskussionsforen. Die Symbole bringen Botschaften zum Ausdruck, die unter der „Alltagsoberfläche der Stadt" verborgen sind, und regen die Diskussion über den Zustand und die Zukunft der Stadt an. Da Symbole auf vielfache Weise interpretierbar und ästhetisch ansprechend sind, können neue Gedanken entstehen und eingefahrene Rituale des politischen Diskurses außer Kraft gesetzt werden. Die Bürger „bilden" bzw. „bebildern" ihre Stadt und tragen zu neuen Sichtweisen bei. Anders als bei Christos spektakulärer Verhüllung des Reichstages entstünde hier eine ästhetische Aktion im öffentlichen Raum der Stadt, die ein „Abbild" der Wünsche und Bedürfnisse ihrer Bürger wäre. Gleichzeitig könnte ein solches Projekt einen Anstoß geben, mit neuen Formen partizipativer Zukunftsgestaltung zu experimentieren.

Wie Zukunftswerkstätten wirken: Freisetzung unterdrückten Symbolwissens und ungenutzter kreativer Ressourcen

Bisher ist noch nicht viel über die Wirkungsmechanismen der Zukunftswerkstatt geschrieben worden, und ich möchte hier nur kurz meine persönlichen Einschätzungen wiedergeben. Eine besondere Leistung Jungks besteht meines Erachtens darin, daß er die Bedeutung intuitiven, symbol-gebundenen Wissens erkannt und eine Methode zum gemeinsamen Ausdruck dieses Wissens gefunden hat. In der kreativen Gestaltung der TeilnehmerInnen in Zukunftswerkstätten kommen verschüttete gattungsspezifische, in Symbolen gebundene Bedürfnisse zum Vorschein. Indem durch das Setting der Zukunftswerkstatt ein Kreatives Feld der gegenseitigen Anregung geschaffen wird, zum freien Assoziieren, zum „Gehirnsturm" eingeladen wird, werden Denkbarrieren und -schablonen überwunden und neuartige Verknüpfungen zwischen dem von den Beteiligten eingebrachten Wissen und Vorstellungen hergestellt. Einengende Bewertungsmaßstäbe werden vorübergehend außer Kraft gesetzt, was zu einer angstfreien, innovationsfreundlichen Lernatmosphäre beiträgt, die dazu führt, ungenutzte kreative Ressourcen freizusetzen, von denen der Einzelne häufig gar nichts weiß.

Im *Dreischritt Kritik – Phantasie/Utopie – Umsetzung* spiegelt sich ein *allgemeiner Grundtyp menschlicher Problembewältigung,* den Jungk allerdings um eine entscheidende Akzentuierung, die *Aufhebung des linearen Denkens,* verändert. So überlegen wir uns in der Phantasiephase, wie eine wünschenswerte Zukunft aussehen könnte und beleuchten von diesem – nicht an Fortschreibungen der Gegenwart gebundenen – Zukunftsszenario aus unsere

Wirklichkeit. An die Stelle des häufig anzutreffenden linearen Denkens, das nur die Vorstellungen aus der Vergangenheit in die Zukunft verlängert, entstehen so völlig neue Vorstellungsräume, und der Gestaltungsspielraum wird kreativ erweitert. Diese *Befreiung aus fixierten Denkschablonen* ist eine der Ursachen für den erstaunlich intensiven und konstruktiven Motivationsschub für Innovationen, denn plötzlich können wir uns aus den Sachzwängen lösen, die Umwälzungen angeblich so schwer machen.

Einen weiteren Grund für die befreiende Wirkung sehe ich in der Gestaltung der Visionen mithilfe kreativer Medien. Die TeilnehmerInnen malen oder spielen zunächst ihre visionären Entwürfe und stellen sie auf jede nur denkbare Art dar. Hierdurch wird die oftmals einengende und in Schablonen fixierte verbale Ebene unterlaufen und der *Durchbruch zu archetypenähnlichen Ursymbolen, die gattungsspezifische Bedürfnisse ausdrücken,* geschafft. Dies muß erläutert werden. Wer Hunderte von Zukunftswerkstätten durchgeführt hat, dem fällt auf, daß in der Visionsphase – unabhängig von der unterschiedlichen Zusammensetzung der Teilnehmer – immer wieder ähnliche Symbole und Visionen auftauchen. Ich habe den Verdacht, daß hier allgemeinmenschliche Grundbedürfnisse zum Ausdruck kommen, die tief in unsere „Natur" eingegraben sind. So werden Gebäude meistens rund und nicht eckig gezeichnet, gibt es überall offene Kommunikation und freie Begegnung. Kreiszeichen, Bäume und Sonnen tauchen immer auf. Kurz: Es scheint eine Ebene der Grundbedürfnisse zu geben, die wir unabhängig von Herkunft, Status, Alter usw. teilen.

Dies erklärt auch z. T. das immer wieder anzutreffende euphorische *Gefühl der Gemeinsamkeit*. In den wechselseitigen Spiegelungen der intuitiven Visionen scheinen allgemeinmenschliche Grundbedürfnisse hindurch und zeichnet sich eine *momentane Befreiung von Fremdbestimmung* ab. Zukunftswerkstätten leisten so einen Beitrag zur Befreiung von abstraktem, nicht personenbezogenen Wissen und stoßen einen Prozeß der Selbstorganisation von Individuen an.

So stellen die oben skizzierten Visionen z. B. einer Schule der Zukunft (Abb. 2) kein zufälliges und belangloses Ergebnis dar, sondern verweisen auf gattungsspezifische Bedürfnisdimensionen, die Experten aufgrund ihrer einseitig spezialisierten Perspektive häufig übersehen. Zukunftswerkstätten werden so zu einem *wichtigen Instrument der Freisetzung intuitiven Wissens,* das in das enge Korsett fachwissenschaftlicher Vorstellungen eingezwängtes Expertenwissen ergänzen oder sogar erweitern kann. Aufgrund der gattungsspezifischen Verankerung dieses intuitiven Wissens enthält es zugleich eine ganzheitliche, gewissermaßen *„inter- bzw. transdisziplinäre" Perspektive,* die ein weiterer Grund für die Faszinationskraft der spontanen Visionen ist. Die Zukunftswerkstatt gibt mit ihrem einfachen Phasenmodell ein unmittelbar einleuchtendes Strukturschema vor, das es den TeilnehmerInnen wie ein sicherndes Geländer erleichtert, ihre eingefahrenen Muster zu überwinden, völlig neue Erfahrungen zu machen, Synergiepartner zu finden und ein Kreatives Feld zu bilden.

Anwendungsbereiche von Zukunftswerkstätten

Ich betrachte Zukunftswerkstätten als ein vielseitiges Instrument zur *Zukunftserfindung, Zukunftsgestaltung und Kreativitätsfreisetzung.* Mit relativ wenig Aufwand lassen sich Werkstätten zu den verschiedensten Themenbereichen und Aufgabenstellungen durchführen. Der *Dreischritt Kritik, Vision, Umsetzung* läßt sich in fast allen Bereichen anwenden, in denen es darum geht, die Beteiligten dazu zu befähigen, eine kritische Bestandsaufnahme und eine weiterführende Vision zu entwickeln und diese in konkrete Projekte zu übersetzen. In der weiterführenden Literatur im Anhang finden Sie konkrete Hinweise zu speziellen Bereichen und ein Verzeichnis kompetenter ModeratorInnen. Da es im Bereich der Methoden und Anwendungsfelder genügend Literatur gibt, auf die ich im Anhang verweise, beschränke ich mich hier darauf, einige Anwendungsbereiche aufzuführen, in denen sich Zukunftswerkstätten als günstig für die Einleitung sozialer Innovationen erwiesen haben.

Er-finden von Zukunft bezogen auf

- Entwicklung von Visionen für die gemeinsame Organisationsentwicklung
- Zukunftswerkstatt als Start für den Aufbau einer „Lernenden Organisation"
- Entwicklung von Visionen für Kollegien, Teams, Firmenabteilungen usw.
- Entwicklung von neuen Konzepten, Ideen, Produkten usw.
- Entwicklung von gemeinsamen Projekten
- Entwicklung von neuen Verkehrskonzepten
- Entwicklung von Fortbildungsprogrammen
- Förderung von Synergiepartnerschaften
- Analyse der eigenen Ziele und persönliche Lebensplanung
- Förderung von Partizipation und Demokratie, Bürgerbeteiligung
- Kreativitätsförderung, Ausbildung sozialer Phantasie, Bildung Kreativer Felder
- Interkulturelles Lernen, generationen-, kulturenübergreifende Lernprozesse
- Entdecken neuer Tätigkeitsfelder

Abschließend möchte ich noch einmal Robert Jungk zu Wort kommen lassen, der im bereits zitierten Interview einige weitergehende Überlegungen anstellte.

Jungk: Für mich ist die Veränderung der Gesellschaft immer wieder ein Generalthema: Was können wir aus den momentanen Krisensituationen lernen? Wie weit müssen wir die Wirklichkeit verändern, nicht nur der Gesellschaft, auch der Technik, auch der Wirtschaft? Also das Wesentliche ist, daß man in den Zukunftswerkstätten Veränderung als etwas Notwendiges schätzen lernt und vor Veränderungen keine Angst mehr hat. Veränderung bietet Chancen und ist der wirklichkeitsangepaßte Umgang, weil sich die Wirklichkeit ja dramatisch verändert.

Die Auseinandersetzung mit der Entwicklung von Wissenschaft und Technik und vor allem auch den Entwicklungen in der Dritten Welt. Im Angesicht der globalen Weltgesellschaft brauchen wir multikulturelle Zukunftswerkstätten, denn ein Inder wird gewisse Dinge, die wir für selbstverständlich halten, völlig anders sehen; ein Afrikaner wird ganz andere Dinge für wichtig halten. Man kann in Zukunftswerkstätten lernen, das nicht nur als Fremdes zu sehen, sondern als Eigenes drauf zu pflanzen, etwa wie man Pflanzen kreuzt. Wir müssen unsere Kultur der anthropologisch-zivilisatorischen Verengung überwinden und dazu taugt alles, was zu einem Ausbruch aus diesen als selbstverständlich angenommen Mustern führt.

So meine ich, daß die Gesellschaft keineswegs fertig ist, sondern daß eben die Gesellschaft, das ist meine größte Sehnsucht, daß diese vielen unterdrückten, nie ins Spiel gekommenen Kräfte der vielen Menschen, die an viel zu frühen Momenten abschalten, ausschalten, nur noch mitmachen, mitlaufen, daß dieser enorme Schatz, der in Milliarden Menschen steckt, daß der gehoben wird. Das ist meine große Sehnsucht und ich glaube, daß das möglich ist." (Jungk, R. 1991, S. 104)

Die Zukunftskonferenz:
Wie man Zukunft (er-)finden und gestalten kann

> „Die Zukunft, die wir wollen, muß erfunden werden.
> Sonst bekommen wir eine, die wir nicht wollen."
>
> Joseph Beuys

Die Zukunftskonferenz ist das bislang anspruchsvollste Instrument zur Schaffung eines umfassenden Kreativen Feldes. Sie wurde mittlerweile nicht nur im Non-Profitbereich, sondern auch in einer Vielzahl von Weltfirmen wie Robert Bosch, Daimler-Chrysler und Hewlett-Packard eingesetzt. Diese Unternehmen haben erkannt, daß es in einem Umfeld rasanten Wandels darauf ankommt, daß die Mitarbeiter nicht auf Anweisungen von oben warten, sondern aus eigenem Antrieb Ideen, Visionen entwickeln und zu „changing agents" werden. In einem schnell sich wandelnden Umfeld wird es immer wichtiger, von Zeit zu Zeit einen „Zukunfts-Check" durchzuführen, um herauszufinden, woher die Organisation kommt, was auf sie zukommt, welche Stärken und Schwächen sie hat, welche Visionen sie antreibt, was ihre Mitarbeiter miteinander verbindet und welche gemeinsamen Projekte realisiert werden sollen. Die Zukunftskonferenz ist ein Instrument, das Organisationen darin unterstützt, diese Fragen zu klären.

Eine zentrale Frage bei der Bewältigung des Wandels besteht darin, wie wir die brachliegenden kreativen Ressourcen von Einzelnen und Gruppen erschließen und unsere Organisationen so umbauen können, daß notwendiger Wandel nicht Widerstand hervorruft, sondern zu einem Bedürfnis aller wird? Wie können wir unsere Organisationen als Ganzes zu Kreativen Feldern umgestalten. *Eine* vielversprechende Unterstützung bei der Suche nach Antworten auf diese Frage bietet das hierzulande noch wenig bekannte Instrument der *Zukunftskonferenz*.

Von der Zukunftswerkstatt zur „Future Search Conference"

In unserer jahrelangen Arbeit in der Beratung von Bildungseinrichtungen mit dem Modell der *Zukunftswerkstatt* machten wir immer wieder eine überraschende Erfahrung. Lehrerkollegien, die seit Jahren kaum noch miteinander kommuniziert hatten, erlebten die erste Phase der Zukunftswerkstatt, die *Kritikphase,* als Befreiung. Hier wurde deutlich, daß fast alle KollegInnen unzufrieden mit ihrer alltäglichen Arbeitsplatzsituation waren. Vom Zeitdruck, über das fehlende gemeinsame pädagogische Konzept, die mangelhafte Kommunikation im Kollegium bis zur fehlenden Unterstützung wurde ihnen klar, wie unzureichend ihr Arbeitsplatz organisiert war. Plötzlich entdeckten die Einzelkämpfer, daß hinter den geschlossenen Klassentüren ihrer KollegInnen trotz der nach außen herausgestellten Sicherheit, ähnliche Probleme verborgen waren, die nicht allein durch persönliche Unzulänglichkeiten zu erklären waren.

Um so überraschender war dann die Erfahrung, als sie sich in der *Phantasiephase* auf eine Zeitreise in das Jahr 2010 begaben, wo sie die ideale Schule der Zukunft gestalten sollten. Die lustvoll präsentierten Gestaltungen machten schnell deutlich, daß unter den alltäglichen Routinen, der verbreiteten Verbitterung und Frustration bei fast allen eine starke Sehnsucht nach einer anderen Schule verborgen lag. Die Entdeckung dieser verschütteten pädagogischen Visionen, die mit einer für jeden sichtbaren Freisetzung verschütteter kreativer Fähigkeiten in der Präsentation vor den KollegInnen einherging, ließ viele erkennen, daß der Wunsch nach menschengerechteren Lehr-, Lern- und Organisationsformen ein weithin geteiltes Bedürfnis ist. So war es nur natürlich, daß in der abschließenden *Realisierungsphase* konkrete Umsetzungspläne erörtert wurden, die zeigten, daß Veränderung möglich war.

Obwohl wir eine Reihe von sehr positiven Rückmeldungen über die Wirkung unserer Zukunftswerkstätten erhielten (Burow & Neumann-Schönwetter 1995/1998), machten wir auch negative Erfahrungen. Manchmal verstärkte die Kritikphase das verbreitete konsequenzenlose Lamentieren, und in mancher Realisierungsphase drohte die eben entdeckte gemeinsame Vision unter dem Druck der aufscheinenden Alltagswirklichkeit zu entschwinden. So begannen wir zu überlegen, wie wir die Werkstätten folgenreicher gestalten könnten. Dabei kam uns der Zufall zuhilfe. In Zusammenarbeit mit einer Weiterbildungseinrichtung für Senioren führten wir eine Zukunftswerkstatt mit Erstsemestern und Senioren zur Zukunft der Stadt Berlin nach dem Mauerfall durch (Burow & Messmann 1992). Zur großen Überraschung aller Beteiligten erwies sich das *Entwerfen gemeinsamer Zukünfte in generationenübergreifenden Gruppen* als besonders anregend und fruchtbar. Wir machten nämlich die überraschende Erfahrung, daß die Vorstellungen einer wünschenswerten Zukunft bei Senioren und jungen Studierenden sehr ähnlich waren. Sie wünschten sich ein harmonisches Gemeinwesen, in dem Jung und Alt nicht mehr getrennt sind, sondern in neuen Wohn- und Arbeitsformen miteinander leben. Viele TeilnehmerInnen schienen in geradezu euphorischer Weise angeregt. Ohne zunächst eine Erklärung für dieses Phänomen zu haben, erprobten wir andere Mischungen.

Der nächste Schritt war, *Zukunftswerkstätten unter Beteiligung von Lehrern, Schülern, Eltern und Vertretern der Verwaltung* durchzuführen. Auch hier zeigte sich, daß sich durch eine Öffnung des Teilnehmerkreises eine größere Beteiligung, eine differenziertere Problemdurchdringung und ein stärkeres „Engagement" aller Beteiligten ergab. Bis in die späte Nacht hinein sprachen Eltern, Lehrer, Schüler und Vertreter der Schulverwaltung miteinander. Sie benannten tabulos Mißstände und diskutierten angeregt Verbesserungsvorschläge. Das Schulklima begann sich in der Folge zu verändern, und eine neue Kultur des ernsthaften Miteinanders entstand. In solchen *generationen- und funktionsgruppenübergreifenden Zukunftswerkstätten* schien eine überraschend intensive Kraft zu wirken, die sich sehr von dem unterscheidet, was man in normalen Konferenzen erlebt.

Schritt für Schritt fanden wir heraus, daß es eine *Reihe von einfachen Prinzipien für erfolgreiche Innovationswerkstätten* gibt: Wir verzichten auf Belehrung und Vorträge und machen den

TeilnehmerInnen stattdessen klar, daß *sie selbst die Experten für den Wandel* sind. Wir beschränken uns darauf, eine Reihe von günstigen *Rahmenbedingungen* zu schaffen, die es den KollegInnen erlauben, ihre eigene Situation selbst zu untersuchen und darzustellen. Wir sorgen dafür, daß an die Stelle der Be- und Abwertungen ein *Klima des verstehenden Dialogs* tritt. Und wir unterstützen die Gruppe in ihrem Selbstfindungsprozeß durch die *Bereitstellung von Moderations-, Imaginations- und Visualisierungsverfahren*. Unser Ziel ist, daß die Gruppe sich hin zur *Selbstorganisation* und *Selbstleitung* entwickelt. Ja, wir machten die Erfahrung, daß die Gruppen umso kreativer und innovativer waren, je mehr es uns gelang, unser Bedürfnis, Unsicherheit zu vermeiden und unsere Ordnungsvorstellungen durchzusetzen, zu zügeln.

Als wir dann auf den Artikel „Energiequelle Zukunftskonferenz" (zur Bonsen 1994) stießen und wir uns mit der aus dem angelsächsischen Raum stammenden *Zukunftskonferenz* beschäftigten, begannen wir plötzlich noch besser zu verstehen, wie Zukunftswerkstätten wirken und wie man sie verbessern kann. Die englische Bezeichnung „*Future Search Conference"* drückt besser als die deutsche Bezeichnung aus, worum es geht: um die Einleitung eines Suchprozesses, in dem wir unseren „Gemeinsamen Grund" entdecken und lernen, unsere Zukunft selbst zu (er-)finden.

Zukunftskonferenz: Die Entdeckung des gemeinsamen Grundes

Wir fanden heraus, daß es im englischsprachigen Raum eine bis in die sechziger Jahre zurückgehende Tradition von Zukunftskonferenzen gibt, deren führender Vertreter, Marvin Weisbord (1992), einen Sammelband unter dem Titel „Discovering the Common Ground" herausgegeben hat. Hier beschreiben und erklären AutorInnen aus verschiedenen Ländern ihre beeindruckenden Erfahrungen mit Zukunftskonferenzen. Diese fanden zunächst vor allem bei der Zusammenführung unterschiedlicher Unternehmenskulturen Anwendung. Später wurden sie dann auch eingesetzt, um die Kommunikationsstrukturen in unregierbar gewordenen Städten zu verbessern, indem Vertreter unterschiedlichster Gruppierungen, die verschiedene Teile der städtischen Kultur repräsentierten, in einem gemeinsamen Zukunftsdialog zusammengebracht wurden. Die Erfahrungsberichte über diese Zukunftskonferenzen glichen in verblüffender Weise den Erlebnissen, die wir in der Arbeit mit generationenübergreifenden Zukunftswerkstätten hatten. Marvin Weisbord führte die erstaunliche Wirksamkeit der Zukunftskonferenz auf die *Entdeckung des gemeinsamen Grundes* zurück.

Eine Ursache für die anregende Wirkung von Zukunftswerkstätten und Zukunftskonferenzen besteht demnach darin, daß unterschiedliche Personen in der Gestaltung einer ersehnten Zukunft sehr viel mehr Verbindendes entdecken, als sie es aus ihrem alltäglichen Umgang mit den KollegInnen erwartet hätten. Durch die klare *Konzentration auf die positiven Perspektiven einer gemeinsam gestalteten Zukunft* anstelle der Beschäftigung mit alten Mustern, Problemen und Konflikten werden ungenutzte Fähigkeiten freigesetzt. In der *gemeinsamen* Imagination einer *gemeinsam* entwickelten und gewünschten Zukunft, erscheint der häufig unbefriedigende Alltag plötzlich als durch gemeinsame konstruktive Zusammenarbeit veränderbar. Durch das Erkennen der im Alltag verschütteten Wünsche entsteht ein radikaler *Perspektivenwechsel: Wandel ist möglich, wenn wir ihn gemeinsam wollen.*

In der Zukunftskonferenz kommen eine Reihe von Verfahren zur Anwendung, die äußerst wirksame Hilfen für den Aufbau von Lernenden Organisationen und ensprechende Implementierungsstrategien sein können. Wie ist eine Zukunftskonferenz aufgebaut und nach welchen Prinzipien funktioniert sie?

Das ganze System in einen Raum

Während sich in der Zukunftswerkstatt in der Regel „Gleichgesinnte" treffen, um ihre Kritik an den gemeinsam kritisierten Zuständen zu formulieren, diese in positive Zukunftsentwürfe zu wenden und Forderungen bzw. Umsetzungspläne zu entwickeln, nimmt die Zukunftskonferenz einige folgenreiche Erweiterungen vor. Diese betreffen vor allem den *erweiterten Teilnehmerkreis* und die *Erweiterung der Phasen*. Nachfolgend ein Beispiel aus dem Bildungsbereich:

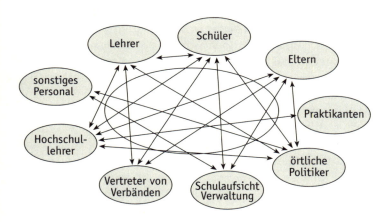

Für den Wirtschaftsbereich könnte – je nach Aufgabenstellung – der erweiterte Teilnehmerkreis folgendermaßen aussehen:

Das ganze System in einem Raum: Firma – Branche – Produktbezogener Teilnehmermix

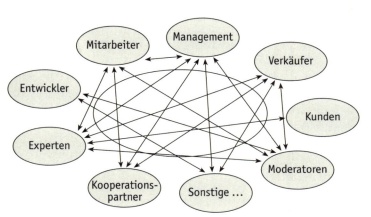

Kerngedanke der Zukunftskonferenz ist, *möglichst das „ganze offene System in einen Raum"* zu bringen, um es dort zu untersuchen und gemeinsam Verbesserungsstrategien zu entwickeln. An einer Zukunftskonferenz nehmen bis zu 64 Personen teil, die in Achtergruppen an runden Tischen verteilt in drei Tagen gemeinsam mithilfe verschiedener Aufgaben ihre Zukunft zu entwerfen suchen. Diese Personen sind in Zusammenarbeit mit zwei Moderatoren und einer aus Teilnehmern bestehenden Steuergruppe so ausgewählt worden, daß sie möglichst weitgehend das ganze System repräsentieren. Bei einer Zukunftskonferenz zum Thema *„Die Zukunft unserer Schule"* müßten alle relevanten Schlüsselpersonen vertreten sein, also Lehrer, Schüler, Eltern, Schulaufsichtsbeamte, Gemeindevertreter, Vertreter der örtlichen Industrie, von Vereinen, Verbänden etc. Bei *Konferenzen zur Zukunft von Unternehmen* müssen die zentralen Schlüsselpersonen aus möglichst allen Abteilungen und Hierarchieebenen, aber auch Kunden, Lieferanten und Verbraucherverbände vertreten sein. Besonders bewährt hat sich die Zukunftskonferenz auch bei der *Stadtentwicklung,* wo alle relevanten Mitglieder – von Vertretern ethnischer Gruppierungen, über spezielle Interessenvertreter bis hin zu Randgruppen – versammelt sind. Wozu dient diese aufwendige Mischung, und ist eine so große Konferenz überhaupt arbeitsfähig?

Ablauf der Zukunftskonferenz

Die Zukunftskonferenz dauert in der Regel drei Tage und benötigt 15–20 Std. Arbeitszeit.

In sechs Phasen setzen sich die TeilnehmerInnen mit einer Reihe von Aufgaben auseinander, die sie vor allem eigenständig in Gruppen bearbeiten.

Nachfolgendes Schema (in Anlehnung an zur Bonsen 1994 und Weisbord & Janoff 1995) gibt einen Überblick über den idealtypischen Ablauf, der je nach den konkreten Anforderungen modifiziert wird:

Ablauf einer Zukunftskonferenz

Phase 1:
Vergegenwärtigen der Vergangenheit:
Wo kommen wir her?

Phase 2:
Prüfen des Umfelds:
Welche Entwicklungen kommen auf uns zu?

Phase 3:
Bewerten der Gegenwart:
Worauf sind wir stolz, was bedauern wir?

Phase 4:
Zukunft (er-)finden:
Was ist unsere Vision? Was wollen wir gemeinsam erschaffen?

Phase 5:
Entdecken des gemeinsamen Grundes:
Herausarbeiten der essentiellen Gemeinsamkeiten.

Phase 6:
Zukunft im Hier-und-Jetzt umsetzen:
Nahziele, Maßnahmen. Wer, was, wo, wann, mit wem?

Institut für Synergie und soziale Innovationen (ISI) (1996)

Phase 1:
Fokus auf die Vergangenheit: Wo kommen wir her?

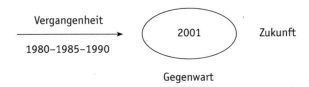

In der Regel findet die Konferenz in einer geeigneten Tagungsstätte mit zwei Übernachtungen statt, so daß die TeilnehmerInnen ohne die üblichen Ablenkungen mit ihrem vollem Engagement beteiligt sind. Nach der Eröffnung und einem Überblick über den Ablauf und die Arbeitsweisen der Konferenz beginnen wir mit dem Focus auf die Vergangenheit. Jeder Teilnehmer erhält die Aufgabe, sich Notizen zu der Frage zu machen, welche Meilensteine bzw. Höhepunkte in den letzten Jahren die gesellschaftliche Entwicklung, die Entwicklung der jeweiligen Institution und die persönliche Entwicklung charakterisieren.

An einer Wand ist auf einer ca. acht Meter langen Papierbahn eine Zeitleiste in Fünfjahresschritten aufgeteilt. Alle Teilnehmer übertragen ihre Notizen auf diese Zeitleiste. Allmählich entsteht ein Gesamtpanorama der im Raum vorhandenen Erfahrungen der letzten Jahrzehnte bezogen auf die globalen, lokalen und persönlichen Höhen und Tiefen der gemeinsamen Vergangenheit. Diese Entwicklungen werden in gemischten Gruppen diskutiert. Manchmal werden die Teilnehmer auch aufgefordert, *persönlich bedeutsame Gegenstände* mitzubringen, die Meilensteine der Entwicklung der Institution veranschaulichen. Dabei kann es sich um Fotographien bedeutsamer Ereignisse, Urkunden, Ausstellungsstücke etc. handeln.

Durch die Arbeit in gemischten Gruppen und den weiten Horizont der Fragestellung erleben die TeilnehmerInnen die unterschiedlichsten Sichtweisen des gemeinsam erlebten Zeitabschnitts, machen aber zugleich die *Erfahrung ähnlicher Er-*

lebnisse, gemeinsamer Werte und „psychologischer Ähnlichkeit". Die Konfrontation mit unserer gemeinsamen Vergangenheit macht bei aller Unterschiedlichkeit deutlich, daß wir in einer gemeinsamen Welt mit gemeinsamen Problemen leben. Während die Zukunftswerkstatt mit einer Kritikphase beginnt, wird in der Zukunftskonferenz von Anfang an auf die *Herausarbeitung von Gemeinsamkeiten* abgezielt. Mit der Herausarbeitung der gemeinsamen Geschichte der TeilnehmerInnen wird die Grundlage für ein Klima gegenseitigen Interesses und Verständnisses geschaffen. Aufgrund der Heterogenität der Teilnehmer, die in unserer individualisierten und sozial weitgehend aufgesplitterten Gesellschaft sonst wohl kaum miteinander ins Gespräch kämen, entsteht nicht nur eine Horizonterweiterung, sondern werden klischeehafte Projektionen und Verhaltensschablonen gegenüber Einzelnen und Gruppen aufgebrochen.

Phase 2:
Fokus auf das Umfeld: Was kommt auf uns zu?

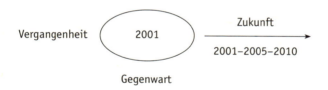

Die TeilnehmerInnen werden bei der Einladung zur Konferenz aufgefordert, Artikel, Gegenstände usw. mitzubringen, die veranschaulichen sollen, welche Veränderungen aus dem Umfeld auf die betreffende Organisation (Schule, Gemeinde, Firma etc.) zukommen. Es kann sich z. B. um Zeitungsartikel handeln, die Entwicklungen beschreiben, die für die Zukunft der Organisation wichtig sind. Oder um Produkte, die die Konkurrenz entwickelt hat und die den Innovationsbedarf deutlich machen. Die Teilnehmer zeigen sich diese Gegenstände in Gruppen und diskutieren, welche Trends sich daraus ableiten lassen. Sie notieren sich diese Trends. Im Plenum wird dann eine gemeinsame *Mindmap,* also eine Landkarte der Trends, erstellt (ca. 2,20 m ×3,60 m).

In die Mitte von sechs bis acht zusammengeklebten großen Packpapierbögen kleben wir eine „Metaplanwolke" (Karte in Wolkenform) mit der Aufschrift: ‚Was kommt auf unsere Firma, Schule, Kirche etc. zu?' Von diesem Zentrum aus ziehen wir sternförmig verschiedenfarbige Linien. Wir fragen die Teilnehmer, welche Trends sie herausgefunden haben und lassen sie zunächst die Haupttrends benennen. Mit diesen Haupttrends versehen wir die Linien. Wenn eine Einigung darüber erzielt wurde, daß alle Haupttrends, die aus der Sicht des Plenums für die Zukunft der Organisation von Belang sind, eingetragen wurden, geben wir das Plakat frei: Alle Teilnehmer können nun Untertrends zu den Haupttrends bestimmen, indem sie davon abgehende Linien ziehen und sie betiteln. Innerhalb kürzester Zeit erhalten wir eine komplexe Landkarte, die zeigt, wie vielfältig die Einflüsse sind, mit denen wir rechnen müssen.

Auch hier gilt das Prinzip des Wandels durch Selbstorganisation. Es gibt keine Expertenvorträge über Trends oder sonstige Belehrungen. Die Großgruppe verfügt über ein genügend großes Spektrum an „Systemkomponenten", so daß es genügt, wenn sie *aus ihren eigenen Ressourcen* schöpft. Jeder – ganz egal auf welcher Stufe der Hierarchie er steht – trägt etwas zur Trendlandkarte bei. Durch diesen Verzicht auf Experteninputs wird die Großgruppe zunehmend selbstbewußter, wird unabhängiger von Führungsinterventionen und lernt ihre eigenen Ressourcen besser einzusetzen.

Zum Abschluß der ersten Sitzung, die ca. von 13–18 h dauert, erhalten alle Teilnehmer Klebepunkte, mit denen sie gehäuft oder verteilt die Trends markieren können, die sie für besonders wichtig halten. Dabei erhalten die Mitglieder von speziellen Untergruppen (z.B. Lehrer, Schüler, Eltern, Kunden...) gleichfarbige Punkte, so daß wir später sehen können, welche Gruppen welche Trends für wichtig halten. Auf diese Weise werden die spezifischen Akzentsetzungen und Sichtweisen von Funktionsgruppen transparent.

Die Benennung von Zukunftstrends ist ein *projektives Verfahren:* Wir blicken von der Gegenwart aus in eine von uns vermutete Zukunft. Wir projizieren unsere persönliche Einschätzung in eine Zukunft, von der wir nicht wissen können, wie sie tatsächlich aussehen wird. Durch die Benennung unterschiedlicher Trends und deren Gewichtung wird allen deutlich, wie subjektiv unsere Zukunftsprojektionen sind. Gleichzeitig erkennt die Gruppe, wie unsere Erwartungen an die Zukunft unser Handeln im Hier-und-Jetzt bestimmen. *Die Zukunftskonferenz macht diese Glaubens- bzw. Projektionssysteme der Mitglieder einer Institution sichtbar.*

Die Punkt-Wertung beendet den ersten Tag. Häufig breitet sich bei den Teilnehmern ein Gefühl von Konfusion und Überforderung aus, denn es ist beunruhigend zu sehen, welchen Einflüssen aus dem Umfeld unsere Institution ausgesetzt ist, und allen wird klar, daß in vielen Bereichen tiefgreifende Veränderungen notwendig sind. Diese Konfusion soll am Ende des ersten Blocks bestehen bleiben und sozusagen überschlafen werden, denn sie wirkt als mächtiger Antrieb, nach angemessenen Lösungsstrategien zu suchen. Wer sich auf den Prozeß des Wandels durch Selbstorganisation in Zukunftskonferenzen einläßt, der unterzieht sich einer an- und aufregenden Wanderung durch eine „Vierzimmer-Wohnung", die der schwedische Sozialpsychologe Claes Jansen (1982) folgendermaßen charakterisiert hat:

Im ersten Raum beharren wir auf unseren alten Standpunkten und widersetzen uns jeder Veränderung. Im zweiten Raum ahnen wir den Wandel, versuchen aber unseren Standpunkt durch Verleugnung zu retten. Im dritten Raum schließlich sind wir verwirrt und stellen uns ratlos unserer Konfusion. Damit ist die Vorrausetzung für den Umzug in den vierten Raum gegeben. Hier verändern wir unsere gewohnte Möblierung grundlegend, stellen Vorstellungen um, nehmen Neues auf und beginnen so mit den Veränderungen. Dieses Bild soll uns klar machen, daß *Widerstand, Verleugnung und Konfusion wichtige Durchgangsstufen auf dem Weg zum Wandel* sind. Die nicht leicht zu beherrschende Aufgabe erfahrener Moderatoren besteht deshalb darin, günstige Rahmenbedingungen zu schaffen, die es möglichst allen erlauben, diesen auch angstbesetzten Prozeß erfolgreich zu durchlaufen.

Phase 3:
Fokus auf die Gegenwart: Worauf sind wir stolz? Was bedauern wir?

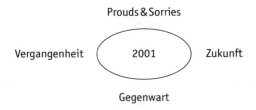

Der nächste Morgen beginnt mit einem Blick auf die mit Punkten versehene Mindmap. Die Teilnehmer suchen sich einen Trend aus, den sie in Gruppen weiter bearbeiten wollen. Sie sollen ein Analyseplakat entwerfen, das diesen Trend genauer beschreibt. Nach der Präsentation im Plenum bilden sich Funktionsgruppen, die ihre gegenwärtige Praxis unter der Fragestellung betrachten: Worauf sind wir stolz? Was bedauern wir? Ziel dieser Phase ist es, daß die Teilnehmer die Stärken ihrer Arbeit genauer wahrnehmen und sich gleichzeitig ihrer gemeinsamen Werte bewußt werden. In der anschließenden Präsentation im Plenum wird aber auch die unterschiedliche oder gemeinsame Einschätzung verschiedener Funktionsgruppen deutlich.

Im Unterschied zur Zukunftswerkstatt wird hier nicht einseitig auf Kritik Wert gelegt, sondern werden Schwächen und Stärken gleichberechtigt behandelt. Nach unserer Erfahrung ist dies ein sehr sinnvolles Vorgehen, da es zum einen die selbstunterstützenden Fähigkeiten der Beteiligten stärkt und zum anderen unfruchtbare Polarisierungen und Schuldzuweisungen vermeiden hilft. Niemand wird verteufelt. Wir können erkennen, daß es einige Bereiche gibt, in denen wir sehr gute Arbeit leisten, daß es aber auch Bereiche gibt, mit denen wir nicht zufrieden sind.

Die Präsentation der Listen aus den Funktionsgruppen im Plenum läßt ein *differenzierteres Bild unserer Organisation* entstehen. Da wir alle relevanten Mitglieder des Systems versammelt haben, steigt die Wahrscheinlichkeit, daß wir ein weitgehend zutreffendes Bild, das auch Tabuthemen nicht ausläßt, erhalten. Dadurch, daß diese Stärken- und Schwächenbilanz nicht von externen Experten erstellt wird, steigt die Chance, daß den Mitglieder der Institution die jeweiligen Probleme auch wirklich „gehören", sie als ihre eigenen ansehen und unfruchtbare Abwehrmanöver aufgeben, die wir oft als Folge von Expertendiagnosen erleben. Dadurch daß alle Insider sind, daß sie abwechselnd in gemischten Gruppen arbeiten und jede Sicht als gleichberechtigt erlebt haben, ist jeder bestrebt, seinen Farbton dem Gesamtbild beizumischen. Jeder fühlt sich verantwortlich für das „Gesamtkunstwerk" seiner Organisation und jeder sieht seinen Anteil an den Stärken und Schwächen. Auf diese Weise entsteht eine entspannte und konstruktive Atmosphäre eines zielgerichteten Erneuerungsdialogs.

Phase 4:
Fokus auf die Zukunft: Zukunft (er-)finden

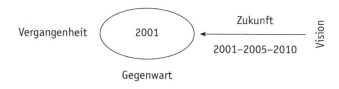

Nach der Mittagspause des zweiten Tages treten wir in das Kernstück der Zukunftskonferenz ein: die *Phantasie- oder Visionsphase*. Hier geht es im wörtlichen Sinne der Future-Search-Conference darum, gemeinsam die für unsere Organisation und unsere persönlichen Bedürfnisse günstige Zukunft zu *finden* und zu *erfinden*. Es ist dies ein doppelter Vorgang: Von „search" (dt. Suche) ist ja auch das Wort „research" (dt. Forschung) abgeleitet. Die *gemeinsamen Entwürfe wünschenswerter Zukünfte* sind in diesem Sinne *gleichzeitig ein Such-, ein Forschungs- und ein Entwurf- bzw. Gestaltungsprozeß*. Es handelt sich hier nicht um ein voraussetzungsloses, einfaches „Träumen", denn durch die vorangegangenen Phasen hat sich das Problembewußtsein und der Blickhorizont der repräsentativen Mitglieder der jeweiligen Organsation und ihres Umfeldes drastisch erhöht. Die neuen Informationen, Perspektiven, Erwartungen, Beziehungen und Erfahrungen fließen in die Zukunftsentwürfe ein.

Neben der horizonterweiternden Vorlaufphase kommt als weiterer wesentlicher Unterschied zur normalen Zukunftswerkstatt hinzu, daß die *Visionen in gemischten Gruppen* durchgeführt werden, von denen jede ein weites Spektrum der Mitglieder und Bereiche der jeweiligen Institution repräsentiert. Dies hat *drei Effekte:* Zum ersten werden die Visionen bzw. wünschenswerten Zukunftsvorstellungen stärker auf die konkreten Anforderungen der gesamten Organisation bezogen; zum zweiten begegnen sich unterschiedlichste Sichtweisen und Erlebnishorizonte; zum dritten steigt die Wahrscheinlichkeit der späteren Implementierung, da ja an der Entwicklung der erwünschten Zukünfte alle entscheidenden Systemmitglieder und Hierarchiestufen beteiligt waren. Ja mehr noch, sie machen unmittelbar die befriedigende Erfahrung einer disziplin- und abteilungsgrenzenübergreifenden konstruktiven Zusammenarbeit, die auch nach Abschluß der Konferenz weiterwirkt. Sie lernen, im Hier-und-Jetzt den Wandel *selbst* herbeizuführen.

Die Gruppen haben ca. 3 Std. Zeit, ihre Vorstellungen einer idealen Zukunft bzw. ihre Visionen in gemischten Gruppen zu entwickeln und präsentieren sie dann im Plenum. Dabei werden genau wie in der Zukunftswerkstatt kreative Gestaltungsformen von Sketchen, über Reportagen, Firmenzeitungen, Modellen bis zum Szenario und zur Großgruppenaktion Verwendung finden. Die Teilnehmer erhalten bei der Präsentation die Aufgabe, sich zu notieren, was sie als gemeinsame Vorstellungen betrachten. Hier geht es darum, über die Entdeckung des gemeinsamen Grundes in der jeweiligen Gruppe hinaus ein *gemeinsam geteiltes Selbstverständnis in der Organisation als Ganzes* aufzubauen.

Der Prozeß der Bildung von Visionen hat einen gänzlich anderen Charakter als die Benennung absehbarer Trends. In der Visionsphase lösen wir uns von der Gegenwart und visionieren eine Zukunft, in der *alles* möglich ist. In unserer Vision ist unsere Firma, unsere Schule, unsere Organisation etc. so gestaltet, wie wir sie uns wünschen. Durch die Rückschau aus der visionären Zukunft in die Gegenwart (Umkehrung des Richtungspfeils!) entsteht ein radikaler Perspektivenwechsel: Wir erkennen, daß die Zukunft nicht zwangsläufig eine Verlängerung der gegenwärtigen Trends sein muß. Unsere Visionen zeigen vielmehr, daß es einen *Freiheitsraum* in der Gestaltung der Zukunft gibt. Und sie zeigen weiter, daß unsere Wünsche vielen absehbaren Trends entgegenlaufen.

Die Zukunftskonferenz ist nun an ihrem *Höhepunkt* angelangt. Nachdem der erste Tag in produktiver Verwirrung endete, schließen wir den zweiten Tag oft in einer begeisterten Stimmung über unserer anregenden Visionen, die in den informellen Gesprächen des Abends weiterwirkt. Anstelle von Verwirrung ist eine Orientierung auf höherem Niveau enstanden. Die anfänglich diffus und widersprüchlich erscheinenden Informationen sind jetzt durch die Mitglieder der Institution selbst unter Mobilisierung der Eigenkräfte des Systems so geordnet worden, daß sich im organisationellen Feld insgesamt ein *größeres Wissen, eine stärkere Vernetzung und ein höheres Zielbewußtsein* herausgebildet haben. Und dies alles nicht als Ergebnis von fremdgesteuertem Expertenwissen, sondern als Ergebnis eines kollektiven Selbstorganisationsprozesses, in dem die Teilnehmer sowohl *Verantwortung für den Zustand ihrer Institution als auch für ihren Beitrag zum notwendigen Wandel* übernommen haben.

Phase 5:
Fokus auf die Entdeckung des gemeinsamen Grundes

Der Morgen des dritten Tages beginnt mit einer Vergegenwärtigung der Zukunftsvisionen. Die Funktionsgruppen schreiben die gemeinsamen Essentials in Listen und notieren auf einer anderen Flipchart „ungelöste Differenzen". Die Moderatoren machen klar, daß es in der Zukunftskonferenz nicht um die Bearbeitung möglicher Differenzen geht, weil dies zum einen der Aufgabenstellung der Konferenz widerspräche, zum anderen auch einen Rückfall in gewohnte Muster provozieren könnte. Ziel ist vielmehr die *Entdeckung des gemeinsam geteilten Grundes*. Immer wieder stellen die Teilnehmer überrascht fest, daß es trotz aller alltäglich erfahrenen Differenzen eine breite Basis von gemeinsam geteilten Zielvorstellungen gibt, die zumeist im Hintergrund bleiben, weil kein institutioneller Ort existiert, wo sie zum Ausdruck kommen könnten. Bei der Entdeckung des gemeinsamen Grundes lernen die Mitglieder von Institutionen/Organisationen, eine *neue Perspektive* einzunehmen; statt sich – wie gewohnt – auf die Unterschiede und Differenzen zu konzentrieren, lernen sie die Gemeinsamkeiten als Anstoß für Veränderungsprozesse zu nutzen. Die überraschende Erkenntnis, daß es mehr Gemeinsamkeiten gibt, als der Einzelne und/oder Funktionsgruppen glauben, wirkt als ein wichtiger Innovationsimpuls: Wenn es – durch alle Funktions- und Hierarchieebenen hindurch so viele gemeinsam geteilte Vorstellungen über eine veränderte Organisationskultur gibt, warum setzen wir sie dann nicht um?

Phase 6:
Fokus auf die Realisierung:
Zukunft im Hier-und-Jetzt umsetzen

In der sich an diese Formulierung und Betrachtung des gemeinsamen Grundes anschließenden Umsetzungsphase wird darüber nachgedacht, was an konkreten Schritten in Richtung auf die gemeinsam ersehnte Zukunft möglich ist. Je nach den konkreten Bedingungen bilden sich Funktionsgruppen (Verwaltung, Lehrerteam, Schüler, Kunden etc.) oder gruppenübergreifende Projektteams, die konkrete Projekte, Umsetzungsschritte usw. erarbeiten und eine Vereinbarung darüber treffen, wer, was, wann, wo, in welchem Zeitraum, mit wem und mit welcher Unterstützung umsetzen möchte. Die Umsetzungsprojekte werden im Plenum öffentlich vorgestellt.

Dokumentation und Folgeaktivitäten

Die Konferenz endet mit einer Abschlußrunde sowie einer *Vereinbarung,* in welcher Weise die Ergebnisse dokumentiert und an die übrigen Mitglieder der Organisation weitergegeben werden. In der Regel gehört zu jeder Zukunftskonferenz ein eintägiges Folgetreffen, das in größerem zeitlichen Abstand stattfindet und in dem über die erreichten Ergebnisse und weitere Folgeaktivitäten berichtet wird. Aus der Erfahrung mit einer Vielzahl von Konferenzen resultierte die Einsicht, daß es in besonderen Fällen auch sinnvoll sein kann einen *Zukunftswartungsvertrag* mit den Moderatoren abzuschließen. Wie ein Auto regelmäßig zur Inspektion muß, um die Funktionsfähigkeit seiner Teile zu überprüfen, brauchen Organisationen einen regelmäßigen *„Zukunfts-Check".* Bestandteil eines solchen „Wartungsvertrages" ist es, den Prozeß der Implementierung zu unterstützen und durch geeignete Folgekonferenzen zur *Sicherung eines kontinuierlichen Selbsterneuerungsprozesses* beizutragen. Letztlich geht es darum, den dauerhaften Aufbau der Lernenden Organisation zu unterstützen. Grundsätzlich ist aber – im Unterschied zu anderen Organisationsentwicklungskonzepten – das Ziel der Zukunftskonferenz, möglichst weitgehend *mit den vorhandenen Ressourcen zu arbeiten* und die *Beraterabhängigkeit* zu minimieren.

Für wen ist eine Zukunftskonferenz geeignet?

Grundsätzlich sind Zukunftskonferenzen für fast jede Art von Organisation geeignet, die einen Wandel durch die Förderung von Selbstorganisation und den Aufbau einer Lernenden Organisation anstrebt. Allerdings gibt es eine Reihe von Bedingungen für den Erfolg. So sollten Konferenzen nur durchgeführt werden, wenn ein *deutlicher Wille zum Wandel* und die *Bereitschaft zum vollen zeitlichen Engagement* vorhanden sind. Volles zeitliches Engagement bedeutet, daß alle relevanten Schlüsselpersonen bereit sind, an der Vorbereitung und der ganzen Konferenz teilzunehmen. Wenn nur ein nicht repräsentativer Kreis teilnimmt und darüber hinaus einige nur einzelne Phasen besuchen, werden die Ergebnisse der Konferenz darunter leiden. Zeichnen sich im Vorfeld solche Einschränkungen ab, ist es Aufgabe der Moderatoren, den Auftraggebern klar zu machen, daß sich die Durchführung nicht lohnt. Schließlich handelt es sich um ein stimmiges Konferenz-Design, das durch Abstriche, etwa durch Zeitkürzungen oder Überfrachtung durch andere Ziele, seine Wirksamkeit verliert. Weiter muß im Vorfeld geklärt werden, ob die Konferenz zum gegenwärtigen Zeitpunkt das geeignete Mittel ist. Vielleicht ist die Organisation noch nicht reif für ein solch umfassendes Beteiligungsverfahren. Wichtig ist es deshalb, daß es in der Vorbereitungsphase zu einer *gemeinsam getragenen klaren Aufgabenformulierung* kommt.

Alle anstehenden Fragen werden in einer (in der Regel) *zweitägigen Vorbereitungsphase mit den Moderatoren* und der sich bildenden *Steuergruppe* abgeklärt, in der sämtliche Schlüsselgruppen vertreten sein sollten. Ebenso wichtig ist, daß die Rahmenbedingungen stimmen, also z. B. ein geeigneter Tagungsort ausgewählt wird und eine hinreichend repräsentative Zusammensetzung der Teilnehmergruppe zustandekommt. Weisbord (1995) hebt die besondere *Bedeutung des geeigneten Raumes* hervor: Er muß genügend groß sein und eine ansprechende Atmosphäre aufweisen. Wichtig ist auch das *Catering:* die Versorgung mit Getränken und Zwischenmahlzeiten. Die gesamte Organisation zielt darauf ab, daß die Gruppe in einer angenehmen Atmosphäre – von allem Organisatorischen entlastet – arbeiten kann.

Weisbord & Janoff verfügen über eine mehr als zehn Jahre währende Erfahrung mit Zukunftskonferenzen, die sie in so unterschiedlichen Feldern wie der Gemeindeentwicklung, der Zusammenführung von Firmenteilen, aber auch im Bildungsbereich eingesetzt haben. In „Discovering the Common Ground" geben 35 namhafte Autoren aus den USA, Kanada, Australien und Norwegen instruktive Beispiele für die erfolgreiche Anwendung im Profit- und Non-Profit-Bereich und machen deutlich, daß mit der Zukunftskonferenz ein *Schlüsselinstrument nicht nur zur Organisationsentwicklung von unten, sondern auch zur Demokratisierung von Zukunftsgestaltungsprozessen überhaupt* vorliegt. Die Möglichkeiten dieses Instruments sind bei weitem noch nicht ausgeschöpft.

Aufgrund unserer jahrelangen ermutigenden Erfahrungen mit der Zukunftswerkstatt und der Zukunftskonferenz haben wir für deren Ausbildung und Durchführung mit dem Aufbau eines qualifizierten Moderatorennetzes begonnen. In unserem „Institut für Synergie und soziale Innovation" (ISI) vermitteln wir nicht nur Moderatoren und bieten Ausbildungen an, sondern arbeiten auch an der Dokumentation und wissenschaftlichen Weiterentwicklung dieser vielversprechenden Zukunftsgestaltungskonzepte.

Zukunftswerkstatt oder Zukunftskonferenz?

Die naheliegende Frage, ob mit der Zukunftskonferenz die Zukunftswerkstatt überflüssig wird, ist dennoch falsch gestellt. Denn so wenig Zukunftskonferenzen spezielle Organisationsentwicklungskonzepte ersetzen können, so hat auch die bewährte Zukunftswerkstatt ihren eigenen, unersetzbaren Wert. Zunächst einmal handelt es sich bei aller äußerlichen Ähnlichkeit um zwei verschiedene Konzepte, die für unterschiedliche Aufgaben geeignet sind und deren Reichweite unterschiedlich ist.

Die Zukunftswerkstatt ist eine relativ einfach zu handhabende und ohne größeren Aufwand anwendbare *Methode zur Förderung sozialer Kreativität*. Ihre Anwendung reicht von der *schulinternen Fortbildung* (Burow & Neumann-Schönwetter 1995), über die *Gestaltung von Projektwochen* (Burow & Renner 1993) bis hin zur *Einleitung von Entwicklungsprozessen von Organisationen* (Burow 1995). Sie kann überall da zum Zuge kommen, wo Institutionen oder Firmen aus einer kritischen Bestandsaufnahme des Ist-Zustandes gemeinsame Visionen und kurzfristig umsetzbare Aktionspläne in einem klar begrenzten Rahmen entwickeln wollen. Aufgrund der kleineren Gruppengröße (in der Regel 12–30 TN) ist die Zukunftswerkstatt auch besonders *als Instrument der Kreativitätsförderung* geeignet. Hier kann man mithilfe vielfältiger kreativer Verfahren neue Ideen entwickeln und seine Phantasie entfalten, ohne auf institutionelle Zwänge Rücksicht nehmen zu müssen.

Die Zukunftskonferenz dagegen ist auf ein *klares Ziel* ausgerichtet: In ihr soll ein *Energieschub für einen umfassenden institutionellen Wandel* aufgebaut und ein längerfristig wirksames Kreatives Feld geschaffen werden, das in den Strukturen der Organisation verankert ist. Aufgrund des klaren Ziels sowie der großen und heterogenen Teilnehmerschaft und des dadurch begrenzten Zeitbudgets muß in der Zukunftskonferenz eine sehr klare Struktur eingehalten werden, die wenig Raum für Abweichungen und stärker selbsterfahrungsbezogene kreative Prozesse läßt. Von daher ist die Zukunftskonferenz sehr viel stärker kognitiv orientiert und läßt weniger Raum für freies Phantasieren, Brainstorming, kreatives Gestalten, Visionieren etc. Sie ist nur erfolgreich, wenn an ihrem Ende konkrete Aktionspläne stehen, die unmittelbar folgenreich für den Umbau der Organisation sind.

Mit Sicherheit wird die Anwendung dieser beiden Konzepte in unterschiedlichen Feldern auch neue Variationen hervorbringen, die aus einer Kombination der Stärken dieser beiden unterschiedlich akzentuierten Konzepte bestehen. So könnten wir uns z. B. ein *Kreativitäts- und Innovationscamp* vorstellen, in dem verschiedene Gruppen an ihren unterschiedlichen Themen über mehrere Tage arbeiten, nach geeigneten Synergiepartnern suchen, kleine Kreative Felder aufbauen, bis ihre Ergebnisse schließlich nach Prinzipien der Zukunftskonferenz in die Großgruppe übertragen werden. Zukunftswerkstatt und Zukunftskonferenz weisen uns auf unterschiedliche Weise fruchtbare Wege, wie wir die Herausforderungen des Wandels meistern und zu völlig *neuen Formen der Beteiligung, zu einer partizipativen Zukunftsgestaltung* kommen können. Sie können uns nicht nur helfen, unsere Organisationen zu erneuern, sondern sie zeigen uns auch einen Weg, wie wir den notwendigen Wandel unserer Gesellschaft im Sinne der wegweisenden Forderungen Vaclav Havels bewerkstelligen können:

„Experten können fast alles in der objektiven Welt erklären, dennoch verstehen wir unser eigenes Leben immer weniger. Kurz gesagt leben wir in der postmodernen Welt, in der alles möglich und fast nichts sicher ist... Die artifizielle Weltordnung der Vergangenheit ist kollabiert und eine neue, gerechtere Ordnung ist noch nicht aufgetaucht. Die zentrale politische Aufgabe der letzten Jahre dieses Jahrhunderts ist die Kreierung eines neuen Modells der Koexistenz zwischen verschiedenen Kulturen, Personen, Rassen und religiösen Sphären innerhalb einer einzigen miteinander verbundenen Zivilisation." (Vaclav Havel, zitiert n. Weisbord & Janoff 1995, S. 71. Übersetzung Burow)

Mit Zukunftswerkstätten und Zukunftskonferenzen besitzen wir wirkungsvolle Instrumente, um Schritte in dieser Richtung zu erproben. Worauf warten wir?

Vor der dritten Revolution?
Die Perfect Product Search Conference
als Instrument öko-sozialer Produktinnovation

> „Nach einem Jahrhundert der technischen Innovationen,
> brauchen wir ein Jahrhundert der sozialen Innovationen."
> Robert Jungk

1. Der Trend zum vollkommenen Produkt

In diesem Kapitel beschreibe ich, wie mithilfe der Zukunftskonferenz ein Kreatives Feld aufgebaut werden kann, das einen neuartigen Weg der *Produktentwicklung* ermöglicht.

Jeder kennt das Problem: Obwohl auf dem Markt eine nie dagewesene Vielfalt hochwertiger Produkte angeboten wird, macht es doch häufig Schwierigkeiten, das Produkt zu finden, das zielgenau auf die persönlichen Bedürfnisse und Ansprüche zugeschnitten ist. Es entsteht ein scheinbar paradoxes Problem: Je größer die Angebotsvielfalt, desto schwieriger wird es, das Passende zu finden. Zum einen nimmt aufgrund der verwirrenden Vielfalt der Informationsaufwand drastisch zu und wird eine sachgerechte Beratung immer wichtiger, zum anderen stößt der potentielle Käufer bei der Durchsicht der vielfältigen Angebote auf immer neue Gesichtspunkte, von denen er zuvor gar keine Ahnung hatte, die er aber nun in seinem optimalen Produkt berücksichtigt sehen will.

Mit der Zunahme einer Vielzahl immer ausgefeilterer Produkte findet so zugleich ein permanent sich beschleunigender Abwertungsproze der eben noch für „gut" gehaltenen Produkte statt und eine schier unaufhaltsame Steigerung der Ansprüche des potentiellen Käufers: das scheinbar „Bessere" ist der Feind des eben noch „Guten".

Diese Entwicklung zu immer größerer Perfektion von Produkten und zu immer perfektionistischeren Ansprüchen der potentiellen Käufer birgt Sinnloses, aber auch Chancen in sich. Beginnen wir mit dem Unsinnigen. Dies wird beispielsweise an den völlig unangemessenen Ansprüchen an Alltagsprodukte deutlich, die bisweilen in einem grotesken Mißverhältnis zu den tatsächlichen Anforderungen stehen. Beispiele dafür sind etwa die Verbreitung von Jeep-ähnlichen Geländefahrzeugen in einem Land mit einem der besten Straßennetze der Welt oder der rasant ansteigende Verkauf von Sportschuhen, die für extreme Belastungen ausgelegt sind, aber zum Einkaufsbummel getragen werden. Menschen, die gerade mal den Auslöseknopf finden, bedienen High-Tech-Kameras, um Allerweltsbilder zu machen. Überdimensionierte Computer stehen in Kinderzimmern und werden für simple Spiele benutzt, während dort, wo sie dringend benötigt werden, das Geld für die Anschaffung fehlt. Bei all diesen Abwegen – wo liegen die Chancen dieser Entwicklung?

2. Die dritte Revolution: Auf dem Weg zum Perfekten Produkt

Hierzu eine These: Beim Übergang zur „Wissensgesellschaft", steigt die Chance und erhöht sich die Notwendigkeit, immer intelligentere Produkte zu entwickeln. Unter „intelligenten Produkten" verstehe ich solche Produkte, die sowohl optimal den Anforderungen genügen, die vom Konsumenten an sie gestellt werden, als auch solche, die so in das sozial-ökologische Umfeld integriert sind, daß mit ihrer Herstellung und ihrem Verbrauch keine nennenswerten Schädigungen des öko-sozialen Systems verbunden sind. Produkte, die dem nahe kommen, möchte ich als *„Perfekte Produkte"* bezeichnen. Produkte, die dieser – immer nur annäherungsweise zu realisierenden – Zielvorstellung entsprechen, werden mittelfristig große Zukunftschancen haben. Sie werden auf eine wachsende Akzeptanz sensibilisierter VerbraucherInnen stoßen und nur sie werden in einer Zeit sich zuspitzender öko-sozialer Krisen die Voraussetzungen bieten, die krisenhaften Verhältnisse in den Griff zu bekommen. Sie können uns Auswege weisen, wie wir im dritten Jahrtausend unter den sich verschärfenden Bedingungen von Bevölkerungsexplosion, Rohstoffverknappung und Umweltvernichtung durch eine intelligente, umfeldgemäße Produktgestaltung überlebensfähig bleiben können.

Das Problem der Mehrzahl der Produkte der auslaufenden „Schornsteinwirtschaft" bestand vor allem darin, daß sie allzu oft nur aus der Kombination von aus ihrem Zusammenhang gerissenen Wissensbruchstücken resultierten und sich deshalb häufig schädlich für den Konsumenten oder sogar das öko-soziale System insgesamt auswirken konnten.

Extreme Beispiele dafür sind die Verbreitung vergleichsweise energieaufwendiger, unintelligenter Automobile und die Verwendung der Atomenergie, deren Anwendung auf erheblichen Wissenslücken beruht. Unvollkommene Produkte können häufig erstaunlich lange Verbreitung finden, bis diese an einen Punkt kommt, der ihre Unvollkommenheit immer deutlicher sichtbar werden läßt. In vielen Ballungszentren hat sich der Begriff „auto-mobil" längst in sein Gegenteil verkehrt, da seine Besitzer immer häufiger „auto-immobil" im Stau stehen und sich selbst und ihre Umwelt vergiften.

Da wir im letzten Drittel des 20. Jahrhunderts den massenhaften Ausstoß vergleichsweise unvollkommener Produkte erlebt haben, wird unsere belebte und unbelebte Mitwelt immer mehr von der Dominanz dieser Produkte bestimmt. An der Schwelle zum dritten Jahrtausend sehen wir uns immer häufiger bedroht von den sich summierenden Gefährdungen, die von der massenhaften Verbreitung derartiger Produkte ausgehen. Fast alles, was Erfindern einfällt und was Konsumenten bereit sind zu kaufen, kann innerhalb kurzer Zeit einen Siegeszug durch die globalisierten Märkte antreten, mit zum Teil nicht vorhergesehenen irreversiblen Folgen. Käufern und Produzenten wächst so eine neue Verantwortung zu, die zugleich Chancen für eine öko-sozial verantwortliche Zukunftsgestaltung beinhalten. *Immer mehr Menschen werden zu der Einsicht kommen, daß die Entscheidung über den Kauf eines Produktes zugleich eine politische Entscheidung ist, mit der wir Einfluß auf die Gestaltung unserer öko-sozialen Mitwelt nehmen und sowohl unsere Gegenwart als auch unsere Zukunft beeinflussen.*

Verbraucherschutz-Pioniere wie der amerikanische Anwalt Ralph Nader haben schon früh versucht, mithilfe der Nachfragemacht der Konsumenten Einfluß auf die Produktgestaltung zu nehmen. Waren diese Versuche häufig durch einen unversöhnlichen Kampf zwischen den unterschiedlichen Interessen von Verbrauchern, Herstellern und umweltbewußten Bürgern gekennzeichnet, so zeichnet sich jetzt die Chance eines grundlegenden Paradigmenwechsels ab. Aufgrund der schwieriger werdenden öko-sozialen Rahmenbedingungen müssen langfristig denkende Produzenten nicht zuletzt im Interesse der Sicherung ihres eigenen Überlebens ein massives Interesse daran haben, Verbraucherschutz- und Warentestorganisationen nicht als Gegner, sondern als unersetzliche Unterstützungskräfte zu sehen, die dazu beitragen können, die Informationslücken zu schließen, die notwendigerweise bei der Produktentwicklung entstehen. *Denn mit den kritischen Einwänden, die aus dem Verbraucherlager kommen, steht zugleich eine unersetzliche Informationsquelle auf dem Weg zum Perfekten Produkt zur Verfügung, die es zu nutzen gilt.*

Es zeichnet sich hier die *Entwicklung einer neuen Qualitätsstufe der Produktentwicklung* ab, deren Kern darin besteht, den einst getrennten Zyklus von Entwicklung, Produktion, Verkauf, Konsumption und Entsorgung im Sinne eines öko-sozial verträglichen Kreislaufsystems so zu vernetzen, daß die im System vorhandenen Ressourcen zur Produktverbesserung genutzt werden können. Eine solche vernetzte Struktur wurde für die Hersteller-Kunden-Beziehung bereits in den unter dem Namen „Lean Production" (d.h. „schlanke Produktion", weil Arbeits- und Materialeinsatz drastisch reduziert wurden) bekannt gewordenen Produktions- und Entwicklungskonzepten japanischer Autohersteller z.T. mit Erfolg entwickelt. In der berühmt gewordenen Studie von Womack, Roos & Jones (1990) „Die zweite Revolution in der Automobilindustrie", einer bahnbrechenden Untersuchung zur „schlanken Produktionsweise", wird allerdings der Schlüsselbegriff „öko-sozial" an keiner Stelle erwähnt.

In ihrer Beschreibung der „zweiten Revolution" werden die Verbesserung der Produktqualität und der Kosteneffizienz lediglich unter traditionellen betriebswirtschaftlichen Gesichtspunkten betrachtet, ohne daß die übergreifende öko-soziale Systemperspektive mit einbezogen wird. Insofern brauchen wir eine *dritte Revolution der Produktentwicklung,* die die *systemische Betrachtungsweise in den Mittelpunkt* stellt. Unternehmen, die diese Herausforderung annehmen, begründen damit zugleich eine *neue Beziehung zum Kunden: Kunden werden zu Dialogpartnern und Mitgestaltern.* Sie schaffen nicht nur neue Produkte, sondern sie initiieren Kreative Felder. In diesem Sinne werden solche Unternehmen herausragende Chancen haben, die durch die Einbeziehung des gesamten informationellen Feldes einen „Perfect Product Search Process" einleiten, einen Prozeß der gemeinsamen Suche nach dem Perfekten Produkt. Mit diesem Schritt haben sie nicht nur die Chance, die Qualität ihres Produktes zu verbessern, sondern sie erzielen eine Reihe von Nebeneffekten, die ihre Marktstellung verbessern dürften.

- Der Kunde wird zum Partner, der eine wichtige – häufig nur unzureichend genutzte – Informationsquelle bei der Produktentwicklung darstellt. Durch die *partnerschaftliche Beziehung* wächst dem Unternehmen ein *Vertrauenskapital* zu, das sich günstig auf das Image auswirkt.

- Die *Kultur des Dialogs* wirkt auf die gesamte Organisationskultur des Unternehmens zurück und trägt zu Qualitätsbewußtsein, Horizonterweiterung und Mitarbeitermotivation bei.

- Indem das Unternehmen versucht, tendenziell die Informationen des gesamten Feldes zu erschließen, auf das das Produkt Einfluß hat, entwickelt sich eine *neue Form der ethisch fundierten Mitverantwortung* für das öko-soziale Umfeld. Der alte Gegensatz Umwelt versus Produktion kann relativiert werden, weil Unternehmen nicht länger auf Kosten der Mitwelt produzieren, sondern deren Ressourcen nutzen und sich als Bestandteil der Mitwelt begreifen lernen.

- Mit der *Orientierung auf das Perfekte Produkt* entwickelt das Unternehmen eine für Produzenten und Konsumenten *attraktive Vision* und trägt verantwortlich dazu bei, die Überlebensgrundlagen zu sichern.

- Auf diese Weise entwickelt und produziert das Unternehmen nicht nur Produkte, sondern es wird zu einem *Lernenden Unternehmen,* das *Kreative Felder zur Problemlösung* schafft. Das Unternehmen wird zu einer Agentur, die völlig neue Formen der Wissensvernetzung erzeugt und somit tendenziell die problematische Trennung zwischen Forschung, Entwicklung, Produktion, Distribution, Konsumption und Entsorgung aufhebt. Es wird zu einer echten „Volkshochschule" in dem Sinne, als es vermittels der sich permanent verbessernden Produkte zugleich Mitarbeiter und Konsumenten zu kompetenten, gut informierten, vernetzt und kreativ denkenden Menschen „ausbildet".

3. Mit Zukunftskonferenzen das Perfekte Produkt entwickeln

Die Grundidee der Zukunftskonferenz besteht – wie wir gesehen haben – darin, das ganze System in einem Raum zu versammeln. Bei der Entwicklung Perfekter Produkte besteht die erste Aufgabe also darin, eine Konferenz zu organisieren, in der möglichst alle Schlüsselpositionen versammelt sind, die für das jeweilige Produkt verantwortlich sind. Das Ziel besteht darin, eine möglichst große Vielfalt zu erreichen, die die zu erwartende Komplexität, der das Produkt gerecht werden soll, widerspiegelt, um so schon im Vorfeld Kriterien für die optimale Gestaltung entwickeln zu können.

Daß dies bislang so gut wie nie passiert, weiß jeder, der einmal versucht hat, seinen Videorecorder nach der von einem Ingenieur verfaßten Betriebsanleitung zu programmieren. Das klappt fast nie, weil der Fachmann mit seinem Expertenwissen nur seinen begrenzten Blickwinkel kennt und die Probleme des Laien nicht versteht. Wer als Verbraucher seine Produkte kritisch beurteilt, der ist oft überrascht, wie unvollkommen selbst Produkte sind, die von Spezialfirmen hergestellt werden. Wer beispielsweise eine Teekanne einer bekannten Edelmarke kauft, fragt sich, warum das Teesieb so konstruiert ist, daß man sich bei seiner Herausnahme die Finger verbrennt, und warum es dieser Spezialfirma nicht gelingt, eine Ausgußform zu entwickeln, die lästiges Tropfen vermeidet. Oft weiß der Laie in solchen Fällen sehr viel besser Bescheid, wo die Schwachstellen des Produktes liegen als der Experte und er ist darüber verärgert, daß sein Wissen niemanden interessiert. Eine Firma, der es – wie manchen Qualitätsfirmen – gelingt, diese Probleme im Vorfeld zu lösen, wird den erhöhten Aufwand mit einer *dauerhaften Kundenbindung* belohnt bekommen.

3.1 Bildung einer repräsentativen Steuergruppe

Der erste Schritt bei der Vorbereitung der Produktkonferenz besteht in der Bildung einer repräsentativen Steuergruppe, die die Konferenz verantwortlich plant. In ihr sollten die wesentlichen Schlüsselpersonen vertreten sein, die für das jeweilige Produkt und seine Wirkungen auf das Umfeld relevant sind. Also nicht nur die eigentlichen *Entwickler,* sondern auch *Verbraucher, Lieferanten, Warentester, Mitglieder kritischer Gruppen, Experten usw.* Oberstes Ziel ist Vielfalt, möglichst auch unter *Einbezug von Querdenkern,* so daß sich Neukombinationen und veränderte Vernetzungen bilden können, die dazu beitragen Wissenslücken schon im Vorfeld weitgehend zu schließen.

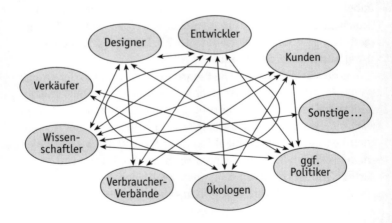

Die Steuergruppe wählt die TeilnehmerInnen der Produktkonferenz aus und sichert zusammen mit zwei professionellen ModeratorInnen die Gesamtorganisation. Die Steuergruppe ist in diesem Bild nicht aufgeführt, weil ihre Mitglieder im Vorfeld die Konferenz vorbereiten und bei der Durchführung Teilnehmer sind. Die Moderatoren wirken im Hintergrund und sorgen dafür, daß der Informationsaustausch und die Vernetzung funktionieren.

Die *Bildung einer Steuergruppe* ist aus mehreren Gründen wichtig: Zum einen erhöht eine funktionierende Steuergruppe die Effizienz der Konferenz, weil die Mitglieder besonders gut über den Sinn, die Verfahren und den Ablauf der Konferenz informiert sind und so in der Großgruppe als „changing agents" („Garanten des Wandels") den Forschungsprozeß voranbringen. Zum anderen können sie ihre eigenen Kontakte nutzen, um eine Zusammensetzung zu erreichen, in der möglichst alle Schlüsselpersonen vertreten sind. Häufig zeigt sich schon in den vorbereitenden Diskussionen der Steuergruppe, welche besonderen Maßnahmen zu ergreifen sind, damit die Konferenz ein Erfolg wird. Manchmal stellt die Steuergruppe auch fest, daß zu wenig Interesse bei den beteiligten Personen vorhanden ist und damit keine hinreichende Basis für die Durchführung der Konferenz gegeben ist.

Die Steuergruppe schließt mit den ModeratorInnen einen Kontrakt über die Aufgabenverteilung und plant den Ablauf und die Organisation der Konferenz. Besondere Bedeutung kommt der Wahl eines geeigneten Konferenzortes zu, der über Tagungstechnik verfügen sollte. Da an der Konferenz bis zu 64 Personen teilnehmen, muß ein entsprechender Großgruppenraum in einer ungestörten und anregenden Umgebung für die Plenumsarbeit und die Präsentationen zur Verfügung stehen.

3.2 Der Ablauf der Perfect Product Search Conference

Die Produktkonferenz besteht wie die Zukunftskonferenz im wesentlichen aus sechs Phasen. Im ersten Schritt wird der Blick in die Vergangenheit gerichtet, um sich mit bisherigen Produktentwicklungen der Firma auseinanderzusetzen. Es kann sinnvoll sein, die TeilnehmerInnen dazu aufzufordern, ein Produkt mitzubringen, das in den letzten Jahren entwickelt wurde, das sie für besonders gelungen halten und an dem man erkennen kann, was ein Perfektes Produkt charakterisiert. Die Teilnehmer sitzen nach Funktionsgruppen gegliedert um große Tische in einem Raum und stellen ihre Produkte vor. Auf großen Plakaten werden dann die Höhe- und Tiefpunkte der Produktentwicklung des Segments, das im Fokus der Konferenz steht, abgetragen. Auf diese Weise soll ein Bewußtsein für die eigene Geschichte geweckt und der rasante Wandel der Produktentwicklung im eigenen Lebensverlauf wahrgenommen werden.

Im zweiten Schritt wird der Blick in die Zukunft geworfen: Die verschiedenen Funktionsgruppen benennen die aus ihrer Sicht erwarteten Zukunftsherausforderungen und tragen sie in eine gemeinsame Mindmap (ca. 3 m×3 m, vgl. voriges Kapitel) ein, indem sie zunächst die Haupttrends benennen und dann die Untertrends selbst eintragen. Auf diese Weise werden die im Feld vorhandenen Informationen über zukünftige Entwicklungstrends abgerufen, und es entsteht ein Bewußtsein für die Komplexität der Anforderungen in einem turbulenten Umfeld. Der erste Tag der Konferenz endet mit dieser verwirrenden Mindmap, die der Vorbereitung einer komplexeren Sicht dient und den Mitgliedern deutlich macht, wie vielfältig die Anforderungen sind, die bei der neuen Produktlinie berücksichtigt werden müssen. Der Abend wird bewußt für informelle Gespräche freigehalten, weil in der informellen Verarbeitung oft entscheidende Einsichten entstehen.

Ablauf einer Perfect Product Search Conference

Phase 1: (1.Tag)
Vergegenwärtigen der Vergangenheit
Welche „guten"/„schlechten" Produkte haben wir bisher entwickelt?

Phase 2: (1.Tag)
Prüfen des Umfelds
Welche Produktanforderungen kommen auf uns zu?

Phase 3: (2.Tag)
Bewerten der Gegenwart
Auf welche gegenwärtigen Produktentwicklungen sind wir stolz? Welche bedauern wir?

Phase 4: (2.Tag)
Das Perfekte Produkt (er-)finden
Was ist unsere Vision? Wie soll das Perfekte Produkt bzw. die Produktlinie beschaffen sein, die wir gemeinsam kreieren wollen?

Phase 5: (3.Tag)
Entdecken des gemeinsamen Grundes
Herausarbeiten der essentiellen Gemeinsamkeiten

Phase 6: (3.Tag)
Das Perfekte Produkt realisieren
Nahziele, Maßnahmen. Wer, was, wo, wann, mit wem?

Institut für Synergie und soziale Innovationen (ISI) (1997)

Der zweite Konferenztag beginnt mit einer Bewertung der Haupttrends, wobei jede Funktionsgruppe andersfarbige Klebepunkte erhält, so daß man die unterschiedlichen Trendbewertungen der einzelnen Gruppen erkennen kann. Anschließend treten wir in die *dritte Phase* ein, die Bewertung der Gegenwart. Hier bilden sich gemischte Gruppen, die Produkte oder Produktgruppen bezogen auf einzelne Zukunftstrends bewerten: Was ist bereits erfolgreich entwickelt? Welche Schwächen werden gesehen? Im Prinzip handelt es sich um eine modifizierte Kritikphase, die der Stärken-/Schwächenanalyse der bisherigen Produktentwicklung dient. Auf diese Weise erhält der Hersteller aus unterschiedlichsten Blickwinkeln ein Feedback über seinen Qualitätsstand. Er kann sehen, wie sein Produkt im Feld aufgenommen wird.

An die Präsentation der einzelnen Gruppen schließt sich die *Visionsphase* an, in der in gemischten Gruppen versucht wird, sich über Perfekte Produkte Gedanken zu machen, die den erhobenen Anforderungen Rechnung tragen und die Schwächen bisheriger Produkte überwinden. Hier muß man im Vorfeld überlegen, wie die Gruppen zusammengesetzt sein sollen. Je nach Produkt werden sich unterschiedliche Mischungen als sinnvoll erweisen. Bei diesem Suchprozeß unterstützen die ModeratorInnen die Gruppen mithilfe von kreativen Verfahren. Es geht darum, „kreative Sprünge" machen zu können, die noch nicht durch die Zensurschere der Machbarkeit gebremst werden: In der Visionsphase ist alles möglich. Diese Schaffung eines kreativen Freiraums setzt in der Regel die Lust am Gestalten, Entwerfen, Phantasieren frei, die notwendig ist, wenn man etwas Neues schaffen will. Die Gruppenergebnisse werden im Plenum präsentiert. Mit der Präsentation endet der zweite Tag, so daß am Abend genügend Freiraum bleibt, die kreativen Ideen weiterzuspinnen, persönliche Vernetzungen und Querverbindungen herzustellen.

Der dritte und letzte Tag der Produktkonferenz beginnt mit einer Vergegenwärtigung der präsentierten Zukunftsprodukte. Daran schließt sich die Herausarbeitung des Gemeinsamen Grundes an. Eine immer wieder mitreißende Erfahrung solcher Konferenzen besteht in der überraschenden Einsicht, daß es eine Reihe von gemeinsam geteilten Essentials durch alle Gruppen hindurch gibt. Diese gemeinsam getragenen Kriterien für das Perfekte Produkt werden herausgearbeitet, so daß die Umrisse der gemeinsam geteilten Vorstellungen für eine neue Produktlinie klarer werden, während Differenzen auf einer Extraliste als Merkposten abgetragen werden.

Der *sechste und letzte Schritt der Produktkonferenz* besteht darin, aus den gemachten positiven Vorschlägen diejenigen Produktideen herauszufiltern, an deren Verwirklichung man arbeiten möchte. Es bilden sich Gruppen, die zu den einzelnen Ideen konkrete Umsetzungspläne vorlegen. Mit der Präsentation dieser Pläne endet die Konferenz. Ob die Konferenz erfolgreich war, erkennt man daran, inwieweit eine informationelle Neustrukturierung des „Systems" im Sinne der Erweiterung von persönlichen Kontakten und des fachlichen Horizonts stattgefunden hat und inwieweit sich die innovativen Kräfte synergetisch ausgerichtet haben, so daß ein genügend starker Energieschub für konkrete Umsetzungsschritte entstanden ist.

Alle Mitglieder erhalten im Anschluß eine detaillierte Konferenzdokumentation. Es ist möglich in einjährigem Abstand Folgekonferenzen durchzuführen, die das Erreichte überprüfen und einen neuen Suchprozeß einleiten.

4. Möglichkeiten und Grenzen der Produktkonferenz

Die Perfect Product Search Conference kann man auch als ein *qualitatives Erhebungsverfahren* betrachten, das mehrere Ziele miteinander verbindet: Die vorhandenen Informationen eines Feldes werden miteinander vernetzt und neu geordnet, so daß sich ein Energieschub für die Entwicklung innovativer Ideen aufbaut. Das Ziel der Konferenz besteht im Aufbau eines Kreativen Feldes, in dem die Ressourcen des Einzelnen synergetisch mit anderen so zusammengebracht werden, daß das im Feld vorhandene und bislang ungenutzte Wissen erfaßt und überraschende bzw. unvorhersehbare Neukombinationen möglich werden. Ist die Konferenz in diesem Sinne ein wirkliches Kreatives Feld, wächst die Chance für wirkliche Neuentdeckungen.

Wie der Nobelpreisträger Gerhard Binnig (1992) anschaulich aufgrund seiner eigenen Erfahrungen zeigt, sind solche innovativen Quantensprünge nicht planbar. Was wir aber machen können, ist, daß wir die anti-kreativen Strukturen, die viele unserer Institutionen und Firmen auszeichnen, zeitweise so umorganisieren, daß Kreativität möglich wird. In diesem Sinne ist eine gute Produktkonferenz als experimentelles Kreatives Feld angelegt: *Vor der Entwicklung Perfekter Produkte steht der Aufbau eines „Kreativen Feldes".* Durch die Aufhebung festgefahrener Zuständigkeiten, Teilnehmergruppen und Denkroutinen werden z. T. auch hilfreiche Sicherheiten abgebaut, zugunsten eines tastenden Suchens auf einem weitgehend unbekannten neuen Territorium. Kreativität entsteht durch eine Ausweitung des Feldes, die mit dem erweiterten Produktentwicklerkreis erreicht ist.

Der eigentliche Erfolg einer solchen Konferenz besteht deshalb nicht allein in der Erfindung verbesserter Produkte bzw. der Entwicklung von Kriterien für solche Produkte, sondern vor allem auch in der Erweiterung des Horizonts bei allen Beteiligten und der Fähigkeit, für undenkbar Gehaltenes zu denken und umzusetzen.

In diesem Sinne müßten wir das Eingangszitat Jungks modifizieren: Nach einem Jahrhundert der einseitig auf den technischen Aspekt reduzierten Innovationen brauchen wir ein *Jahrhundert öko-sozialer Innovationen,* in denen ein neuer, das Umfeld mit einbeziehender Technik- und Produktbegriff zur Entfaltung kommt. Perfect Product Search Conferences gehen damit weit über herkömmliche Produktentwicklungsverfahren hinaus, denn sie sind im beschriebenen Sinn ein Instrument zur Einleitung der notwendigen Dritten Revolution. Wir sollten es nutzen!

Das Open Space-Forum

„Wirkliches Zuhören impliziert eine Phase des Widerhalls, der Rückwirkung. Es impliziert Dialog oder ‚Multilog'. Es geht um den aktiven Ausdruck von Singularitäten, um die systematische Förderung von Kreativität und Kompetenz, um die Verwandlung von Unterschiedlichkeit in Gemeinschaftsfähigkeit..."

Pierre Levy

Jeder, der regelmäßig an Seminaren und Konferenzen teilnimmt, hat wiederholt diese überraschende Erfahrung gemacht: Wirklich spannende, anregende Gespräche, wertvolle Informationen und neue Gesichtspunkte, persönliche Kontakte und Ähnliches ergeben sich oft weniger im Rahmen des offiziellen Veranstaltungsprogramms, sondern „ereignen" sich eher relativ zufällig und ungeplant in Seitengesprächen und Kaffeepausen.

Der Organisationsberater Harrison Owen (1997) zog aus solchen Erfahrungen eine radikale Konsequenz: Er entwickelte mit der „Open Space Technology" ein Verfahren zur Konferenzgestaltung, das den Bedürfnissen der TeilnehmerInnen den größtmöglichsten Raum eröffnet. Anlaß dazu war das Ergebnis einer Befragung von TeilnehmerInnen an einer dreitägigen Konferenz, die er sehr aufwendig vorbereitet hatte. Owen stellt ernüchtert fest: „Das einzige, das alle Teilnehmer uneingeschränkt positiv bewerteten, der wirklich als nützlich empfundene Teil, war der, mit dem ich nichts zu tun hatte: die Kaffeepausen." (1997, S. 3)

Doch diese für einen engagierten Konferenzorganisator frustrierende Rückmeldung ließ Owen nicht ruhen, und so kam er auf eine ungewöhnliche und eigenwillige Fragestellung: „Meine Frage war sehr einfach: Wäre es möglich, den Grad an Synergie und Beteiligtsein, der in einer guten Kaffeepause entsteht, mit substantiellen Aktivitäten und Ergebnissen, die eine gute Konferenz auszeichnen, zu verbinden?" (Owen, S. 3; Übers. Burow)

Open Space Technology sucht durch eine neuartige Seminar- und Konferenzorganisation eine Antwort auf diese Frage zu geben, indem sie ein freies Feld für gemeinsames Lernen in echter Freiheit schafft. Wie funktioniert eine Open Space Conference? Zunächst ein Beispiel für ein Teilnehmerinfo:

Regeln für den Ablauf

Vier Prinzipien:
1. Wer immer kommt, es sind die richtigen Leute
2. Welche Überraschung auch immer geschieht, sie ist O.K.
3. Es beginnt, wenn es beginnt.
4. Wenn es vorbei ist, ist es vorbei.

Das Gesetz der zwei Füße
Dieses Gesetz besagt, daß Sie hier permanent mit den Füßen abstimmen. Sie gehen in die Gruppen, die Sie interessieren. Und wenn Sie dann feststellen, daß Sie in der Gruppe, in die Sie hineingeraten sind, nichts lernen oder nichts beitragen können, dann gehen Sie einfach wieder und suchen sich eine andere Gruppe.

Bericht aus jeder Gruppe
Wir bitten die Initiatoren/innen dafür zu sorgen, daß über die Ergebnisse der Gruppenarbeit ein Bericht angefertigt wird. Im Plenum stehen PCs bereit, Sie können aber gerne auch Ihr Notebook benutzen. Falls Sie keine PC-Kenntnisse haben, unterstützen wir Sie. Das Schreiben ist sehr einfach. Schreiben Sie den Bericht bitte auf die Disketten, die Sie von uns erhalten und geben Sie uns die Disketten ab, damit wir die Dokumentation erstellen können. Schreiben Sie möglichst in Word. Verwenden Sie

Ihre Energie auf den Inhalt und nicht auf die Gestaltung. Denken Sie daran: je interessanter Ihr Bericht, desto größer sind die Chancen, daß andere Teilnehmer/innen Lust bekommen, Ihre Ideen mit Ihnen umzusetzen.

Der Bericht sollte enthalten
1. Eine aussagekräftige Überschrift (Thema des Workshops)
2. Teilnehmer und Kontaktadresse
3. Stichpunktartige Skizzierung des Diskussionsverlaufs
4. Ergebnisse ©ISI 99 Gestaltung: Arne Mebus

Im Open Space organisieren die Teilnehmer selbst ihr Kreatives Feld

Kernpunkte der „Open Space Technology" sind der Verzicht auf Kontrolle, auf ein fertiges Design und eine geplante Agenda. Noch radikaler als in der Zukunftswerkstatt und der Future Search Conference werden hier lediglich ein einfacher Rahmen und eine zeitliche Struktur vorgegeben. Die Teilnehmer selbst sollen individuell und als Gruppe für den Erfolg verantwortlich sein, ihre Lernprozesse, die Kommunikation und die Kultur der Konferenz weitgehend eigenverantwortlich steuern.

Einen faszinierenden Einblick, wie ein solches Open Space-Forum funktioniert, gibt Owen im einleitenden Kapitel seines gleichnamigen Buches: „Am 12. April 1992 trafen sich 225 Personen in Denver, Colorado, um Kooperationsstrukturen zu entwickeln für die effektive Verwendung von 150 Millionen Dollar, die für den Bau einer Autobahn durch öffentliches und Indianerland vorgesehen waren. Ein Drittel der Teilnehmer waren indianische Ureinwohner, ein Drittel Staatsbeamte und ein Drittel kam aus dem Bundesland und von den lokalen Behörden. Zu Beginn sahen die Aussichten für ein friedliches und produktives Treffen mehr als ungünstig aus. Die Teilnehmer waren alle natürliche, wenn nicht historische Feinde. Unter diesen Voraussetzungen waren die Ergebnisse des Treffens mehr als erstaunlich.

Als die Teilnehmer ankamen, war sofort klar, daß es sich hier um etwas völlig Neues handelte. Der Beginn fand ohne ausgearbeitete Agenda statt. Die Leute wußten nur, wann das Treffen beginnen würde, wann es enden würde und daß sie irgendwie (noch völlig undefiniert) eine Aufgabe zu lösen hatten. Es ist unnötig zu erwähnen, daß es nicht wenige Skeptiker gab, deren Unglauben nicht einmal durch die Erscheinung des Raumes, in dem die Versammlung stattfinden sollte, gemildert wurde. Was sie vorfanden waren zwei große Stuhlkreise, eine leere Mitte und eine nackte Wand dahinter.

Innerhalb von eineinhalb Stunden hatte sich alles verändert; sogar die Skeptiker arbeiteten hart zu den Themen, die sie persönlich berührten. Um diesen Punkt zu erreichen, waren alle Teilnehmer eingeladen worden, jedes mögliche Thema zu benennen, das sie mit der zentralen Aufgabe in Verbindung brachten und dem ihr Engagement galt. Sie sollten ihr Thema auf ein Blatt Papier schreiben und an die Wand pinnen. Mit dieser Aktion akzeptierten sie gleichzeitig Verantwortung für die Leitung einer Sitzung zu ihrem Thema zu übernehmen und einen schriftlichen Bericht über die Ergebnisse anzufertigen. Nachdem alle Themen auf diese Weise bestimmt worden waren, standen alle vor der Themenwand und trugen sich in diejenigen Themensitzungen ein, denen sie sich besonders verbunden fühlten.

Im Rahmen dieses Zwei-Tages-Treffens kreierte diese gegensätzliche Großgruppe völlig selbstorganisiert ein Arbeitsprogramm mit 52 Aufgabengruppen. Die Agenda selbst wurde in weniger als einer halben Stunde entwickelt, und die verschiedenen Aufgabengruppen produzierten etwa 150 Seiten über ihr Vorgehen in 36 Stunden. Dank der Wunder moderner Computertechnologie, die den sofortigen Druck ermöglichte, erhielten alle Teilnehmer rechtzeitig vor ihrer Abreise am Morgen des dritten Tages druckfrische Kopien der Arbeitsergebnisse. Während der abschließenden Sitzung sagte einer der indianischen Teilnehmer, daß er niemals zuvor das Gefühl gehabt hätte, daß ihm so intensiv zugehört worden sei und daß er Teil der Diskussionen gewesen sei. Dieses Gefühl wurde von allen Parteien geteilt.

Es ist außerdem bemerkenswert, daß die Entscheidung, diese Konferenz durchzuführen, im März desselben Jahres getroffen worden war. Das heißt, daß die ganze Idee von der Konzipierung bis zur Durchführung etwa sechs Wochen benötigte. Es gab einen „facilitator" für die ganze Veranstaltung." (Owen 1997, S. 1 ff.; Übers. Burow).

Owen räumt selbst ein, daß diese Schilderung extrem und unglaubwürdig klingen mag. Denn die konventionelle Vernunft lege uns doch nahe, zu glauben, daß eine Konferenz dieser Größe, dieser Komplexität und dieses Konfliktpotentials Monate der Vorbereitung und eine ganze Armee von Planern und Moderatoren benötigt. Dieser Auffassung sei er selbst jahrelang gewesen. Doch inzwischen wisse er aus der Durchführung einer Vielzahl solcher Open Space Konferenzen in aller Welt, daß das System funktioniert.

Vier Grundelemente erfolgreicher Konferenzen

1960 erlebte Owen als Fotojournalist in einem kleinen afrikanischen Ort in Liberia, wie die Einheimischen spontan ein Vier-Tages-Fest mit 500 Teilnehmern auf die Beine stellen. Zu seiner Überraschung registrierte er, daß sie dazu kein Planungskommitee benötigten. Eine Erklärung fand er in der baulichen Anordnung des Dorfes: einem weitem Kreis mit einem leeren Raum in der Mitte. „Meine Erfahrung sagt mir, daß der Kreis die fundamentale Geometrie offener menschlicher Kommunikation ist ... Kreise schaffen Kommunikation." (Owen, S. 5, Übers. Burow).

Die Geometrie des Kreises und den freien Rhythmus des menschlichen Atems betrachtet er als grundlegende Konferenzmechanismen, die durch den Marktplatz und die Anschlagtafel ergänzt werden. Es scheint sich dabei um allgemein gültige Grundelemente zu handeln, die die Schaffung eines offenen Kreativen Feldes ermöglichen. „Die Theorie sagt, daß wir mit dem Kreis, dem Atemrhythmus, einer Anschlagtafel und einem Marktplatz die Zutaten für eine effektive und produktive Konferenz haben, ohne vorbereitende Planungssitzungen und eine Armee von Organisatoren – gar nicht von einem verantwortlichen Konferenz-Management-Team zu sprechen. Die Frage blieb: Würde sich diese Theorie in der Wirklichkeit bewähren?" (Owen, S. 6)

Ich meine, daß Owen hier auf einer vielversprechenden Spur ist, allgemeine Erfolgsprinzipien für Konferenzen in Selbstorganisation zu beschreiben, die sich im Einklang mit meinen Erkenntnissen über Kreative Felder befinden (vgl. „Die Individualisierungsfalle"). Das Feld ist nicht leer. Es besitzt eine „implizite Hintergrundstruktur", die zum Vorschein kommt, wenn wir Rahmenbedingungen schaffen, die es ermöglichen, daß die TeilnehmerInnen, das ausdrücken können, was sie wirklich bewegt. Im Feld sind als implizite Struktur vielfältige Bindungsmöglichkeiten angelegt, Anziehungs- und Abstoßungskräfte, neuartige Verknüpfungen der unerschlossenen Fähigkeiten von vielen bislang isolierten Menschen. Wenn wir genügend Vielfalt zulassen und freie Begegnung fördern, dann kann ein Kreatives Feld entstehen.

In diesem Sinne gibt Owen zahlreiche Beispiele und betont: „Eine Stärke der Open Space Technik besteht darin, daß sie in der Lage ist, Gruppen von extremer Diversität bezüglich ihrer Erziehung, ihrer ethnischen Herkunft, ihrer ökonomischen Voraussetzungen, ihrer sozialen Stellung, ihrer politischen Haltung, ihrer Kultur etc. zu einen. Auf einer Konferenz der „Together Foundation", die darauf abzielte, globales Bewußtsein zu fördern, arbeiteten 178 Personen aus 28 Ländern, siebzehn verschiedene Sprachen sprechend, fünf Tage an ihren Aufgaben." (Owen, S. 8)

Das Konferenzthema

Owen hebt allerdings hervor, daß der Open Space nur funktioniert, wenn ein wichtiges Thema im Zentrum der Arbeit steht, das von großer persönlicher Bedeutung für die Teilnehmer ist. *Persönliches Interesse am Thema und die Bereitschaft zur Übernahme von Verantwortung* sind grundlegend. Ohne Leidenschaft für ein Thema und Anteilnahme kann eine Open Space-Konferenz nicht wirkungsvoll sein. Deshalb ist es von herausragender Wichtigkeit, daß der Fokus des Konferenzthemas von Anfang an klar eingegrenzt ist. Das Thema sollte möglichst konkret und anschaulich formuliert werden, so daß sich die unterschiedlichsten Teilnehmer in ihm wiederfinden können.

Zur Rolle des Moderators

Die Leitung einer Open Space Konferenz unterscheidet sich von der Leitung von Zukunftswerkstätten und Zukunftskonferenzen durch eine noch größere Zurücknahme des Moderators. Das Montessori-Prinzip des „Hilf-mir-es-selbst-zu-tun" ist hier so weit auf die Spitze getrieben, daß der Moderator sich im Hintergrund und dennoch in Bereitschaft hält. Owen zufolge hat er die Aufgabe *„Raum und Zeit zu schaffen und zu halten".* Petri (1996, S. 58) bringt dieses veränderte Führungsverhalten pointiert auf die Formel:

„Die Zeiten des intelligenten, energiegeladenen professionellen Leiters im Rampenlicht, der mit perfektem Konferenzdesign die Sache unter Kontrolle hat, sind hier vorbei." Und Owen präzisiert: „Es gibt einen Weg, der den Mißerfolg eines Open-Space-Ereignisses garantiert, und das ist der Versuch, die Kontrolle zu behalten." (Owen, ebd.)

Diese Einsicht entspricht meinen eigenen Erfahrungen in der Leitung von Fortbildungsgruppen: Nachdem wir jahrelang die TeilnehmerInnen mit Vorträgen, genauen Planungen und differenzierten Texten „bearbeitet" hatten, machten wir bei der Leitung von Zukunftswerkstätten die Erfahrung, daß die Aktivität und die Beteiligung der TeilnehmerInnen in dem Maße zunahm, wie wir den Versuch aufgaben, den Prozeß vollständig zu steuern. Hier wirkt das oben skizzierte *Vakuumprinzip:* Nur wenn der Moderator genügend Raum läßt, kann die Gruppe ihr verborgenes Potential entfalten.

Welche erstaunlichen Potentiale dabei frei werden können, erfuhr ein Betriebsleiter von Hewlett-Packard: Auf einer zweitägigen Konferenz entwickelten die Mitarbeiter 140 Projektvorschläge, um die Zukunft eines Zweigwerkes zu sichern. Allerdings ist dieser *Übergang von einer kontrollierenden zu einer freiheitlichen Führung* eine Herausforderung, die ModeratorInnen und Vorgesetzte erst nach und nach erlernen. Was in einer gelungenen Konferenz einfach aussehen mag, ist das Ergebnis jahrelanger Erfahrungen in der Arbeit mit Gruppen.

Open Space Konferenzen basieren auf Selbstorganisationsmechanismen, deren Wirkung einer meiner Studierenden, Dirk Chur, in seiner Magisterarbeit eindrücklich belegt hat: Im Auftrag der Fluggesellschaft Condor untersuchte er, wie man am effektivsten gewährleisten kann, daß Passagiere zügig ihre Plätze im Flugzeug einnehmen. Es zeigte sich, daß rigide Vorschriften (z. B. zuerst die Sitznummern 1–12) erheblich schlechter abschnitten als offene Vorgaben, die die Selbstorganisationsfähigkeiten der Passagiere herausforderten.

Auch hier stellt sich heraus, daß effektivere Formen der Führung nur möglich sind, wenn man gelernt hat, auf die Kräfte des Feldes zu vertrauen. Owen zufolge muß man sich von eingefahrenen Vorstellungen über einen optimalen Ablauf oder optimale Ergebnisse freimachen und dafür sorgen, daß die Gruppe ungehindert sich selbst organisieren kann: „Let it all go!". „The ultimate facilitator will do nothing and remain totally invisible." (Owen, S. 65) Der Moderator ermutigt die Gruppe, indem er dieses Vertrauen überzeugend ausstrahlt und lebt. Owen resümiert: „Wie bei den meisten einfachen Dingen ist es wahr, daß beinahe jeder sie machen kann. Und es ist auch wahr, daß eine optimale Durchführung lebenslange Übung erfordert." (Owen, S. 13)

Diese Aussage mag entmutigend wirken. Das Gegenteil sollte der Fall sein. In der Arbeit mit Gruppen ist es notwendig, zu experimentieren und seinen eigenen Stil zu finden. So sehr wir uns auch bemühen, diese Verfahren rational zu durchleuchten, so bleibt doch immer ein „unerklärbarer" Rest, der auf die Intuition der ModeratorInnen zurückzuführen ist. Und diese Intuition kann man sich nur durch Versuch und Irrtum erwerben.

Dadurch, daß in Verfahren der prozeßorientierten Zukunftsmoderation die Förderung der Eigenverantwortlichkeit der Gruppe im Zentrum des Führungskonzeptes steht, verfügt der Moderator immer über zahlreiche Unterstützer: Gruppen, die erstaunliche Fähigkeiten zur Selbstregulation zeigen – jedenfalls, wenn wir der Versuchung, Kontrolle auszuüben, widerstehen.

Das Gesetz der zwei Füße: Hummeln und Schmetterlinge

Im Open Space-Forum tauchen bewährte Grundprinzipien der Selbstorganisation in leicht modifizierter Form auf. Nach dem „Gesetz der zwei Füße" hat jeder Teilnehmer einer Gruppe das Recht, die Arbeitsgruppe zu verlassen, wenn er das Gefühl hat, dort weder etwas zu lernen, noch etwas beitragen zu können. Nach dem Prinzip der Selbstorganisation wird es abgelehnt, daß einzelne Personen Kontrolle über Inhalte und Form ausüben. Es geht im Sinne Rogers (1984) um ein radikales „Lernen in Freiheit" bzw. im Sinne Cohns um ein Lernen, in dem jeder sein eigener Chef ist, Verantwortung für seinen Lernprozeß übernimmt und dem Prinzip „Störungen haben Vorrang" folgt. In einem von uns veranstalteten Open Space-Forum formulierte ein Teilnehmer seine Einsicht mit folgenden Worten: „Mir ist klar geworden, daß allein ich es bin, der den ersten Schritt zur Veränderung machen kann."

Meist bilden sich aufgrund der Regeln „Hummeln" und „Schmetterlinge" heraus:

„Hummeln sind diejenigen Personen, die sich die Freiheit nehmen, von einer Gruppe zur anderen zu fliegen, sich vertiefen, weiterfliegen und so von einer Gruppe zur anderen befruchtend wirken. Schmetterlinge dagegen nehmen es leichter, sie fliegen ebenfalls von einem Thema zum anderen, aber vertiefen sich in keines. Man findet sie auch auf der Terrasse und im Garten. Sie tragen aber nur scheinbar nicht bei zum großen Thema, oft stehen sie im Zentrum von Leichtigkeit, Spaß und Erholung, und es entwickelt sich kreative Interaktion." (Petri 1996, 59 f.)

In dieser Beschreibung der Funktionen, die unterschiedliche persönliche Haltungen für das Gesamtfeld der Gruppe haben, taucht eine bedeutsame Parallele zu meiner Analyse der Gruppenkonstellation der Beatles auf: Haltungen, die im herkömmlichen, linearen Denken als „Störungen" betrachtet werden, die es zu eliminieren gilt, werden hier als Bereicherung betrachtet. Im Open Space wird der „Traumkörper", also Gefühle, Körperempfindungen, Widerstände, Unlustempfindungen etc. nicht als „störend" eliminiert, sondern werden als wichtige Orientierungslinien benutzt, um das Feld zu finden, an dem ich mit meiner ungeteilten Energie präsent bin. Dabei kommt es auf das Dabeisein an. Nicht alle Mitglieder einer Gruppe müssen besonders begabt und aktiv sein. Auch die Personen im Hintergrund haben eine wichtige Funktion zur Ausbildung und Aufrechterhaltung eines Kreativen Feldes. Das Ganze ist mehr als die Summe seiner Teile.

Die Open Space Technology basiert implizit auf einem nichtlinearen Feld-Verständnis. Wenn ich davon ausgehe, daß im Feld alle nötigen Ressourcen und die Fähigkeit zur Selbstorganisation vorhanden sind, dann ergibt sich ein völlig verändertes Verständnis von Führung und Kontrolle. Vor diesem Hintergrund wird auch verständlich, warum lediglich fünf „Richtlinien" ausreichen sollen, um der Arbeit in den Gruppen einen hinreichenden Rahmen zu geben:

1. Wer immer kommt, ist gerade die richtige Person.
2. Was auch geschehen mag, es ist das einzige, was geschehen kann.
3. Wann immer es beginnt, es ist die richtige Zeit.
4. Vorbei ist vorbei.
5. Wann immer Du denkst, daß etwas geschehen soll – Du bist der einzige, der es tun kann.

Der Moderator soll maximal eine halbe Stunde auf die Erklärung der Grundregeln und die Organisation der Arbeit verwenden. Danach regeln die TeilnehmerInnen ihre Arbeit autonom.

Die Gruppe und der Zeitrahmen

Die *Anzahl der Teilnehmer* ist unbestimmt. Positive Erfahrungen sind mit Gruppen von 5 bis 1000 Personen gemacht worden. Die entscheidende Frage ist, wieviel man benötigt, damit die jeweilige Aufgabe optimal gelöst werden kann. Aus meiner Sicht ist das Open Space-Modell das unstrukturierteste und offenste Verfahren zur Schaffung eines Kreativen Feldes. Von der jeweiligen Zielstellung hängt es ab, in welcher spezifischen Zusammensetzung, wie viele Teilnehmer als optimal anzusehen sind. Grundsätzlich gilt, daß das Anregungspotential bei großen und heterogener Gruppen größer ist, als bei kleinen und homogenen.

Engagierte Teilnehmer übernehmen die Einladungsprozedur selbst. Die Einladung soll so kurz wie möglich sein und nur die nötigsten Informationen enthalten: „Die Kunst besteht darin, genug auszusagen, um Interesse zu erwecken und dabei gleichzeitig soviel offen zu lassen, daß Raum für die wildesten Phantasien bleibt." (Owen, S. 23)

Die Auswahl des Teilnehmerkreises erfolgt nach dem Prinzip der „freiwilligen Selbstselektion", d.h. derjenige der bereit ist, am Open Space teilzunehmen und sich zu engagieren, ist die geeignete Person. Petri (1996, S. 58) schreibt: „Leidenschaft und Verantwortung für das Thema sind Kern der Open Space Technology."

Owen zufolge gilt: Die richtigen Teilnehmer für ein Open Space-Forum sind die Personen, die teilnehmen wollen. Der entscheidende Punkt ist, daß es sich um engagierte Teilnehmer handelt und Owen rät: lieber eine kleine engagierte Gruppe als eine Vielzahl von Menschen, deren Herzen woanders sind.

Auch die Wahl des Zeitrahmens hängt von dem Ziel und dem Teilnehmerkreis ab. Obwohl Owen drei Tage als optimal ansieht, haben wir die Erfahrung gemacht, daß die größten Veränderungseffekte bei fünftägigen Veranstaltungen zu erreichen sind, weil hier genügend Zeit für detaillierte Projektplanungen und freie Räume vorhanden ist.

Zeitplan eines Open Space nach Owen (1997, S. 75)

Erster Tag
   9.00–10.30   Start und Erstellen der Agenda
10.30–12.00   Erste Sitzung
12.00–13.30   Mittag
13.30–15.00   Zweite Sitzung
15.00–16.30   Dritte Sitzung

16.30–17.00 Abendnachrichten (Blitzlicht im
 Plenum)
(Wenn es sich um eine Ein-Tages-Veranstaltung handelt, dann findet anstelle der „Abendnachrichten" eine ca. einstündige Auswertungsplenumssitzung zum Abschluß statt.)

Zweiter Tag (falls notwendig)
9.00–10.30 Überarbeitung der Agenda/Neueste Nachrichten
10.30–12.00 Erste Sitzung
12.00–13.30 Mittag
13.30–15.00 Zweite Sitzung
15.00–16.30 Dritte Sitzung
16.30–17.00 Abendnachrichten (Blitzlicht im Plenum)
(Wenn es sich um eine Zwei-Tages-Veranstaltung handelt, dann findet anstelle der „Abendnachrichten" eine ca. einstündige Auswertungsplenumssitzung zum Abschluß statt.)

Dritter Tag (falls notwendig)
9.00–10.30 Lesen der Berichte und Prioritätenbildung (Bepunktung)
10.30–11.00 Errechnen der Prioritäten (ggf. mit PC)
11.00–12.00 Erstellen von Aktionsplänen
12.00–13.00 Mittagessen
13.00–14.00 Treffen der Aktionsgruppen
14.00–15.00 Abschlußplenum

Gemäß der Theorie des Kreativen Feldes basiert die Open Space Technology auf dem Wissen, daß der Raum nicht leer ist, sondern daß die Mitglieder der Konferenz die Fähigkeit besitzen, selbst eine geeignete Struktur zur Bearbeitung der sie interessierenden Probleme zu schaffen. Der zeitliche Rahmen dient nur als „Gefäß", das die Teilnehmer selbst füllen. Außerdem realisiert das

Open Space-Forum die Erkenntnis, daß Veränderung nur dann wirklich stattfindet, wenn sie von den wirklichen Interessen der Beteiligten getragen wird. Wie werden die Themen gefunden?

Die Idee des offenen Marktplatzes

Wie Petri ausführt, beschränkt sich die Planung der Konferenz auf logistische Fragen und die Formulierung eines Rahmenthemas, das von echter Bedeutung für die jeweilige Organisation und ihre Mitglieder ist. Im Zentrum stehen also „persönlich und organisationell bedeutsame", „generative" Themen, wie etwa die Zukunft einer Organisation, Produktentwicklung, Kundenorientierung usw. Im Unterschied zur Zukunftskonferenz, in der es um einen gemeinsamen Zukunfts-Suchprozeß nach einer klaren Ablaufstruktur geht, bietet das Open Space einen offenen Rahmen, in dem – unter einem Oberthema – jeder das Thema mit engagierten anderen verfolgen kann, das ihn besonders interessiert. In Gegensatz zu Petri meine ich, daß man hier zwei verschiedene Typen von Open Space-Modellen unterscheiden sollte: Solche, die ein gemeinsames Rahmenthema im Fokus haben, und solche, die völlig offen sind. Im letzteren Fall würde sich die Open Space-Technik den Encountergruppen Carl Rogers annähern.

Einführend werden die Regeln vorgestellt, die für jeden lesbar an die Wand gepinnt sind:

The Fourfold Way (Owen 1997)

1. Show up	Zeige Dich
2. Be Present.	Sei mit Deiner vollen Aufmerksamkeit da
3. Tell the Truth.	Sage, was Du denkst
4. Let it all go.	Laß es laufen

Owen zufolge ist der Open Space ein Möglichkeitsraum, in dem jeder die Freiheit, die Fähigkeit und die Verantwortung hat, einen wichtigen persönlichen Beitrag zum Ganzen zu leisten. Nachdem Workshop-InitiatorInnen ihre Themenangebote im

Plenum kurz skizziert haben, notieren sie ihr Thema auf eine Karte und heften diese an eine Pinnwand mit Raum- und Zeitangabe.

Der Marktplatz ist nun eröffnet, und es bilden sich Gruppen, die an verschiedenen Themen arbeiten möchten. Falls das Thema eines Initiators nicht berücksichtigt wird, kann sich diese Person einer anderen Gruppe anschließen. Petri (1996) schreibt: „Auf diese Weise ist jede Person potentiell Initiator, Referent oder Mitglied einer Dialoggruppe, in vielen Fällen sogar Lehrer oder Schüler in freiem Wechsel. Bei einer dreitägigen Konferenz hat jeder die Chance, in mindestens sechs verschiedenen Fokusgruppen mitzuwirken."

Abends kommt die Großgruppe zu einem ca. einstündigen Erfahrungsaustausch zusammen. Ansonsten steht der Abend für die kommunikative Selbstgestaltung der TeilnehmerInnen zur freien Verfügung. Für Owen geht es im Open Space um „High Learning" und „High Play", d. h. die Arbeit soll Spaß machen und einen lustvollen Raum für die Freisetzung der Energien der TeilnehmerInnen schaffen.

Die KISS-Methode: Keep it Short and Simple

Allen Verfahren zur Erzeugung Kreativer Felder, sei es die Zukunftswerkstatt, die Zukunftskonferenz, die Open Space-Konferenz oder das Erfolgsteam, ist gemeinsam, daß sie implizit auf der KISS-Methode basieren:

Keep it short and simple! Wenige einfache und klare Regeln sorgen für Orientierung und ein angenehmes Umfeld. Komplizierte Einführungen entfallen. Von Anfang an sind die TeilnehmerInnen gefordert, eine aktive Rolle einzunehmen und Eigenverantwortung für die Lösung ihrer Probleme zu übernehmen. Während viele Gruppenmethoden auf die Kompliziertheit und Komplexität kommunikativer Prozesse ausgerichtet sind, wird hier die heilende Erfahrung vergleichsweise einfacher Regeln vermittelt.

Open Cyberspace

Den Abschluß der Open Space-Konferenz bildet eine Reflexion in der Gesamtgruppe. Jeder Referent einer Arbeitsgruppe wird gebeten, eine Kurzzusammenfassung in einen Computer einzugeben, so daß ein „open cyberspace" entsteht und die Arbeitsergebnisse von allen Beteiligten eingesehen werden können. Die Texte werden zusammengestellt und gedruckt, so daß am Ende der Konferenz jeder Teilnehmer einen kompletten Bericht über alle Kleingruppenaktivitäten erhält. Im Gruppenraum sollen eine Reihe von PCs stehen, auf denen die Gruppenberichte in möglichst einfacher Form getippt werden. Zum Abschluß eines dreitägigen Open Space werden die Teilnehmer aufgefordert, zunächst die Berichte zu lesen und dann Punkte zu den bearbeiteten Themen zu vergeben, um festzustellen, welche Themen zur Bildung von Aktionsgruppen geeignet sind. Bei kleineren Gruppen kann man die Bepunktung mit Klebepunkten durchführen. Für größere Gruppen empfiehlt Owen die Arbeit mit einer speziellen Software. In Konferenzen mit bis zu 150 TeilnehmerInnen ist es nach unserer Erfahrung aber auch möglich, daß – wie in der Startphase – die Teilnehmer diejenigen Themen auf ein Blatt Papier schreiben, zu denen sie Fokusgruppen bilden möchten. Sie stellen ihr Anliegen in der Mitte des Kreises vor, hängen ihr Blatt an die Wand, und die anderen Interessenten können sich dort eintragen.

Ein kurzes Treffen der so gebildeten Fokusgruppen soll die Möglichkeit bieten, daß die Arbeit im Anschluß an die Konferenz fortgesetzt werden kann. Da es die Initiatoren der Fokusgruppen sind, die sich mit der jeweiligen Idee oder dem Arbeitsergebnis am meisten identifizieren, steigt Petri und Owen zufolge auch die Wahrscheinlichkeit, daß sie das nötige Engagement zum Transfer entwickeln.

Obwohl diese ungewöhnlich optimistische Sicht auf den ersten Blick allem widerspricht, was wir über institutionelle Abwehrroutinen wissen (vgl. Argyris 1997), scheinen Open Space-Konferenzen einen ungewöhnlichen Aktivitätsschub auslösen zu können. Jedenfalls berichteten Trainer von Hewlett-Packard und der Robert Bosch GmbH, die mit ihren Belegschaften nach diesem Verfahren gearbeitet haben, daß bei Beteiligung von ca. 1000 Mitarbeitern innerhalb von nur zwei Tagen über 100 Verbesserungsprojekte entstanden sind. Die Idee der Zukunftskonferenz „Das ganze System in einen Raum" wird hier ganz wörtlich genommen: Während sich die Zukunftskonferenz auf die Arbeit mit den Schlüsselpersonen beschränkt, ermöglicht es die Open Space Technology eine Belegschaft von 1000 Mitarbeitern in einer Halle zu versammeln und unter Leitung eines Moderators zwei Tage lang produktiv arbeiten zu lassen.

Auf jeden Fall ist die Erfahrung einer Open Space Conference für viele Organisationen eine anregende Kontrasterfahrung, die wichtige Anstöße zum Überdenken der tradierten Rituale und Routinen liefern kann. Inwieweit sie allerdings auch Methoden traditioneller Organisationsentwicklung durch Beratungsexperten ersetzen oder lediglich ergänzen kann – etwa im Sinne der Erstellung einer Zwischenbilanz –, bedarf noch der kritischen Überprüfung. Einen Energieschub und ein radikales Umdenken kann eine solche Konferenz aber allemal auslösen.

Anwendungsfelder und Perspektiven

Während Zukunftswerkstätten und Zukunftskonferenzen eher zielorientierte Verfahren sind, in denen mit Hilfe einer klaren Struktur und einer klaren Aufgabenstellung konkret definierte Umsetzungsschritte erarbeitet werden, sehe ich in der Open Space-Technik vor allem ein zieloffenes Verfahren zur Bewußtwerdung eigener Ziele, Wünsche und bislang übersehener Themen. Durch die Möglichkeit „hummel- bzw. schmetterlingsgleich von einer Blüte zur nächsten zu fliegen", ergibt sich eine wunderbare Möglichkeit, sich von den kreativen Potentialen des gesamten Feldes anregen zu lassen. Dadurch kann unsere Perspektivenvielfalt zunehmen, und wir können auf völlig neue Gedanken kommen. Gleichzeitig können aber auch neue persönlich Kontakte, ja sogar persönliche Netzwerke entstehen. Insofern gleicht die Open Space Technology meinem Modell aus dem ersten Band, in dem ich das Kreative Feld in Analogie zur

Tanzfläche in einer Diskothek beschrieben habe. Im Open Space bewegen wir uns frei in einem zunächst chaotisch wirkenden Feld verschiedenster Impulse. Indem wir Anziehungs- und Abstoßungskräfte wahrnehmen und nach und nach diejenigen Themen bzw. Personen herausfinden, die uns am meisten anziehen, gelingt es uns, eine neue Stufe der kreativen Selbstorganisation zu erreichen. Neue Möglichkeiten und Perspektiven werden sichtbar, und uns wird klarer, was wir wirklich wollen. Die Energien im Feld organisieren sich spontan im freien Fluß.

Die entscheidende Frage, die sich an solche Verfahren stellen läßt, ist die, für welchen Bereich ihre Verwendung sinnvoll ist. Zunächst einmal dürfte die Erfahrung der Möglichkeit eines Lernens und Gestaltens in Freiheit für fast jeden von uns eine wichtige Bereicherung sein. Darüber hinaus könnten sich wichtige Anregungen für die Infragestellung unserer oft übertrieben verregelten Konferenz- und Seminar- bzw. Unterrichtsstrukturen ergeben. Wir lernen im Open Space die wichtige Fähigkeit, tradierte Ordnungen und Normen zu hinterfragen, und entdecken, daß es viele verschiedene Möglichkeiten gibt, faszinierende Kreative Felder entstehen zu lassen. Open Space-Konferenzen sind insofern ein Training, das unsere Fähigkeiten entwickelt, Selbstverantwortung zu übernehmen und den Umgang mit echter Freiheit zu erlernen. Weiter könnten sie eine Kreativitäts- und Ideenwerkstatt sein, in der Organisationen von Zeit zu Zeit einen Rahmen schaffen, in dem bislang ungenutzte Potentiale entdeckt werden können.

Mischformen mit Expertenverfahren sind ebenfalls denkbar. Mir schwebt zum Beispiel eine *Sommeruni als Kreativer Think Tank* vor: Ca. 200 Personen treffen sich in angenehmer Umgebung und beginnen mit einem offenen Marktplatz, auf dem sich Gruppen zu sie gemeinsam interessierenden Themen bilden. In zwei jeweils 90-minütigen Vormittagsblocks arbeiten die Gruppen eigenständig an ihren gewählten Themen. Nachmittags stehen bei Bedarf „Abrufexperten" zur Verfügung, die die Gruppen entsprechend ihren Bedürfnissen zur Bearbeitung ihrer Themen hinzuziehen können. Abends werden Kurzvorträge angeboten. Am Ende der Woche findet eine Plenumsveranstaltung statt, in der die Gruppen ihre Ergebnisse vorstellen.

Mithilfe meiner Theorie Kreativer Felder, der sich daraus ableitenden Instrumente und den Praxisverfahren Zukunftswerkstatt, Zukunftskonferenz und Open Space Technology lassen sich leicht neuartige Konferenzsysteme schaffen, die uns helfen, überraschend neue soziale Räume zu erschließen. Wer oder was hindert uns, damit zu beginnen?

In diesem Kapitel finden LeserInnen, die sich intensiver mit einem speziellen Verfahren zur Entwicklung Kreativer Felder beschäftigen möchten, weitere Informationen. Um den Praxistransfer zu erleichtern, füge ich eine kommentierte Literaturauswahl an und gebe Hinweise auf weiterführende Internetadressen, Moderatoren und Ausbildungsmöglichkeiten.

Literatur zur Zukunftswerkstatt

Jungk, R. & Müllert, N. (1989). Zukunftswerkstätten. Mit Phantasie gegen Routine und Resignation. München: Heyne (Nr. 73)
Das Standardwerk für jeden, der mit Zukunftswerkstätten arbeiten will. Leicht lesbare Einführung in das Konzept sowie Hilfestellungen zur Umsetzung.

Sellnow, R., Becker-Freyseng, A., Fietkau, H. J. & Länge, T. (1990) „Bürgerforum und Zukunftswerkstatt" (Päd. Arbeitsstelle des Volkshochschulverbandes: Holzhausenstr. 21, 6000 Frankfurt 1).
An zahlreichen Beispielen aus der Arbeit in der Erwachsenenbildung wird beschrieben, wie mithilfe von Bürgerforen und Zukunftswerkstätten der politische Diskurs der Bürger wiederbelebt werden kann. Insbesondere ist Fietkaus Bericht über Mediationsverfahren anregend für weiterführende Überlegungen.

Kuhnt, B. & Müllert, N. (1996). Moderationsfibel Zukunftswerkstätten. Münster: Ökotopia.
Ein sehr nützliches „Praxisbuch zur Sozialen Problemlösemethode Zukunftswerkstatt." Übersichtlich gegliedert werden viele Hinweise zur Gestaltung der einzelnen Phasen gegeben.

Burow, O.-A. & Neumann-Schönwetter, M. (Hg.) (1995/1998). Zukunftswerkstatt in Schule und Unterricht. Hamburg: Bergmann & Helbig.
Langjährig tätige Zukunftswerkstätten-ModeratorInnen stellen Theorie und Praxis der Zukunftswerkstatt dar. Im Praxisteil finden sich konkrete Ablaufpläne und Beispiele, wie die Zukunftswerkstatt als Instrument der Organisationsentwicklung genutzt werden kann.

Stange, W. (1996). Planen mit Phantasie. Zukunftswerkstatt und Planungszirkel für Kinder und Jugendliche. Herausgegeben vom Deutschen Kinderhilfswerk. 10179 Berlin: Rungestr. 20
Ausgezeichnete Darstellung eines Planungsmodells, mit dem Kinder und Jugendliche an kommunalen Planungsprozessen in Zusammenarbeit mit dem Land Schleswig-Holstein beteiligt werden. Hierzu ist auch ein informatives Video erhältlich.

Jungk, R. & Burow, O.-A: (1991). Videomitschnitt eines 80-minütigen Interviews mit Robert Jungk in der Internationalen Bibliothek für Zukunftsfragen.

Das Video ist ein einfacher VHS-Mitschnitt ohne besondere technische Bearbeitung. Es ist der einzige Interviewmitschnitt, in dem sich Robert Jungk detailliert zur Entwicklung der Methode Zukunftswerkstatt äußert und sie in einen größeren politischen Rahmen einordnet.

Kontakt: burow@hrz.uni-kassel.de

Literatur zur Zukunftskonferenz

Bonsen, M. zur (1994). Führen mit Visionen. Der Weg zum ganzheitlichen Management. Wiesbaden: Gabler.

Die Rolle von Visionen bei der Organisationsentwicklung wird detailliert beleuchtet und anhand des Verfahrens der Zukunftskonferenz wird anschaulich gezeigt, wie man die Entwicklung von Visionen für die Initiierung institutionellen Wandels nutzen kann.

managerSeminare (1998). Zukunftskonferenz. Heft 33, S. 104–114

Isis Herzog gibt einen Einblick in die Zukunftskonferenz und zeigt, wie dieses Konferenzsystem bei verschiedenen Firmen mit Erfolg angewendet wurde. Walter Gasior, Leiter des zentralen Ideenmanagements bei Siemens, beschreibt Erfolgsvoraussetzungen für Zukunftskonferenzen, und Matthias zur Bonsen beschreibt „Neue Dimensionen der Effektivität".

Burow, O.-A. (1996). Lernen für die Zukunft – oder die „fünfte Disziplin des Lernens". In: Nachhaltige Entwicklung. Aufgabe der Bildung. Berlin: BUND Landesverband Berlin. S. 33–42

In diesem Aufsatz wird der Stellenwert der Zukunftskonferenz im Rahmen der Umweltbildung herausgearbeitet.

Weisbord, M. (1992) (Hg.). Discovering Common Ground. San Francisco: Berrett-Koehler.

Siebenunddreißig AutorInnen aus verschiedenen Ländern berichten über ihre Erfahrungen mit der Zukunftskonferenz. Das Standardwerk für diejenigen, die mehr über die Hintergründe wissen möchten.

Weisbord, M. & Janoff, F. (1995). Future Search. An Action Guide to Finding Common Ground in Organization & Communities. San Francisco: Berrett-Koehler.

Ein Buch im Stile der amerikanischen „How-To-Anleitungen". Ohne große Umwege und Schnörkel wird klar und einfach über die Möglichkeiten, Zukunftskonferenzen zu gestalten, berichtet. Gut aufbereitete Informationen von einem der Begründer der Methode aus erster Hand.

Weisbord, M. (1996). Zukunftskonferenzen 1: Methode und Dynamik. In: Organisationsentwicklung 1, S. 4–13

Weisbord, M. (1996). Zukunftskonferenzen 2: M. Weisbord im Gespräch mit Joe Flower. In: Organisationsentwicklung 1, S. 14–23

Marvin Weisbord gibt hier einige interessante Hinweise über Verwendungsweisen und Hintergründe der Zukunftskonferenz.

Videofilm: Zukunftskonferenz Kreisstadt Viersen.

Vom 5.–7. Juni 1998 hat in der Kreisstadt Viersen die erste Zukunftskonferenz einer Stadt in Deutschland stattgefunden. Eriko Makinose hat darüber einen instruktiven 45minütigen Film hergestellt. Hier wird deutlich, wie die Zukunftskonferenz als Instrument der Stadtentwicklung genutzt werden kann.

Literatur zur Open Space Technology

Owen, H. (1997). Open Space Technology. San Francisco: Berett-Koehler.

Knappe, instruktive und anschauliche Einführung in die Entstehung des Open Space-Ansatzes. Owen beschreibt ganz im Geist der amerikanischen „How-to"-Bücher, was man bei der Durchführung einer Open Space-Konferenz berücksichtigen muß.

managerSeminare (1999). Open-Space-Konferenz: Wie Sie 1000 Köpfe für sich denken lassen. Heft 35, S. 92–100

Isis Herzog gibt einen Einblick in das Open Space-Konzept und zeigt, wie dieses Konferenzsystem bei Firmen wie Daimler-Chrysler, der DASA oder dem TÜV verwendet wurde. Ein Interview mit der Moderatorin Katharina Petri gibt weitere Einblicke.

Maleh, C. (2000). Open-Space: Effektiv arbeiten mit großen Gruppen. Ein Handbuch für Anwender, Entscheider und Berater. Weinheim: Beltz.

Anschaulich gestaltetes und instruktives Handbuch für die Durchführung von Open Space-Konferenzen.

Petersen H.C. (2000). Open Space in Aktion. Kommunikation ohne Grenzen. Paderborn: Junfermann.

Brauchbarer Leitfaden für die Durchführungen von Open Space-Konferenzen.

Petri, K. (1996). Let's Meet in Open Space! Die Story von Kaffeepausen, Chaotischen Attraktoren und Organisationstransformation. In: Organisationsentwicklung 2, S. 56–65

Überblicksartige, anschauliche Einführung in das Open Space-Konzept.

Videofilm zum Open Space: Mit Wissen zum Erfolg? Leben und Arbeiten in der Wissensgesellschaft.

Videomitschnitt einer Open Space-Konferenz, die wir im Januar 1999 an der Universität Kassel mit Studierenden, Hochschullehrern und Vertretern von Institutionen und der Wirtschaft durchführten. Der dreißigminütige Film gibt nicht nur einen anschaulichen Einblick in den Ablauf einer solchen

Konferenz, sondern erläutert auch Vorgehensweisen und Moderationsregeln.
Kontakt: burow@hrz.uni-kassel.de
Videofilm zum Open Space: Arbeitserleichterung durch Kooperation.
Videomitschnitt einer Open Space-Konferenz, die wir im Juni 1998 im Modellversuch für institutionalisierte Kooperationsformen mit vier Grundschulkollegien durchgeführt haben. Der fünfundvierzigminütige Film zeigt, wie die Open Space Technology im Rahmen der Schulentwicklung eingesetzt werden kann.
Kontakt: burow@hrz.uni-kassel.de

Literatur zum Erfolgsteam

Bergmann, U. (1998). Erfolgsteams – der ungewöhnliche Weg, berufliche und persönliche Ziele zu erreichen. Landsberg: verlag moderne industrie.
Umfassende, sehr praxisnahe Darstellung des Erfolgsteam-Konzepts.

Literatur zum Dialogkonzept

Bohm, D. (1998). Der Dialog. Das offene Gespräch am Ende der Diskussionen. Stuttgart: Klett-Cotta.
Umfassende und theoretisch fundierte Darstellung des Dialog-Konzepts. Das Standardbuch für alle, die sich mit diesem Ansatz näher beschäftigen möchten.
Hartkemeyer M.&J.F., Dorithy, L.F. (1998). Miteinander Denken. Das Geheimnis des Dialogs. Stuttgart: Klett-Cotta.
Während es Bohm in seinem Band vor allem darum geht, das Dialog-Konzept theoretisch fundiert herzuleiten, haben die AutorInnen des vorliegenden Bandes ein vorzügliches Praxisbuch vorgelegt. Der Leser erhält nicht nur einen anschaulichen Einblick in die Praxis des Dialogs, sondern darüber hinaus vielfältige Hinweise für die Verwendung des Dialogs im

sozialen Alltag, in Schulen, in Organisationen und in den Feldern Politik und Ökologie.

Internet-Adressen

http://www.zurbonsen.de
Der Organisationsberater Dr. Matthias zur Bonsen setzt sich sehr engagiert für die Verbreitung der Zukunftskonferenz und anderer Verfahren zum „Schnellen Wandel in großen Gruppen" ein. Seine Homepage ist ausgezeichnet aufgebaut und gibt einen guten Einblick in das Gebiet. Links zu den Hompages von Marvin Weisbord mit seinem Search Net, zu Harrison Owens Open Space Institute und zu anderen Vertretern der Großgruppenmoderation ermöglichen eine schnelle und umfassende Recherche zu allen interessierenden Fragen.

http://www.uni-kassel.de/fb1/burow
Unter dieser Adresse findet man Texte zu Verfahren der Prozeßorientierten Zukunftsmoderation und zur Gestaltpädagogik. Man kann sich über die Arbeit unseres Instituts für Synergie und soziale Innovationen (ISI) informieren und erhält Hinweise zu aktuellen Ausbildungs- bzw. Veranstaltungsangeboten für die hier dargestellten Verfahren zur Bildung Kreativer Felder. Im Aufbau befinden sich eine Seite zur Theorie des Kreativen Feldes, zum Dialog-Konzept sowie Methoden- und Literaturhinweise. Neben praxisbezogenen Texten sind Seiten geplant, die Ergebnisse wissenschaftlicher Arbeiten zur Großgruppenarbeit und zur Theorie des Kreativen Feldes darstellen.

http://www.euro-moderator.de
Angebot eines Ausbildungsprogramms in Verfahren der Prozeßorientierten Zukunftsmoderation.

http://www.isi-partner.de
Homepage des Instituts für Synergie und soziale Innovationen und seiner Partner. Ausbildungsangebote.

Kontaktadressen

Internationale Bibliothek für Zukunftsfragen
Robert-Jungk-Stiftung
Imbergstr. 2
A-5020 Salzburg   Tel. 00 43-6 62-87 32 06
                                     bzw.   87 12 96
                         Fax: 00 43-6 62-87 12 96

Die Internationale Bibliothek gibt die Renzensionszeitschrift „pro Zukunft" heraus und bietet einen Recherchedienst für alle Fragen der partizipativen Zukunftsgestaltung.

ISI – Institut für Synergie und soziale Innovation
Das Institut für Synergie und soziale Innovationen entwickelt wissenschaftlich überprüfte Konzepte zur Formung von persönlichen Potentialen zu Kreativen Feldern. Wir gestalten offene Begegnungsräume, in denen Sie Neues an sich und anderen entdecken können. Kreative Felder entstehen aus dem freien Spiel aller Mitglieder eines Systems, die Freude daran haben, Zukünfte zu entwerfen und ihre Visionen Wirklichkeit werden zu lassen. Synergiepartner finden sich und erweitern ihre Fähigkeiten in der gemeinsamen Arbeit. Ungenutzte Potentiale werden frei. Der „Gemeinsame Grund" wird entdeckt. Wandel geschieht in Selbstorganisation.

Das Institut bietet die Durchführung von Konferenzen mit Verfahren der Zukunftsmoderation und darüber hinaus entsprechende Fortbildungen an – insbesondere zu:

- Zukunftswerkstatt
- Zukunftskonferenz
- Open Space Konferenz
- Community Building
- Dialogverfahren

Das ISI ist ein Forschungs-, Ausbildungs- und Beratungsinstitut. Es steht in der Tradition der Zukunftsforschung Robert Jungks, der Feldtheorie Kurt Lewins sowie von Verfahren der Humanistischen Psychologie. Wir verknüpfen diese Ansätze mit Konzepten der Organisationsentwicklung und Großgruppenverfahren. Unsere eigenen Forschungen zielen auf die Entwicklung von Theorie und Praxis Kreativer Felder. Unsere Trainer und Partner sind Experten aus Universitäten, Weiterbildung und Firmen.

Moderatorenausbildung und Moderatorenvermittlung

Das ISI- Institut für Synergie & soziale Innovationen bietet berufsbegleitende Moderatorenausbildungen an, in der die Grundlagen Prozeßorientierter Zukunftsmoderation und Methoden zur Gestaltung Kreativer Felder vermittelt werden. Neben den verschiedenen Verfahren Zukunftswerkstatt, Zukunftskonfererenz, Open Space, Erfolgsteam, Dialog sind je nach Aufgabenstellung auch Metaplantechniken sowie Konzepte der Gesprächsführung, der Gestaltpädagogik, des Neurolinguistischen Programmierens (NLP), der Kreativitätsförderung sowie der Prozeßmoderation einbezogen.

Während das ISI ein gemeinnütziges Ausbildungs- und Forschungsinstitut ist, beschäftigt sich das ISI-Partner-Netzwerk mit der Vermittlung von ModeratorInnen. Es ist ein Zusammenschluß von ModeratorInnen, die an einer ISI-Zukunftsmoderations-Ausbildung teilgenommen haben und die Qualitätsstandards des ISI erfüllen, regelmäßig an Fortbildungen teilnehmen und über den neuesten Stand der Prozeßorientierten Zukunftsmoderation in Theorie und Praxis verfügen.

Kontakt:
- Prof. Dr. Olaf-Axel Burow
  FB 01 Universität GhK
  34109 Kassel   burow@hrz.uni-kassel.de
- Dr. Heinz Hinz   hinz-roesner@t-oneline.de
- Dipl.Kfm. Jörg Lechner   JoergLechner@t-oneline.de

Das ISI fördert darüber hinaus Forschungsarbeiten zum Kreativen Feld und bietet entsprechende Publikationen, Filme und Materialien.

Aktuelle Informationen zum ISI entnehmen Sie bitte unserer Homepage:

http://www.isi-partner.de
http://www.uni-kassel.de/fb1/burow
http://www.euro-moderator.de

Albery N. Institute for Social Inventions. 20 Heber Road. London NW 2 6AA/UK. Diverse Veröffentlichungen. Best Ideas – A Compendium of Social Innovations; The Book of Visions. An Enzyclopaedia of Social Innovations.

Apel H. (Hg.) (1998) Wege zur Zukunftsfähigkeit. Ein Methodenhandbuch. Bonn: Stiftung Mitarbeit.

Apel H. & Günther B. (1998) Mediation und Zukunftswerkstatt. Prozeßwerkzeuge für die Lokale Agenda 21. Frankfurt/M.: Deutsches Institut für Erwachsenenbildung.

Argyris C. (1997) Wissen in Aktion. Eine Fallstudie zur lernenden Organisation. Stuttgart: Klett-Cotta.

Bechmann A. (1998). Vom Technikoptimismus zur Auflösungsgesellschaft. Geschichte der Zukunftsforschung. In: „Zukunft". Jahresheft 98. Seelze: Friedrich-Verlag, S. 10–17

Beck U. (1986) Risikogesellschaft. Auf dem Weg in eine andere Moderne. Frankfurt: Suhrkamp.

Bennis W. & Biedermann P. W. (1998) Geniale Teams. Das Geheimnis kreativer Zusammenarbeit. Frankfurt: Campus.

Bennis W. (1997) Zur „Vorhut von Anführern" gehören. In: Gibson R. (1997) Rethink the Future, S. 223–242.

Berendt J. E.(1996) Das Leben ein Klang. München: Droemer Knaur.

Berendt J. E. (1983) Nada Brahma. Die Welt ist Klang. Frankfurt: Fischer Transformation

Bergmann U. (1998) Erfolgsteams – der ungewöhnliche Weg, berufliche und persönliche Ziele zu erreichen. Landsberg: verlag moderne industrie.

Besemer I., Dürr P., Frank A., Gairing F., Riedel A., Weikinnis H. & Wenzel H. (1998) Team(s) lernen Team Arbeit. Lernkonzepte für Gruppen- und Teamarbeit. Weinheim: Deutscher Studienverlag.

Binnig G: (1992) Aus dem Nichts. Über die Kreativität von Natur und Mensch. München: Piper.

Bohm D. (1998) Der Dialog. Das offene Gespräch am Ende der Diskussionen. Stuttgart: Klett-Cotta.

Bonsen M. zur (1994) Energiequelle Zukunftskonferenz. In: Harvard Business Manager 3.

Bonsen M. zur (1994) Führen mit Visionen. Der Weg zum ganzheitlichen Management. Wiesbaden: Gabler.

Bourdieu P. (1992) Die verborgenen Mechanismen der Macht. Hamburg.

Bourdieu P. (1982) Die feinen Unterschiede. Zur Kritik der gesellschaftlichen Urteilskraft. Frankfurt: Suhrkamp.

de Bono E. (1992) Laterales Denken. Der Kurs zur Erschließung Ihrer Kreativitätsreserven. Düsseldorf & Wien: Econ.

Brodbeck K.-H. (1995) Entscheidung zur Kreativität. Darmstadt: Wissenschaftliche Buchgesellschaft.

Buber M. (1992) Das Dialogische Prinzip. Gerlingen: Lambert Schneider.

Bunker B. B. & Alban B. T. (1996) Large Group Interventions: Engaging the Whole System for Rapid Change. Jossey-Bass.

Bürmann J. (1992) Persönlich bedeutsames Lernen. Bad Heilbrunn: Klinkhardt.

Bürmann, Dauber & Holzapfel (Hg.) (1997) Humanistische Pädagogik in Schule, Hochschule und Weiterbildung. Lehren und Lernen in neuer Sicht. Bad Heilbrunn: Klinkhardt.

Burow. O.-A. (1999) Die Individualisierungsfalle. Kreativität gibt es nur im Plural. Stuttgart: Klett-Cotta.

Burow O.-A. (1998) Der Arbeitsplatz als Kreatives Feld. In: Arbeitsplatz Schule. Friedrich Jahresheft XVI. Seelze: Friedrich Verlag, S. 120–124

Burow O.-A. (1997) Wie man Zukunft (er-)finden und gestalten kann. In: Bürmann, Dauber & Holzapfel (Hg.), S. 223–244

Burow O.-A. (1997) Mit Rezepten aus der Wirtschaft das Bildungswesen heilen? In: Krüger H. H. & Olbertz J. H. (Hg.) (1997) Bildung zwischen Staat und Markt. Opladen: Leseke und Budrich, S. 641–662.

Burow O.-A. (1996) Lernen für die Zukunft – oder die „fünfte Disziplin des Lernens". In: Nachhaltige Entwicklung – Aufgabe der Bildung. Symposium des Modellversuchs SchUB. Berlin: BUND Landesverband Berlin, S. 33–42

Burow & Neumann-Schönwetter (Hg.) (1995/1998) Zukunftswerkstatt in Schule und Unterricht. Hamburg: Bergmann & Helbig. Überarbeitete Neuauflage 1998.

Burow O.-A. (1995) Zukunftswerkstatt als Instrument der Schulentwicklung. In: Beratung und Schule. Weilburg: HILF.

Burow O.-A. (1993) Gestaltpädagogik: Trainingskonzepte und Wirkungen. Paderborn: Junfermann.

Burow O.-A. & Renner G. (1993) Zukunftswerkstatt: Denken und Handeln für ein ökologisches Europa. Berlin: Stiftung Verbraucherinstitut. 10785 Berlin, Reichpietschufer 74–76. (Wiss. Projektbetreuung und Redaktion: V. Bisenius; P. Gnielcyk & M. Heiland)

Burow O.-A. (1992) Synergie als handlungsleitendes Prinzip Humanistischer Pädagogik. Konsequenzen für kooperatives Lernen in der Schule. In: Buddrus V. (Hg.) (1992) Die „verborgenen" Gefühle in der Pädagogik. Impulse und Beispiele aus der Humanistischen Pädagogik zur Wiederbelebung der Gefühle. Hohengehren: Schneider Verlag, S. 97–112

Burow O.-A. (1991) Give Peace a Chance. John Lennon als Symbol unserer Suche nach Identität und Engagement. Ein gestaltpädagogisches Unterrichtsmodell. In: Burow & Kaufmann (Hg.) Gestaltpädagogik in Praxis und Diskussion. Berlin: HdK.

Burow O.-A. (1988) Grundlagen der Gestaltpädagogik. Dortmund: verlag modernes lernen.

Buzan T. & Buzan B. (1996) Das Mind-Map-Buch. Landsberg: mvg.

Calvin W. H. (1994) Der Strom, der bergauf fließt. Eine Reise durch die Evolution. München: Hanser.

Cohn R. C. & Farau A. (1984) Gelebte Geschichte der Psychotherapie. Zwei Perspektiven. Stuttgart: Klett-Cotta.

Cohn R. C. (1975) Von der Psychonanalyse zur Themenzentrierten Interaktion. Stuttgart: Klett-Cotta.

Coleman R. (1985) John Lennon. Eine Biographie. München: Knaur.

Copei F. (1995) Der fruchtbare Moment im Bildungsprozeß (1930) 3. Aufl.: Heidelberg: Quelle & Meyer.

Csikszentmihalyi M. (1992) Flow. Das Geheimnis des Glücks. Stuttgart: Klett-Cotta.

Csikszentmihalyi M. (1997) Kreativität. Stuttgart: Klett-Cotta.

Damasio A. R. (1997) Descartes Irrtum. Fühlen, Denken und das menschliche Gehirn. München: dtv.

Dauber H. (1997) Grundlagen Humanistischer Pädagogik. Klinkhardt-Verlag: Bad Heilbrunn.

Dauber H. (1997) Lernfelder der Zukunft. Klinkhardt-Verlag: Bad Heilbrunn.

Dauscher U. (1995) Moderationsmethode und Zukunftswerkstatt. Neuwied: Luchterhand.

Dienl P. C. (1992) Die Planungszelle. Eine Alternative zur Establishment-Demokratie. Opladen: Westdeutscher Verlag.

Drucker P. F. (1993) Die postkapitalistische Gesellschaft. Düsseldorf: Econ.

Drucker P. F. (1993) Die postkapitalistische Gesellschaft. Düsseldorf: Econ.

Eisenhardt P., Kurth D. & Stiehl H. (1995) Wie Neues entsteht. Die Wissenschaften des Komplexen und Fraktalen. Reibek: rororo.

Etzoni A. (1994) Jenseits des Egoismus-Prinzips. Ein neues Bild von Wirtschaft, Politik und Gesellschaft. Stuttgart: Schäffer Poeschel.

Fatzer G. (Hg.) (1996). Organisationsentwicklung und Supervision: Erfolgsfaktoren bei Veränderungsprozessen.

Flitner A. (1992) Reform der Erziehung. München: Piper.

Fölsing U. (1999) Geniale Beziehungen. Berühmte Paare in der Wissenschaft. München: Ch. Beck.

Förster H. v. (1993) KybernEthik. Berlin: Merve. Darin: Lethologie, S. 126–160

Freinet E. (1981) Erziehung ohne Zwang. Stuttgart: Klett.

Fromm E. (1979) Haben oder Sein. Die seelischen Grundlagen einer neuen Gesellschaft. München: dtv.

Fullan G. M. (1995) The New Meaning of Educational Change. London: Cassel.

Gardner H. (1997) Die Zukunft der Vorbilder. Das Profil der innovativen Führungskraft. Stuttgart: Klett-Cotta.

Gardner H. (1996) So genial wie Einstein. Schlüssel zum kreativen Denken. Stuttgart: Klett-Cotta.

Gardner H. (1992) Das Denken des ungeschulten Kopfes. Stuttgart: Klett-Cotta.

Gardner H. (1991) Abschied vom IQ. Die Rahmen-Theorie der vielfachen Intelligenzen. Stuttgart: Klett-Cotta.

Gates B. (1995) Der Weg nach vorn. Hamburg: Hoffman & Campe.
Gebhardt E. (1992) Kreativität und Mündigkeit. Weinheim: Deutscher Studienverlag.
Gerken G. (1990) Management by love. Düsseldorf: Econ.
Geus, A. (1998) Jenseits der Ökonomie. Die Verantwortung der Unternehmen. Stuttgart: Klett-Cotta.
Gibson R. (Hg.) Rethinking the Future. So sehen Vordenker die Zukunft von Unternehmen. Landsberg: verlag moderne industrie.
Glasl F. (1994). Konfliktmanagement. Ein Handbuch für Führungskräfte und Berater. 4. Auflage. Bern: Verlag Paul Haupt.
Goeudevert D. (1996) Wie ein Vogel im Aquarium. Aus dem Leben eines Managers. Berlin: Rowohlt.
Goldmann A. (1989) John Lennon. Ein Leben. Wunderlich.
Goleman D. (1997) Emotionale Intelligenz. München: dtv.
Goleman D., Kaufmann P. & Ray M. (1997). Kreativität entdecken. München: Hanser.
Greif S. & Kurtz H. J. (1996) Handbuch Selbstorganisiertes Lernen. Göttingen: Verlag für Angewandte Psychologie.
Groß T. (1997) Der Schnitt des Jahrhunderts. In: die tageszeitung, 6.6., S. 15
Grunder U. (Hg.) (1996) Utopia. Baltmannsweiler: Burgbücherei Schneider.
Guilford, J.P. (1950). Creativity. In: American Psychologist, S. 205–208
Guntern G. (Hg.) (1995) Intuition und Kreativität. Zürich: Scalo-Verlag.
Haken H. (1990) Synergetik. Die Lehre vom Zusammenwirken. Berlin: Ullstein.
Haken H. & Haken-Krell M. (1992) Erfolgsgeheimnisse der Wahrnehmung. Synergetik als Schlüssel zum Gehirn. Stuttgart: DVA.
Heidack C. (HG.): Lernen der Zukunft. Kooperative Selbstqualifikation – die effektivste Form der Aus- und Weiterbildung im Betrieb. München 1993.
Hentig H. v. (1998) Kreativität. Hohe Erwartungen an einen schwachen Begriff. München: Hanser.

Hermann A: (1994) Heisenberg. Hamburg: rororo.
Holman P. & Devane T. (1999) The Change Handbook. Group Methods for Shaping the Future. San Francisco: Berrett-Koehler.
Horgan J. (1997) An den Grenzen des Wissens. München: Luchterhand.
Horx M. (2000). Die acht Sphären der Zukunft. 2. Aufl. Wien: Signum-Verlag.
Horx M. (1997) Das Zukunfts-Manifest. Wie wir uns auf das 21. Jahrhundert vorbereiten können. Düsseldorf: Econ.
Hutchinson F. P. (1996) Education Beyond Violent Futures. New York: Routledge.
Imaii M (1992): Kaizen. Der Schlüssel zum Erfolg der Japaner im Wettbewerb. Berlin.
Jeanmaire A. (1997) Der kreative Funke: wie sie Farbe in ihr Leben bringen. Kreativität und Lebenskunst. München: Ariston-Verlag.
Jungk R. (1991). „In jedem Menschen steckt viel mehr, als er weiß." Ein Interview. In: Burow O.-A: & Neumann-Schönwetter M. (Hg.) (1995). Zukunftswerkstatt in Schule und Unterricht. Hamburg: Bergmann & Helbig Verlag, S. 95–104
Jungk R. (1993) Trotzdem. Mein Leben für die Zukunft. München: Hanser.
Jungk R. & Müllert N. (1989) Zukunftswerkstätten. Mit Phantasie gegen Routine und Resignation. München: Heyne (Nr. 73)
Kaku M. (1998) Zukunftsvisionen. Wie Wissenschaft und Technik des 21. Jahrhunderts unser Leben revolutionieren. München: Lichtenberg.
Kao J. (1997) Die Vorzüge der betrieblichen „Unordnung". In: Pierer H. v. & Oetinger B. v. (Hg.) (1997) Wie kommt das Neue in die Welt? München: Hanser, S. 319–330
Kasper H. (1995) Kreative Schulpraxis. München: Lexika Verlag.
Kebir S. (1997) Ich fragte nicht nach meinem Anteil. Elisabeth Hauptmanns Arbeit mit Bertolt Brecht. Berlin: Aufbau.
Kebir S. (1998) Ein akzeptabler Mann? Brecht und die Frauen. Berlin: Aufbau.
Kelly K. (1999) NetEconomy. Zehn radikale Strategien für die Wirtschaft der Zukunft. München: Econ.

Kelly K. (1997) Das Ende der Kontrolle. Bollmann.
Kelly K. (1997) Die neue Biologie des Unternehmens. In: Gibson (1997), S. 357–380
Kinlaw D. C. (1993) Spitzenteams. Wiesbaden: Gabler.
Koring B. (1997) Lernen und Wissenschaft im Internet. Klinkhardt-Verlag: Bad Heilbrunn.
Kris E. & Kurz O. (1995) Die Legende vom Künstler. Ein geschichtlicher Versuch. Frankfurt: Suhrkamp.
Kuhn T. (1967) Die Struktur wissenschaftlicher Revolutionen. Frankfurt: Suhrkamp.
Kuhnt B. & Müllert N. (1996) Moderationsfibel Zukunftswerkstätten. Münster: Ökotopia.
Langmaak B. & Braune-Krickau M. (1994) Wie die Gruppe laufen lernt. Anregungen zum Planen und Leiten von Gruppen. (4. Aufl.) Weinheim: Beltz & PVU.
Lennon J. (1981) Lennon über Lennon. Abschied von den Beatles. Hamburg: rororo.
Levy P. (1996) Die kollektive Intelligenz. Eine Anthropologie des Cyberspace. Mannheim: Bollmannn.
Levy, S. (1996) Künstliches Leben aus dem Computer. München: Knaur.
Lipnack J. & Stamps J. (1998) Virtuelle Teams. Projekte ohne Grenzen. Wien: Ueberreuter.
Lück H. E. (1996) Die Feldtheorie und Kurt Lewin. Weinheim: pvu.
Lovelock J. (1991) Das Gaia-Prinzip. Zürich: Artemis & Winkler.
Lozanov G. (1979) Suggestology and Outlines of Suggestopedia. New York.
Maar C., Pöppel E. & Christaller T. (Hg.) Die Technik auf dem Weg zur Seele. Forschungen an der Schnittstelle Gehirn/Computer. Reinbek: rororo
Maleh, C. (2000). Open-Space: Effektiv arbeiten mit großen Gruppen. Ein Handbuch für Anwender, Entscheider und Berater. Weinheim: Beltz.
Malik F. (1999) Der Mythos vom Team. Psychologie Heute, Heft 8, S. 32–35.
Malorny C., Schwarz W. & Backera H. (1997) Die sieben Kreativitätswerkzeuge. München: Hanser.

Mandl H. (1999) Die Blütezeit für Teamarbeit wird erst noch kommen. Ein Gespräch mit Gruppenforscher Heinz Mandl über Teamwork und die Zukunft der Wissensgesellschaft. In: Psychologie Heute, Heft 8, S. 36–39

Martin G. (1996) Summer Of Love. Wie Sgt. Pepper entstand. Berlin: Henschel Verlag.

Messmann A.: Visionen und das Ende des „Wahr-Falsch-Spiels". In: Transformationen, 3 (1996), S. 78–80

Meyer-Abich K.M. (1988) Wissenschaft für die Zukunft. Holistisches Denken in gesellschaftlicher und ökologischer Verantwortung. München: Beck.

Miles B. (1998) Paul Mc Cartney. Many Years From Now. Hamburg: Rowohlt.

Minois G. (1998) Geschichte der Zukunft. Orakel, Prophezeiungen, Utopien, Prognosen. Düsseldorf: Artemis & Winkler.

Neffe J. (1999) Das Gehirn des Jahrhunderts. In: Der Spiegel, 50, S. 259–280

Negt O. (1997) Kindheit und Schule in einer Welt der Umbrüche. Göttingen: Steidl.

Negt O. & Burow O.-A. (1998) Nur noch die Utopie ist realistisch. In: Friedrich Jahresheft Schüler: Zukunft. Seelze: Friedrich-Verlag.

Noack P. (1996) Eine Geschichte der Zukunft. Bonn: Bouvier.

Oech R. v. (1992) Denk-Anstoß. Ein Kreativitäts-Workshop. 64 Wege zu mehr Ideen und Erfolg. München: Hugendubel.

Osborne, A. (1963). Applied Imagination: Principles and Procedures of Creative Problem Solving. New York.

Owen H. (1997) Open Space Technology. San Franzisco: Berrett-Koehler.

Perls, F. S., Hefferline, R. F. & Goodmann P. (1979). Gestalt-Therapie. Wiederbelebung des Selbst (II): Stuttgart: (jetzt: Klett-Cotta, 8. Aufl. 1996)

Petersen H. C. (2000). Open Space in Aktion. Kommunikation ohne Grenzen. Paderborn: Junfermann.

Petri K. (1996) Let`s Meet in Open Space! Die Story von Kaffeepausen, Chaotischen Attraktoren und Organisationstransformation. In: Organisationsentwicklung 2, S. 56–65

Pierer H. v. & Oettinger B. v. (Hrsg.) (1997) Wie kommt das Neue in die Welt? München: Hanser.
Posener, A. (1987) John Lennon. Monographie. Hamburg: rororo
Postman N. (1985) Wir amüsieren uns zu Tode.
Pöppel E.(1996) Radikale Syntopie an der Schnittstelle von Gehirn und Computer. In Maar C., Pöppel E. & Christaller T. (Hg.) Die Technik auf dem Weg zur Seele. Forschungen an der Schnittstelle Gehirn/Computer. Reinbek: rororo, S. 12–29.
Pühl H. (Hg.) (1992). Handbuch der Supervision. Beratung und Reflexion in Ausbildung, Beruf und Organisation. 2. Aufl. Berlin: Edition Marhold im Wissenschaftsverlag Volker Spiess.
Preiser S. & Buchholz N. (1997) Kreativitäts-Training. Das 7-Stufen-Programm für Alltag, Studium und Beruf. Augsburg: Augustus Verlag.
Rehwagen H. G. (Hg.) (1990) Gimme Some Truth. Das komplette John Lennon Songbook. Bielefeld: Pendragon.
Rheingold H. (1995) Virtuelle Gemeinschaft. Hamburg.
Rogers C. R.(1984) Freiheit und Engagement. Personenzentriertes Lehren und Lernen. München: Kösel.
Rolff H. G. (1993) Wandel durch Selbstorganisation. München: Juventa.
Saage R. (1997) Utopieforschung. Eine Bilanz. Darmstadt: Primus Verlag.
Salt A. & Egan S. (1989) Imagine. John Lennon. München: Droemer Knaur.
Schley W. (1998) Teamkooperation und Teamentwicklung in der Schule. In: Altrichter H. u. a. (1998) Handbuch zur Schulentwicklung. Innsbruck.
Schlicksupp H. (1992) Innovation, Kreativität und Ideenfindung. Würzburg.
Schmidtheiny S. (1992) Kurswechsel. Globale unternehmerische Perspektiven für Entwicklung und Umwelt. (zusammen mit dem Business Council for Sustainable Developement) München: Artemis & Winkler.
Schnabel U. & Sentker A. (1997) Wie kommt die Welt in den Kopf. Reise durch die Werkstätten der Bewußtseinsforscher. Hamburg: rororo.

Schulze G. (1997). Die Erlebnisgesellschaft. Frankfurt: Campus.

Schwingel M. (1995) Bourdieu zur Einführung. Hamburg: Junius.

Semler R. (1993) Das Semco-System. Management ohne Manager. Das neue revolutionäre Führungsmodell. München: Heyne.

Sennett R. (1998) Der flexible Mensch. Die Kultur des neuen Kapitalismus. Berlin: Berlin Verlag.

Senge P. (1997) Duch das Nadelöhr. In: Gibson (1997), S. 187–222

Senge P. (1996) Die fünfte Disziplin. Kunst und Praxis der lernenden Organisation. Stuttgart: Klett Cotta.

Sheldrake R. (1993) Das Gedächtnis der Natur. Das Geheimnis der Entstehung der Formen der Natur. München: Piper.

Simon, H. (1996). Die heimlichen Gewinner. Erfolgsstrategien unbekannter Weltmarktführer. Frankfurt.

Simon W. (1999). Lust aufs Neue. Werkzeuge für das Innovationsmanagement. Offenbach: Gabal.

Spiegel (1997) Fragiles Selbst. Heft 32, S. 162.

Sprenger R. K. (1996) Das Prinzip Selbstorganisation. Frankfurt: Campus.

Stachelhaus H. (1991) Joseph Beuys. Düsseldorf: Econ.

Stange W. (1996) Planen mit Phantasie. Zukunftswerkstatt und Planungszirkel für Kinder und Jugendliche. Herausgegeben vom Deutschen Kinderhilfswerk. 10179 Berlin: Rungestr. 20

Sternberg R. J. (1998) Erfolgsintelligenz. Warum wir mehr brauchen als EQ + IQ. München: Lichtenberg.

Stürzl W. (1992) Lean Production. Paderborn: Junfermann.

Sulloway F. J. (1997) Der Rebell der Familie. Berlin: Siedler.

Toffler A. (1992) Machtbeben. Düsseldorf: Econ.

Toffler A. & H. (1994) Überleben im 21. Jahrhundert. Stuttgart: DVA.

Trocchio F. di (1998) Newtons Koffer. Geniale Außenseiter, die die Wissenschaft blamierten. Frankfurt: Campus.

Ullmann E. (1998) Magisterarbeit: Zukunftswerkstatt in Theorie und Praxis. Universität GhKassel FB1.

Wack, Detlinger & Grothoff (1993) kreativ sein kann jeder. Kreativitätstechniken für Leiter von Projektgruppen, Arbeitsteams, Workshops und von Seminaren. Ein Handbuch zum Problemlösen. Hamburg: Windmühle.

Vester F. (1990) Leitmotiv vernetztes Denken. Für einen besseren Umgang mit unserer Welt. München: Heyne.

Warnecke H. J. (1996) Die fraktale Fabrik. Revolution der Unternehmenskultur. Reinbek: rororo.

Weisbord M. (1992) (Hg.) Discovering Common Ground. San Francisco: Berrett-Koehler.

Weisbord M. & Janoff F. (1995) Future Search. An Action Guide to Finding Common Ground in Organisations & Communities. San Francisco: Berrett-Koehler.

Weisbord M. (1996) Zukunftskonferenzen 1: Methode und Dynamik. In: Organisationsentwicklung 1, S. 4–13. Darin auch: Zukunftskonferenzen 2: M. Weisbord im Gespräch mit Joe Flower. S. 14–23

Weizsäcker E. U. v. (Hg.) (1997) Grenzen-los? Jedes System braucht Grenzen – aber wie durchlässig müssen sie sein? Basel: Birkhäuser.

Weizsäcker E. U. v. (1992) Erdpolitik. Darmstadt: Wissenschaftliche Buchgesellschaft.

Wheatley M. J. (1997) Quantensprung der Führungskunst. Die neuen Denkmodelle der Naturwissenschaften revolutionieren die Management-Praxis. Reinbek: Rowohlt.

Wickert J. (1995) Einstein. Hamburg: rororo.

Winner E. (1998) Hochbegabt. Mythen und Realitäten von außergewöhnlichen Kindern. Stuttgart: Klett-Cotta.

Willi J. (1989) Ko-Evolution. Die Kunst gemeinsamen Wachsens. Hamburg: Rowohlt.

Womack J. P., Jones D. T. & Roos D. (1991) Die zweite Revolution in der Automobilindustrie. Konsequenzen der weltweiten Studie des MIT. Frankfurt: Campus.

Young J. S. (1989) Steve Jobs. Der Henry Ford der Computer-Industrie. Düsseldorf: GFA Systemtechnik.

Zohar D. (1997) ReWiring the Corporate Brain. Using the New Science How We Structure and Lead Organisations. San Francisco: Berett-Koehler.

Zukav G. (1979) Die tanzenden Wu-Li-Meister. Der östliche Pfad zum Verständnis der modernen Physik: vom Quantensprung zum Schwarzen Loch. Reinbek: Rowohlt.

Albery, N. 128
Allen, P. 18, 24, 48, 67, 70, 73, 76
Alpert, R. 15
Argyris, C. 92
Baba Ram Dass 15
Bach, J.S. 110
Beatles 7–9, 20, 24, 45, 47–48, 57, 59, 66, 68–70, 82–84, 87, 89, 110, 243
Beauvoir, S. de 48
Bechmann, A. 183
Becker-Freyseng, A. 253
Bennis, W. 27, 87–88, 94
Bergmann, U. 156, 158–159, 253, 257
Besemer, J. 82, 84
Beuys, J. 109, 193–194, 200
Biberti, R. 44, 85
Binnig, G. 78, 132, 233
Bohm, D. 135, 162–168, 257
Bohr, N. 58
Bonsen, M. zur 99, 203, 206, 254–255, 258
Bourdieu, P. 7, 65
Braque, G. 58
Brecht, B. 45, 73
Breuer, J. 58
Brodbeck, K.-H. 163
Burow, O.-A. 7, 22, 27, 40, 42, 51, 59, 61, 83, 102, 114, 117, 119, 133, 141, 146, 149–150, 152, 156, 172–174, 179, 184, 189, 201–202, 220–221, 253–255, 260
Calvin, W.H. 90

Chur, D. 242
Cohn, R. 147, 243
Comedian Harmonists 7, 21, 27–28, 44–45, 48, 83–85, 88, 168
Copei, F. 60
Csikszentmihalyi, M. 55–57, 60, 65
Dawkins, R. 64
Dienel, P.C. 132
Dolci, D. 173
Dorothy, L.F. 168, 257
Dylan, B. 17
Dylan, T. 15
Einstein, A. 14, 46, 57
Epstein, B. 20, 26, 29, 39, 42, 44, 91
Etzioni, A. 72
Fatzer, G. 119
Fietkau, H.J. 253
Fölsing, U. 79
Freud, S. 14, 58, 73, 133
Frommermann, H. 27, 47–48, 88
Gabor, D. 172
Gardner, H. 9, 14, 72
Gasior, W. 254
Gates, B. 9, 17, 19, 24, 48, 67, 73, 77
Gebhardt, E. 59, 85–88
Geus, A. de 121
Glasl, F. 77
Goeudevert, D. 38
Goleman, D. 35–36, 43, 103–105
Goodman, P. 60
Greif, S. 120

Groß, T. 31
Harris, T. 46
Harrison, G. 41
Hartkemeyer, J.F. 257
Hartkemeyer, M. 168, 257
Havel, V. 221
Heidack, C. 120
Heisenberg, W. 58
Hentig, H. von 189
Herzog, I. 254, 256
Janoff, F. 206, 219, 221
Jansen, C. 211
Jobs, S. 9, 14, 23–24, 34, 48, 66–67, 69
Jones, D. T. 119, 225
Jungk, R. 106, 111, 114, 116, 126, 136, 165, 170, 189, 195, 198, 222, 253–254, 259
Kahn, H. 183
Kahn, L. 127
Kelly, K. 33, 49, 54, 107–108, 124
Kuenheim, E. von 130
Kuhnt, B. 253
Länge, T. 253
Langmaack, B. 94
Leary, T. 15
Lennon, J. 7, 9, 11–12, 14, 16–18, 20, 22–24, 26, 28, 30, 34, 37–39, 41, 44, 48, 66, 72, 84–85, 87, 89
Levy, P. 107, 109–112, 115–118, 235
Lewin, K. 7, 43, 61, 260
Lipnack, J. 108
Makinose, E. 255

Maleh, C. 256
Mandl, H. 92
Martin, G. 17, 20, 23–24, 26, 28–31, 33–34, 36–38, 40–41, 84–85, 91
McCartney, P. 16–20, 24, 26, 28, 31, 39–41, 44, 48, 66, 72
Messmann, A. 202
Meyer-Abich, K.M. 121
Meyer-Krahmer, F. 53
Miles, B. 19, 28, 31, 41, 44
Müllert, N. 106, 190, 253
Nader, R. 224
Neffe, J. 46
Negt, O. 184
Neumann-Schönwetter, M. 133, 189, 201, 220, 253
Osborne, A. 172
Owen, H. 158, 165, 235, 239–242, 245, 247–249, 256, 258
Perls, F. 72, 90
Perls, L. 72
Petri, K. 241, 243, 245, 247–249, 256
Picasso, P. 14, 24, 39, 57, 72
Posener, A. 10
Pöppel, E. 58, 63, 112
Pühl, H. 77
Reed, L. 17
Renner, G. 133, 220
Roddick, A. 128
Roos, D. 119, 225
Salk, J. 51, 53, 55–58, 60, 62, 64–65, 126–128

Salt A. 29, 38
Sartre, J.P. 48, 78
Schley, W. 84–85
Schulze, G. 130
Sellnow, R. 190, 253
Senge, P. 122–123
Sennett, R. 96
Shaw, G.B. 71
Sheldrake, R. 91
Snyder, G. 15
Spielmann, W. 126
Stamps, J. 108
Stange, W. 132, 190, 254
Starr, R. 41
Steiner, R. 47–48
Sternberg, R. 35
Stoll, C. 115
Stürzl, W. 119
Toffler, A. 54
Ullmann, E. 193
Volkmann, H. 126
Weisbord, M 203–204, 206, 218–219, 221
Weisbord, M. 56, 102, 131, 165, 255, 258
Welch, J. 62
Werner, J. 156
West, M. 94
Wiener, N. 183
Williams, W. 35
Womack, J. P. 119, 225
Wozniak, S. 16–18, 24, 34, 48, 66–67, 69
Young, J.S. 11–13, 15–16
Zohar, D. 124

Danksagung

Der vorliegende Text ist ein Beleg für die Gültigkeit meiner Theorie des Kreativen Feldes. Angeregt durch die jahrelange Leitung bzw. Moderation von Zukunftswerkstätten, Zukunftskonferenzen, Open Space-Konferenzen, Gestalt- und Kreativitätstrainings entstand allmählich die Idee zu den beiden Bänden „Die Individualisierungsfalle. Kreativität gibt es nur im Plural" und „Ich bin gut – wir sind besser. Erfolgsmodelle kreativer Gruppen". Wenngleich ich der Autor dieser Texte bin, so ist ihre Entstehung doch nicht denkbar ohne zahlreiche Anregungen von Freunden und Kollegen. In der Tat habe ich von einem „Kreativen Feld" profitiert, das ich zusammen mit anderen in den letzten Jahren geschaffen habe und in dem ich – ebenso wie andere – zeitweise so etwas wie ein Kristallisationskern war und bin. Hervorheben möchte ich die Diskussionen mit den Mitgliedern unseres Instituts für Synergie und soziale Innovationen (ISI), insbesondere Dr. Heinz Hinz, Volker Imschweiler, Jörg Lechner und Dr. Alfred Messmann. Weiter erhielt ich wichtige Hinweise durch Prof. Dr. Heinrich Dauber und Kollegen/innen des FB 01 an der Universität Gh Kassel. Der Schriftsteller Jens Johler sorgte mit seiner Kritik dafür, daß ich mich aufs Wesentliche beschränkte.

Meine langjährige Partnerin Brigitte Delius-Voigt, begleitete den bisweilen auch spannungsrechen Schreibprozeß aufmunternd und kritisch.

Besonders hervorzuheben ist die Lektoratsbetreuung. Ließ sich Eberhard Rathgeb von dem umfangreichen Ursprungsmanuskript nicht abschrecken, so begleiteten Dr. Bernhard Roll, Holger Heimann und Dr. Johannes Czaja die akribische Bearbeitung der Details. Kathrin Kühnemuth, Elke Ullmann und Heiko Rüppel sorgten für Korrekturen. Ich möchte auch all denen danken, die ich hier nicht erwähne, weil die Liste dann zu lang geworden wäre....

Schließlich danke ich meiner Frau Christel und meiner kleinen Tochter. Sarah hätte es sicher besser gefallen, wenn ich sie öfter beim Laufenlernen unterstützt hätte, anstatt auf dieser merkwürdigen Tastatur herumzuklimpern.

Martina Hartkemeyer / Johannes F. Hartkemeyer /
L. Freeman Dhority:
Miteinander denken – Das Geheimnis des Dialogs
288 Seiten, gebunden, ISBN 3-608-91943-0

Warum den Eindruck hinterlassen, daß man sich nichts mehr zu sagen hat und Gespräche nur Sieger und Verlierer kennen?
Dialog ist kein Zaubermittel, aber der erste Schritt zur Besserung.
Wie man das macht, was man dabei lernt, wo das eingesetzt wird, wer alles mitmacht, warum das Menschen interessiert – das finden Sie hier, einfach erklärt, mit vielen Beispielen aus Alltag, Schule und Organisation und mit zahlreichen Gesprächen. Der Dialog ist auf dem Vormarsch.
Man muß den Dialog üben, und hier wird verraten wie.
Zehn Kernfähigkeiten werden vorgestellt, ohne die es nicht geht.
Wir erfahren etwas über den Dialogprozeß, die Council-Runde, den strategischen und generativen Dialog und über die Rolle des Dialogbegleiters.
Das Buch lädt Sie zu einer Entdeckungsreise ein, und es soll Ihnen helfen, mit sich selbst und mit den anderen in ein besseres Gespräch zu kommen, teilzunehmen an einer Erfahrung, die nicht ganz alltäglich ist.

Klett-Cotta

Mihaly Csikszentmihalyi bei Klett-Cotta:

Lebe gut!
Wie Sie das Beste aus Ihrem Leben machen
Aus dem Amerikanischen von Michael Benthack
212 Seiten, gebunden, ISBN 3-608-93455-3

Wir alle versuchen, ein erfülltes Leben zu führen. Ob in der Freizeit oder im Beruf, in der Familie und mit Freunden, überall hoffen wir auf Glück und Zufriedenheit. Doch nichts ist so schwierig, wie den richtigen Weg zu einem sinnerfüllten, glücklichen Leben zu finden.
Csikszentmihalyi verspricht keinen Königsweg, weil es einen solchen nicht gibt. Aber er lehrt seine Leser, worauf sie aufpassen müssen, wenn sie nach dem Glück suchen. Er zeigt ihnen, wie sie auf ihrem persönlichen Weg weiterkommen können, wo die Irrwege und Irrtümer sind und wo die Quelle ihrer Kraft für Neues liegt.

FLOW. Das Geheimnis des Glücks
Aus dem Amerikanischen von Annette Charpentier
424 Seiten, 1 Abbildung, gebunden, ISBN 3-608-95783-9

»Gewiß, diese Hochstimmung zu erreichen, ist nicht einfach – *flow* läßt sich nicht auf Knopfdruck abrufen. Aber je stärker die Motivation, je besser man seine Tätigkeit beherrscht und je öfter man die Bedingungen schafft, desto eher stellt sich *flow* ein. Und wer einmal *flow* erlebt hat, der wird ihn auch ein zweites Mal erleben. Und immer wieder.«
Marie Claire

Kreativität
Wie Sie das Unmögliche schaffen und Ihre Grenzen überwinden
Aus dem Amerikanischen von Maren Klostermann
646 Seiten, gebunden, ISBN 3-608-91774-8

Csikszentmihalyi beantwortet in diesem Buch, wo und wie Kreativität entsteht und wie es jedem gelingen kann, seine ganz persönliche Kreativität zu fördern und zu entwickeln.

Klett-Cotta